Arretium
Clusium
DALMATIA
TYRRHENI
(ETRUSCI)
Tiberis
UMBRI
Tarquinii
SABINI
Veji
Tibur
Anio
Caere
Sulmo
MARE ADRIATICUM
Roma
Praeneste
Ostia
Tusculum
LATIUM
Arpinum
VOLSCI
Cannae
Capua
Cumae
Vesuvius
Puteoli
Neapolis
Baiae
Venusia
Pompeii
Brundisium
Herculaneum
Tarentum
MARE TYRRHENUM
RIOR
bona
SCYTHAE
NIA
LYRICUM
DACIA
Tomi
PONTUS EUXINUS
Danuvius
MOESIA
A
DALMATIA
PONTUS
THRACIA
Bosporus
BITHYNIA
PARTHIA
APULIA
MACEDONIA
Byzantium
Philippi
Lampsacus
ASIA
arentum
Brundisium
Phoenice
Olympus
PHRYGIA
Troia
THESSALIA
MEDIA
MARE
Pergamum
Croton
Lesbus
LYDIA
Actium
Ephesus
Tarsus
Issus
MARE
Delphi
SYRIA
ATTICA
Miletus
CILICIA
IONICUM
Athenae
Seleucia
ae
Olympia
Corinthus
Samus
Sparta
Rhodus
PELOPONNESUS
AEGAEUM
CYPRUS
MESOPOTAMIA
Kition
Cnossus
CRETA
Tyrus
Nazareth
E INTERNUM
PALAESTINA
Jericho
IUDAEA
Hierosolyma
Cyrene
Alexandria
ARABIA
Ammonium
LIBYA
AEGYPTUS
Nilus

STVDIVM LATINVM

Latein für Universitätskurse

von Gebhard Kurz
unter Mitarbeit von
Günter Wojaczek

Teil 1
Texte, Übungen, Vokabeln

C. C. Buchners Verlag

STVDIVM LATINVM
Latein für Universitätskurse

Von Dr. Gebhard Kurz, Akademischer Direktor, Universität Mainz,
unter Mitarbeit von Prof. Dr. Günter Wojaczek, Universität Bamberg

*Dem Andenken von
Andreas Thierfelder
gewidmet*

Teil 2: Übersetzungshilfen und Grammatik
ist unter Bestellnummer 5391 lieferbar.

3. Auflage 3 10 2011
Die letzte Zahl bedeutet das Jahr dieses Druckes. Alle Drucke dieser Auflage sind, weil untereinander unverändert, nebeneinander nutzbar.

Dieses Werk folgt der reformierten Rechtschreibung und Zeichensetzung. Ausnahmen bilden Texte, bei denen künstlerische, philologische oder lizenzrechtliche Gründe einer Änderung entgegenstehen.

www.ccbuchner.de

Einbandentwurf: CCM, Bamberg
Satz: M. Schaller, Ebing
Druck und Bindung: Pustet, Regensburg

ISBN 978-3-7661-**5390**-6

Vorwort

Das Unterrichtswerk **STUDIUM LATINUM** entstand – gemäß einer Anregung des Deutschen Altphilologenverbandes (DAV) – für lateinische Sprachkurse an Universitäten. Es versucht, in Stoffanordnung und Textauswahl der Situation gerecht zu werden, dass das Lateinische erlernt werden soll

- von Erwachsenen
- in einer begrenzten Zeit neben dem Fachstudium
- als sinnvolle Ergänzung des Fachstudiums.

Das Unterrichtswerk soll zur Originallektüre hinführen. Deshalb wird schon frühzeitig mit originalen Texten oder Textteilen gearbeitet; auch poetische Texte werden gelegentlich verwendet.

Alle wichtigen Erscheinungen der lateinischen Grammatik sind bis zur Lektion 25 behandelt, sodass von da an ein Ausstieg bzw. Übergang zur Originallektüre möglich ist. Lektion 27 bietet einen längeren Abschnitt aus Caesars Bellum Gallicum (B. 4) als Lesetext. Lektion 29 enthält Dichtertexte zur Vorstellung der metrischen Formen.

STUDIUM LATINUM ist in zwei Teile gegliedert:

Teil 1 enthält die Grundtexte **(T)** der Lektionen, die zugehörigen Übungen **(Ü)** und die Verzeichnisse der Lernvokabeln **(LV)**, ferner Informationen **(I)** zur Literatur- und Geistesgeschichte, zur politischen Geschichte und zu einzelnen Persönlichkeiten.
Die Übungen sind in der Reihenfolge Formenlehre, Satzlehre, Wortbildung und Vokabelwiederholung geordnet. Die jeweils letzte Übung dient der Wiederholung von Lernvokabeln, die in der nächsten Lektion vorkommen. Zu einem Teil der Übungen gibt es Auflösungen nach Lektion 29 (S. 136 ff.).

Die Anzahl der Lernvokabeln beträgt pro Lektion ca. 40, wobei leicht ableitbare Komposita nicht mitgezählt sind, insgesamt also ca. 1200 Vokabeln. Die Lernvokabeln der Lektionen 26-29 sollten auch dann gelernt werden, wenn die betreffende Lektion nicht im Unterricht behandelt wird. Ein lateinisch-deutsches Verzeichnis aller Lernvokabeln ermöglicht das Nachschlagen.

Teil 2 enthält die Übersetzungshilfen **(H)** (Vokabellisten und Erläuterungen) in der Reihenfolge des Grundtextes und die Grammatik **(G)**. Diese ist als Begleitgrammatik konzipiert; sie wird durch zusammenfassende Tabellen und eine Stammformenliste unregelmäßiger Verben ergänzt und durch ein ausführliches Register erschlossen. In den Lektionstexten **(T)** von Teil 1 wird durch Randziffern auf die Paragraphen der Begleitgrammatik verwiesen.

Das Unterrichtswerk ist so angelegt, dass auch ein selbständiges Erarbeiten des Stoffes – zur Wiederholung oder beim Nachholen – möglich ist. Dies erfordert bei der Begleitgrammatik eine größere Ausführlichkeit.

Die Verfasser haben vielen zu danken, die das Entstehen des Werkes angeregt und gefördert und seit seinem Erscheinen mit anregender Kritik begleitet haben.

Für die 3. Auflage, an deren Vorbereitung der leider inzwischen verstorbene Mitverfasser Günter Wojaczek trotz schwerer Krankheit noch mitgewirkt hat, wurde die Darstellung der -nd-Formen in der Grammatik (Lektion 23) teilweise umgearbeitet. Ferner wurden in die Lektionstexte einige lateinische Sprichwörter eingefügt. Die Ausgaben der 2. und 3. Auflage sind aber nebeneinander benutzbar.

Dr. Gebhard Kurz

Inhaltsverzeichnis

Abkürzungen:
L = **L**ektion; **T** = **T**ext; **LV** = **L**ern-**V**okabeln; **G** = **G**rammatik; **H** = Übersetzungs-**H**ilfen

Übersicht über die Informationsteile

Cicero und Atticus

1

M. Tullius Cicero wurde am 3. Januar 106 v. Chr. auf dem Gutshof seines Großvaters im Gebiet der Landstadt Arpinum, ca. 100 km südöstlich von Rom, geboren. Von seinem Vater, der zum römischen Ritterstand gehörte, wurde er, zusammen mit dem jüngeren Bruder Quintus, zur Ausbildung nach Rom geschickt. Später kam er in den Kreis des berühmten Rechtsgelehrten Q. Mucius Scaevola (ca. 170 – 87 v. Chr.). Dort wurde er in die Rechtspraxis eingeführt, lernte die politisch und gesellschaftlich führenden Männer kennen und schloss Freundschaft mit T. Pomponius Atticus. Aus den Erzählungen des bereits 80-jährigen Scaevola gewann er eine eigene Beziehung zu der zwei Generationen zurückliegenden geistigen Welt des Freundeskreises um den Jüngeren Scipio Africanus (185–129), die er später oft den persönlichen und geistigen Rahmen seiner Schriften bilden ließ. Nach einjährigem Militärdienst (89) setzte Cicero seine juristischen, philosophischen und rhetorischen Studien fort und veröffentlichte sein Jugendwerk *De inventione*, das den ersten Teil des rhetorischen Systems, die Findung und Ordnung des Materials, behandelt.

Als Redner trat Cicero erst nach Beendigung der Wirren des Bürgerkrieges zwischen Marius und Sulla auf (81). Da sich die nun folgende erfolgreiche Anwaltstätigkeit nachteilig auf seine Gesundheit auswirkte, begab er sich für zwei Jahre zu einem Studienaufenthalt nach Athen, Kleinasien und Rhodos, wobei ihn u. a. sein Bruder Quintus und Atticus begleiteten. Nach der Rückkehr nahm Cicero seine Anwaltstätigkeit wieder auf und erreichte 76 mit der Quästur die erste Stufe der politischen Ämterlaufbahn (s. S. 42) und den Eintritt in den Senat. Sein Amt als Quästor in Lilybaeum (heute Marsala) in Westsizilien übte er in mustergültiger Weise aus. Daher wurde er im Jahr 71 von den Siziliern gebeten, den Proprätor Verres, der seine dreijährige Amtszeit schamlos missbraucht und die Provinz schwer geschädigt hatte, zur Rechenschaft zu ziehen. Trotz großen Widerständen erreichte Cicero die Verurteilung des Verres und wurde damit zugleich der führende Redner Roms. Im Jahr 69 war er Ädil, 66 Prätor, für das Jahr 63 wurde er zum Konsul gewählt. Im Herbst dieses Jahres gelang ihm die Aufdeckung und Zerschlagung der Verschwörung des L. Sergius Catilina. Diese von ihm als Rettung des Vaterlandes gesehene Leistung führte jedoch unter veränderten politischen Umständen dazu, dass Cicero unter dem Druck des Volkstribunen P. Clodius im Frühjahr 58 ins Exil gehen musste. Nach seiner Rückkehr und Rehabilitierung (57) musste er erkennen, dass sein Ideal einer durch die „Eintracht aller Gutgesinnten" erneuerten römischen Republik unter den tatsächlichen politischen Gegebenheiten (Bündnis zwischen Caesar, Pompeius und Crassus) nicht zu verwirklichen war. In dieser Situation wendete er sich der rhetorischen und philosophischen Schriftstellerei zu; u. a. verfasste er in dieser Zeit sein berühmtes Werk *De re publica (Über den Staat)*.

Im Jahr 51 musste Cicero die Statthalterschaft der Provinz Kilikien (Südostküste Kleinasiens) übernehmen, die er wiederum in vorbildlicher Weise ausübte. Bei seiner Rückkehr im Januar 49 geriet er in den beginnenden Bürgerkrieg zwischen Caesar und Pompeius. Nach vergeblichen Vermittlungsversuchen schloss er sich Pompeius an; nach dessen Niederlage (bei Pharsalus, 48) und Ermordung musste er ein Jahr lang auf seine Begnadigung durch den Sie-

1

*)

F:	**Formenbildung des Nomens (Deklination)**	**1**
	a-Deklination	**1.1**
	o-Deklination	**1.2**
	Adjektive der o-/a-Deklination	**1.3**
	a-/e-/i-Konjugation, esse, posse, velle; īre } **3. Sg. u. Pl. Ind. Präs. Aktiv und Passiv; Infinitiv Präs. Aktiv und Passiv**	**2**
S:	**‚Artikel'**	**3**
	Adjektivisches Attribut, Apposition	**4**
	Satzbau	**5**
	Subjekt, Nichtbesetzung der Subjektsstelle	**5.1**
	Prädikat, Prädikatsnomen, Kongruenz	**5.2**
	Ergänzungen	**5.3+4**
	Konnektoren	**5.5**
	Wortstellung	**6**
	Bedeutungen und Funktionen der Kasus	**7**
	Nominativ	**7.1**
	Genitiv (Attribut)	**7.2**
	Dativ (Indirektes Objekt)	**7.3**
	Akkusativ	**7.4**
	Ablativ des Mittels (Instrumental)	**7.5**
	Präpositionen beim Akkusativ und Ablativ	**8**
	Bedeutungen des Präsens	**9**
	Bedeutungen von Aktiv und Passiv	**10**
	Infinitiv als Subjekt und Objekt	**11**
W:	**et, -que; Aufzählung**	**12**
	Verbalkomposita	**13**
	Ländernamen	**14**
I:	**Cicero und Atticus**	**S. 9**
	Römische Personennamen	**S. 15**

T ATTICUS MARCUM TULLIUM AMICUM VISITAT **1; 2; 3; 4.4**

M(ārcus) Tullius prope mūnicipium Arpīnum nātus est.	**4.4; 5; 7.1; 8.1**
Mūnicipium Arpīnum Mārcī Tulliī patria est.	**3; 4.2; 7.2**
T(itus) Pompōnius Atticus amīcus M(ārcum) Tullium vīsitat.	**4.4; 7.1+4**
Quīntus, M. Tulliī frāter, adest.	**4.5; 13**
Mārcus et Quīntus amīcō vīllam, ubi nātī sunt,	**7.3; 12.1**
hortumque apud vīllam situm mōnstrant.	**6.5; 12.2**
Atticus amīcīs māgnam grātiam habet.	
Verba amīcōrum Atticum dēlectant et movent;	**4.2; 7.2**
Atticus verbīs amīcōrum dēlectātur et movētur.	**7.5; 10.2+3**
Verba amīcōrum libenter audit.	

Cum amīcīs ambulāre **8.2; 11.1**
et verba amīcōrum audīre Atticum dēlectat.
Mārcus et Quīntus cum Atticō
iūxtā fluvium Fībrēnum ambulant. **4.4; 8.1**
In fluviō īnsula amoena est. **8.3**
Nātūra locī (et) fluviī (et) īnsulae (et) vīllae **12.1**
Atticum dēlectat.
Locus Atticō ex epistulīs amīcōrum nōtus est. **7.3; 8.2**
Atticus locum laudat:
„Hic locus laudārī dēbet; vērē amoenus est.“ **11.2**
Amīcī rīpae fluviī appropinquant; **7.3**
ē rīpā ponticulus līgneus ad īnsulam pertinet. **6.3; 8.4; 13**
Atticus locum mūtāre et in īnsulam trānsīre vult. **8.3; 11.2**
Amīcī fluvium trānseunt, ad īnsulam veniunt.
Ibi in umbrā esse et dē philosophiā disputāre volunt. **8.2+3**
Multās hōrās in īnsulā manent. **7.4**
Atticus diūtius apud amīcōs manēre nōn potest. **11.2**
Amīcī Atticum retinēre nōn possunt; **5.3**
Atticus retinērī nōn potest.
Rōmam redīre vult. **7.4**
M(ārcus) Tullius patriam et vīllam suam amat;
saepe Arpīnum it et loca amoena perlūstrat. **7.4**
Atticus autem libenter in Graeciam it.
Corinthum, in clārum oppidum Graeciae, nāvigat. **4.5; 7.4**
Corinthus ad ōram maritimam sita est. **5.3; 8.4**
Inde Atticus Athēnās it.
Multī Rōmānī in Graeciam eunt. **14**
Clāra oppida Graeciae obeunt; **13**
ibi verba philosophōrum Graecōrum audiunt.
Verbīs philosophōrum dēlectantur, moventur, ērudiuntur; **12.1**
verbīs philosophōrum ērudīrī volunt.
Incolae Athēnārum Atticō māgnam grātiam habent. **7.1–4**
Nam Atticus incolās pecūniā adiuvat; **5.3; 7.5**
incolīs pecūniam praebet.
Itaque incolae grātī Atticum laudant. **4.1**

*) **Abkürzungen in der Stoffübersicht:**

F: Formenlehre; S: Satzlehre (Syntax); W: Wortbildung, Wortbedeutung;
M: Metrik (Verslehre); I: Informationsartikel
Randziffern: Paragraphen der Begleitgrammatik

1

1 Deklinieren Sie die folgenden Substantive und Adjektive:
amīcus Rōmānus, īnsula māgna, oppidum clārum, incola grātus.

Ü 2 Bestimmen Sie Kasus, Numerus und bei Adjektiven auch Genus:[1]
patriam, īnsulārum, māgna (3), amīcī (2), rīpae (3), locīs (2), pecūniā, clārōs, incolae grātō, verbō (2).

3 Bilden Sie zu den folgenden Adjektivformen jeweils die der beiden anderen Genera [*]:[2]
multās, clārī (2), Rōmānus, situm (2), clāra (3), māgnā, amoenō (2), grātōrum, Graecīs (2), nātōs.

4 a) Bilden Sie zu den folgenden Verbformen jeweils die Singular- bzw. Pluralform und den Infinitiv Präsens Aktiv bzw. Passiv [*]:
vīsitat, adest, movent, movētur, audit, redit, dēlectantur, vult, possunt, eunt.
b) Bilden Sie zu den folgenden Verbformen die entsprechenden Passivformen und geben Sie jeweils die deutsche Übersetzung [*(Formen)]:
laudant, adiuvat, praebēre, movent, audit, dēlectāre, retinet, ērudīre.

5 Vergleichen Sie die Kasus im Lateinischen mit ihrer Wiedergabe im Deutschen:
a) Verba amīcōrum Atticum dēlectant. b) Cum amīcīs ambulāre Atticum dēlectat. c) Amīcī ad īnsulam veniunt. d) In umbrā sunt; dē philosophiā disputant. e) Multī Rōmānī Corinthum nāvigant.

6 Kennzeichnen Sie in den folgenden Sätzen die Satzteile (in Klammern: mögliche Abkürzungen) [*]:
Subjekt (S)
Prädikat, dargestellt durch Vollverb (P[V])
Prädikat, dargestellt durch Prädikatsnomen + Hilfsverb (P[PN+HV])
Akkusativ-Objekt (AO)
Dativ-Objekt (DO)
Adjektivisches Attribut (Adj. Attr.)
Genitiv-Attribut (Gen.-Attr.)
Adverbiale Angaben, z. B. Substantiv mit Präposition (Adv.)

a) Atticus Mārcum Tullium vīsitat. b) Amīcī Atticō īnsulam amoenam mōnstrant; fluvium trānseunt; multās hōrās in īnsulā manent. c) Insula in fluviō sita amoena est. d) Atticus saepe Athēnās it; incolās pecūniā adiuvat. e) Verba philosophōrum audīre Atticum dēlectat.

7 Erschließen Sie die Bedeutung folgender Komposita [*]:
ad-īre, in-īre, ex-īre; ad-venīre, con-venīre (con- = cum-); re-nāvigāre, in-esse, ad-esse.

8 Leiten Sie nach dem Muster Graecī ‚Griechen' – Graecia ‚Griechenland' von den folgenden Völkernamen die Ländernamen ab:
Germānī, Italī, Gallī, Hispānī, Russī, Helvētiī (Helvetier, Schweizer), Indī, Baiovarī/Bavarī (Bayern), Borussī (Preußen).
Wie würde der Ländername zu Rōmānī heißen? Welches heutige europäische Land hat diesen Namen?

---

1) Die Zahlen in Klammern geben die Anzahl der möglichen Lösungen an.
2) Zur Erleichterung kann ein Lösungsraster dienen, z. B. für clāram: clārum, **clāram,** clārum.
[*] Auflösung im Anhang S. 136 ff.

Römische Personennamen

Die römischen männlichen Personennamen bestehen aus

1 **Vorname** *(praenōmen)*

Die verhältnismäßig wenigen Vornamen *(praenōmina)* werden gewöhnlich abgekürzt (**auswendig lernen!**):

A. = Aulus	C. = Gāius[1]	Cn. = Gnaeus[1]	D. = Decimus
L. = Lūcius	M. = Mārcus	M'. = Mānius	P. = Pūblius
Q. = Quīntus	Sex. = Sextus	T. = Titus	Ti(b). = Tiberius

Quīntus, Sextus, Decimus sind eigentlich Ordnungszahlen: ‚5.', ‚6.', ‚10.'.

2 **Sippenname** *(nōmen gentīle)*

z. B. Tullius, Pompōnius, Iūlius, Cornēlius, Claudius.

3 **Beiname** *(cognōmen)* zur Unterscheidung verschiedener Zweige (Familien) einer Sippe *(gēns)*, z. T. auch aus anderen Gründen. Infolge Adoption oder aus besonderen Anlässen konnten weitere Beinamen *(cognōmina)* hinzukommen,[2] z. B.:

- der Jüngere Scīpiō, Sohn des L(ūcius) Aemilius Paullus, war durch Adoption in die Familie der Scīpiōnēs gekommen, die zur Sippe der Cornēliī gehörte; er hieß danach P(ūblius) Cornēlius Scīpiō Aemiliānus; wegen des Sieges über die Karthager, 146 v. Chr., erhielt er den Beinamen Africānus; wegen des Sieges über die Bewohner von Numantia, 133 v. Chr., wurde er Numantīnus genannt.
- Kaiser Augustus, Geburtsname C. (= Gāius) Octāvius, war von C. Iūlius Caesar durch Testament adoptiert worden und hieß danach C. Iūlius Caesar Octāviānus; *Augustus* war der ihm vom Senat 27 v. Chr. verliehene Ehrenname.

Frauen hatten seit dem 3. Jh. v. Chr. keine Individualnamen, sondern führten die weibliche Form des väterlichen Sippennamens, z. B. **Tullia** (Tochter von M. **Tullius** Cicerō), **Iūlia** (Tochter von C. **Iūlius** Caesar).

Dieses Namenssystem bestand bis ins 3. Jahrhundert n. Chr.; nun kamen neue Namen auf, u. a. unter dem Einfluss des Christentums. Die Sippennamen wurden später auch als Vornamen gebraucht (vgl. Julius, Cornelius, Emil).

Bei bekannten Personen und in vertraulicher Anrede genügt ein Teil des Namens, z. B.: Cicerō, Mārcus Tullius; Quīntus; Atticus.

---

1) Der Buchstabe G wurde im lateinischen Alphabet erst im 3. Jh. v. Chr. aus C differenziert. Die Abkürzungen der beiden Namen *Gaius* und *Gnaeus* haben die ältere Schreibweise bewahrt.

2) In der Kaiserzeit gab es Namen mit bis zu 14(!) Bestandteilen.

2

F:	o-Deklination: Vokativ	1
	a/e/i-Konjugation, īre } Ind. und Inf. Präs. Akt. und Pass.; Imperativ	2
	Personalpronomen (1. und 2. Person): Nominativ	3
S:	Ablātīvus sēparātīvus	4
	causā (und grātiā) mit Genitiv	5
	Fragesätze (Wort- und Satzfragen; Doppelfragen)	6

T MARCUS ET QUINTUS CUM ATTICO AMBULANT (I) 2

M(ārcus) Tullius et Quīntus frāter cum Atticō amīcō ambulant.
In viā multa verba habent:

A.: Hic locus, Mārce Tullī, 1
ex epistulīs tuīs mihi nōtus est.
Illa īnsula in fluviō Fībrenō sita vērē amoena est. 1 G 6.5
Quis vīllās urbānās laudāre potest, 6.1
cum hunc locum amoenum videt?
M.: Ibi libenter sedeō, ibi saepe ambulō.
Vidēsne hunc ponticulum līgneum? 6.2
A.: Videō. – Cūr nōn trānsīmus et in īnsulā ambulāmus? 6.1
Et tū, Quīnte, quid est? Quid cessās? 3; 6.1
Venī! Properā! Ponticulum trānsī!
Cūr nōn trānsīs? Num timēs? 6.1+2
Q.: Minimē. – Audīte! Manēte!
Cūr ad īnsulam trānsītis?
Cūr nōn in rīpā fluviī manētis?
Sed iam veniō; ponticulum trānseō.
A.: Loca amoena mē valdē dēlectant;
locīs amoenīs valdē dēlector.
M.: Gaudeō, quod dēlectāris, amīce. 1
A.: Nōnne vōs quoque dēlectāminī, amīcī? 3; 6.2
M.: Ita est. Nōs quoque valdē dēlectāmur. 3; 6.2
Cum licet aliquamdiū Rōmā abesse, 4
hunc locum amoenum perlūstrō.
Rārō autem Rōmā abīre licet. 4
Nam negōtiīs retineor atque impedior.
Numquam negōtiīs vacō. 4
A.: Et tū, Quīnte? 1; 3
Tūne quoque negōtiīs retinēris atque impedīris? 6.2
Q.: Ita est. 6.2

A.: Utrum negōtiīs pūblicīs an prīvātīs 6.3
retinēminī atque impedīminī?
Q.: Et prīvātīs et pūblicīs negōtiīs
retinēmur atque impedīmur.
A.: Egō neque negōtiīs pūblicīs neque prīvātīs retineor, 3
cum aut loca amoena perlūstrāre
aut studiōrum causā (= grātiā) in Graeciam īre volō. 5
Ite mēcum in Graeciam, amīcī! 1

Ü

1 Konjugieren Sie die folgenden Verben (Indikativ und Infinitiv Präsens Aktiv und Passiv; Imperativ):
dēlectāre, tenēre, impedīre; trānsīre (nur Aktiv).

2 Bestimmen Sie die folgenden Verbformen (nach den Merkmalen von 1 G 2) und geben Sie den Infinitiv Präsens **Aktiv** und die Grundform (1. Sg. Ind. Präs. Aktiv) an [*]:

Beispiele:

adiuvāmur:	1. Pl. Indikativ Präs. Pass. von adiuvāre, adiuvō;
audī:	2. Sg. Imperativ Präs. Akt. von audīre, audiō;
ērudīrī:	Infinitiv Präs. Pass. von ērudīre, ērudiō.

timētis, ambulāte, dēbēmus, dēlectāris, laudāminī, trānsīte, veniunt, impedītur, retinērī, volunt.

3 Beantworten Sie die folgenden Fragen **lateinisch** (Bei Einleitung mit *nōnne* oder *num* geben Sie die Antwort im erwarteten Sinn gem. G 6.2):
a) Quis Mārcum Tullium vīsitat? (s. 1 T 3f) b) Quid amīcī Atticō mōnstrant? (s. 1 T 6f) c) Ubi (wo?) amīcī ambulant? d) Nōnne Arpīnum M. Tulliī patria est? e) Cūr M. Tulliō rārō Rōmā abīre licet? (s. 2 T 26f) f) Quō (wohin?) Atticus redīre vult? (s. 1 T 31) g) Num amīcī Atticum retinēre possunt? h) Utrum Rōmam an Athēnās Atticus studiōrum causā īre vult? i) Verbīsne philosophōrum dēlectāris?

4 Übersetzen Sie und erklären Sie die Bedeutung der Akkusative und Ablative [*(Kasusbedeutungen)]: a) M. Tullius libenter[1] Rōmā Arpīnum it. b) M. Tullius patriam Arpīnum et vīllam suam amat.[2] c) Atticus M. Tullium vīsitat. d) Nātūrā[3] locī dēlectātur. e) Multās hōrās ibi manet. f) Posteā[4] Rōmam redit. g) Saepe Corinthum nāvigat.[5] h) Corinthō Athēnās it. i) Verba philosophōrum audit. j) Incolās Athēnārum pecūniā adiuvat. k) Athēnīs abīre nōn vult.

5 Wiederholen Sie die folgenden Vokabeln:
dēbēre, esse, incola, itaque, oppidum, patria, posse, -que, velle, verbum.

---

1) libenter *Adv. gern* 2) suus,-a,-um *sein,* amāre, amō *lieben* 3) nātūra,-ae *Beschaffenheit, Wesen, Natur* 4) posteā *Adv. später* 5) nāvigāre, nāvigō *(zu Schiff) fahren*

3

F:	**o-Deklination: Substantive und Adjektive auf -r**	**1**
	Demonstrativpronomina (hic, iste, ille)	**2**
	Pronominaladjektive	**3**
	Possessivpronomen	**4**
	esse, posse und velle: Ind. und Inf. Präs.; Imperativ	**5**
S:	**Genitīvus subiectīvus und obiectīvus**	**6**
	Dativ (Forts.: Datīvus possessīvus; Dativ bei Adjektiven)	**7**
	Ausdruck des Possessivverhältnisses	**8**
	Lokativ und Ablātīvus locī	**9**
	Sperrung, Geschlossene Wortstellung (Forts.)	**10**
W:	**et, atque, ac, -que (Forts.); etiam, quoque; neque**	**11**
	sed, autem; tamen	**12**
	nam und enim	**13**
	cum und sī	**14**

T MARCUS ET QUINTUS CUM ATTICO AMBULANT (II)

Dē M. Tulliī patriā

A.: Hic locus, Mārce Tullī, vērē amoenus est, **2**
nātūra huius locī vērē pulchra est.
Rēctē tū hōc locō dēlectāris, amīce.
M.: Mē nōn modo amoenitās
huius locī, huius īnsulae, illīus oppidī,
hōrum hortōrum, illārum vīllārum,
sed etiam alia causa dēlectat. **11.6**
A.: Quae ista causa est? **2.6**
M.: Haec est mea et Quīntī, frātris meī, germāna patria. **2.6; 4**
Hōc locō nātus ex familiā antīquissimā sum. **5.1; 9**
Vidē hanc vīllam! In hāc vīllā nātus sum.
A.: Ipse sum huic locō nunc amīcus **7.3; 10**
atque illī vīllae, ubi tū nātus es. **11.2**
Movēmur enim locīs illīs, **13.2**
  ubi amīcōrum adsunt vestīgia. **10**
Itaque, cum in Graeciā sum, **14.1**
nōn aedificiīs pulchrīs,
nōn verbīs librīsque philosophōrum moveor, **1**
sed memoriā clārōrum virōrum. **6; 12.1**
Cūr hunc locum vestram germānam patriam appellās? **4**
Num duās habetis patriās, tū et frāter tuus? **10**
Hoc scīre volō; explicā, quaesō, amīce! **5.2**
Num explicāre nōn potes aut nōn vīs? **5.1+2**

M.: Explicāre et possum et volō; 11.1
etiam puerīs nōtum est. 1;11.6
Quamquam ex hōc mūnicipiō ortī sumus, 5.1
tamen duās habēmus patriās: 10; 12.3
in alterā nātī sumus, alterīus cīvēs sumus. 3
Ita et Tusculānīs, 7.2; 11.1
id est incolīs mūnicipiī Tusculī,
duae sunt patriae: Tusculum et Rōma; 10
et Tusculānī sunt et Rōmānī. 11.1
A.: Utram patriam magis amātis? 3
M.: Magis amāre dēbēmus illam Rōmānam patriam;
nam haec patria, ubi nātī sumus, 2; 13.1
in illā patriā Rōmānā continētur.
Sī illa Rōmāna patria lībera et integra est, 1; 14.2
nōs līberīque nostrī 4
līberī et integrī esse possumus. 5.1
Q.: Quis autem aequāre potest amīcum nostrum Atticum? 12.2
A.: Num mē irrīdēre vultis? 5.2
Unam tantum habeō patriam; 10
nōn enim Tusculī aut in aliō mūnicipiō, 9; 13.2
sed Rōmae nātus sum. 12.1
M.: Minimē tē irrīdēre volumus. 5.2
Rōmae nātus es, sed Athēnīs plērumque habitās. 9
Tua patria est et Rōma et Athēnae, 11.1
immō vērō tōtus mundus. 3
Itaque mundānus appellārī potes, 5.1
id est incola et cīvis nōn ūnīus tantum patriae, 3; 10
sed tōtīus mundī.

Ü **1** Deklinieren Sie (ohne Vokativ) folgende Wörter und Wortgruppen:
amīcus clārus; amīcus noster; vīlla vestra;
illud oppidum māgnum; hic incola clārus;
ille vir līber et integer; liber meus.

2 Bestimmen und übersetzen Sie:
multī amīcī, oppidum nostrum (2), pulchrae vīllae (3), pecūniā meā, oppida māgna (2), huic incolae, ūnīus librī, incolae grātī[1)] (2), cum amīcō clārō, tōtī mundō, illī vīllae, vīllae amīcōrum (3), hīs oppidīs (2), vir Tusculī nātus, haec vīlla, haec oppida (2).

---

1) grātus,-a,-um *dankbar*

3 **3** Unterscheiden Sie: Rōmam eō; Rōmae habitō; Rōmā abeō.
Setzen Sie statt „Rōma“ die folgenden Städtenamen ein (G 9 beachten!) [*]: Corinthus, Mogontiacum (Mainz), Colōnia Agrippīna (Köln), Athēnae, Syrācūsae, Lūtetia (Paris), Londīnium, Aquae Mattiacae (Wiesbaden), Augusta Trēverōrum (Trier; nur der erste Bestandteil des Namens wird dekliniert! Warum?), Augusta Vindelicōrum (Augsburg), Castra Régina (Regensburg; Pluralwort!).

4 Übersetzen Sie:
a) Amīcō meō vīlla pulchra est. b) Haec vīlla pulchra amīcī meī est. (2 Möglichkeiten!) c) Vīlla amīcī meī pulchra est.

Wie könnte man die Doppeldeutigkeit von Satz b) wenigstens bei attributiver Auffassung des Genitivs beseitigen? (vgl. G 8.3) [*]

5 Erklären Sie, nach welchen Gesichtspunkten die Demonstrativpronomina *hic, iste* und *ille* im Text der Lektion verwendet sind. (vgl. G 2.4)

6 Begründen Sie die Wortstellung in den Sätzen T 12f und 34-37. [*]

7 Wiederholen Sie die folgenden Vokabeln:
cum (Präposition), dē, egō, Graecus, grātia, impedīre, īre, laudāre, māgnus, multus, negōtium, nōs, numquam, pecūnia, prīvātus, pūblicus, quod (Subjunktion), quoque, redīre, retinēre, timēre, tū, vōs.

F:	Personalpronomen der 1. und 2. Person	1
	Reflexivpronomen	2
S:	Genitiv (Fortsetzung)	3
	Genitīvus possessōris (prädikativ)	3.1
	Genitīvus partitīvus	3.2
	Genitiv bei Adjektiven und Verben	3.3
	Ablativ (Fortsetzung)	4
	Ablātīvus sēparātīvus (Fortsetzung)	4.1
	Ablativ der Zeit (Abl. temporis)	4.2
	Handelnde Person beim Passiv	5
	Wiedergabemöglichkeiten des Passivs	6
	Nominalsatz	7
W:	Pluralische Wörter (Plūrālia tantum)	8
	Bedeutungsdifferenzierung	9
	Wortableitung durch Suffixe (Nōmina); Motion	10

T

MARCUS ET QUINTUS CUM ATTICO AMBULANT (III)
Dē Rōmānōrum et Atticī vītā

Q.: Cūr nōn semper Rōmae habitās, sed Athēnīs, Attice?
Athenae ā Rōmā longē absunt. **4.1**
A.: Rōmae māgnae discordiae sunt.
Multī incolae iniūriās inimīcōrum timent.
Virī improbī (ab) iniūriīs incolārum nōn abstinent. **4.1**
M.: Ita est, praecipuē hīs proximīs annīs. **4.2**
A.: Athēnīs hārum discordiārum nūllae sunt. **3.2**
Incolae Athēnārum mihi māgnam grātiam habent, **1**
quod meā pecūniā inopiam illōrum sublevō.
Māgnam cōpiam frūmentī illīs dōnō, **3.2**
cum inopiā frūmentī vexantur.
Sed Rōmae quoque amīcīs meīs adsum et prōsum.
Nam amīcīs adesse et prōdesse officium bonī amīcī est.
Itaque interdum Athēnis Rōmam redeō.
M.: Amīcīs adesse et prōdesse bonī amīcī est. **3.1**
Rēctē igitur nōn modo ab incolīs Athēnārum laudāris, **5**
sed etiam ā multis Rōmānis amicus appellāris.
Q.: Vērē fortūnātus es, Attice! Illud enim dōnum fortūnae est,
quod Rōmae nātus es, ubi domicilium imperiī est; **9**
hoc autem sapientiae et prūdentiae est, **3.1**
quod Athēnīs habitās,
ubi domicilium est philosophiae et doctrīnae.

4

A.: Ite mēcum in Graeciam, amīcī! 1
Q.: Quamquam litterārum cupidī 3.3; 8
sapientiaeque Graecōrum studiōsī sumus,
tamen tēcum in Graeciam īre nōn possumus. 1
A.: Num negōtia vōs retinent?
Q.: Ita est. Negōtia prīvāta et pūblica nōs retinent.
A.: Miseret mē vestrī, et tuī et Mārcī. 1; 3.3
Egō quidem, quamquam mihi multa sunt negōtia,
tamen numquam retineor, 6
cum in Graeciam īre volō.
M.: Hodiē autem nōbīs ōtium est; negōtiīs vacuī sumus. 1
Nūllō negōtiō ā philosophiā impedīmur. 1; 4.1
Sī placet, Attice, nōbīscum dē amīcitiā disputā! 1
A.: Vōbīscum disputāre mihi semper grātum est.
M.: Amīcitia multa bona continet.
Quis nostrum hoc īgnōrat? 1; 3.2
Nēmō autem ā sē ipsō beneficia exspectat, 2
sed per sē ipsum sibi cārus est.
Itaque amīcī nōn propter beneficia,
sed propter sē ipsōs nōbīs cārī esse dēbent.
Quī vērum amīcum invenīre vult,
prīmum ipse vir bonus esse dēbet,
tum alterum similem suī quaerere.
Q.: Ita est. Vērī amīcī rārī (sunt). 7
Vērus amīcus (est) quasi alter egō.

Ü

1 Bestimmen Sie Kasusform und -funktion der in T 1-23 vorkommenden **Städtenamen.** [*]

2 1) Übersetzen Sie:
a) Vīlla amīcī nostrī pulchra est. b) Nēmō[1] amīcum nostrum adiuvat. c) Nēmō[1] nostrum amīcōs adiuvat. d) Miseretne tē[2] nostrī? e) Nōnne miseret tē[2] amīcī nostrī?
2) Welche Formen des Personal- oder Possessivpronomens sind die unterstrichenen Wörter?
3) Setzen Sie für die unterstrichenen Wörter die entsprechenden Formen der 2. Person Plural, der 1. u. 2. Person Singular ein.
Beispiel: a) Vīlla amīcī vestrī/meī/tuī ...
Bei welchem Satz ist diese Aufgabe nicht in vollem Umfang zu erfüllen? [*]

3 Übersetzen Sie: a) Virī bonī est iniūriīs abstinēre. b) Sapientiae est bona et mala[3] scīre. c) Philosophōrum est dē philosophiā disputāre. d) Tuum (nostrum/vestrum) est amīcīs adesse.
Welche Satzgliedfunktion haben in diesen Sätzen die **Infinitive**? [*]

1) nēmō *niemand* 2) miseret mē *m. Gen. es tut mir leid um jemand/etwas* 3) bona et mala *Gutes und Böses*

4 Übersetzen Sie:
a) Multī terrās aliēnās[4)] obeunt, suam patriam īgnōrant.[5)] b) Amīcī dē philosophiā inter[6)] sē disputant. c) Multī alterī nocēre[7)] volunt, sed sibi nocent. d) Nōnnūllī[8)] odiō[9)] suī sē ipsī necant.[10)]

5

Incolae Atticum laudant.	Die Einwohner loben Atticus.
Atticus ab incolīs laudātur.	Atticus wird von den Einwohnern gelobt.

Formen Sie ebenso die folgenden Aktivsätze sinngemäß ins Passiv um [*]:
a) Amīcī fluvium[11)] trānseunt. b) Hic locus amīcum dēlectat. c) Amīcī Atticum retinēre nōn possunt. d) Incolae iniūriās inimīcōrum timent. e) Atticus incolās Athēnārum pecūniā adiuvat.

6 Fassen Sie anhand der folgenden Übungssätze die bisher behandelten Themen der Kasuslehre zusammen. Die Paragraphen sind:

Genitiv:	1 G 7.2; 3 G 6; 4 G 3	Vokativ:	2 G 1
Dativ:	1 G 7.3; 3 G 7	Präpositionen:	1 G 8; 2 G 5
Akkusativ:	1 G 7.4	Attribut, Apposition:	1 G 4
Ablativ (u. Lokativ):	1 G 7.5; 2 G 4; 3 G 9; 4 G 4		

Übersetzen Sie und geben Sie für die unterstrichenen Satzglieder die Funktion (z. B.: Subjekt) an, bei Kasusformen die Kasusbedeutung (z. B.: Gen. obiectīvus) [*]:
a) Atticus philosophiae Graecōrum studiōsus est; studiō philosophiae dēlectātur. b) M. Tullius, cum negōtiīs līber est, mūnicipium Arpīnum, patriam suam, obit. c) M. Tulliō vīlla pulchra est. d) Amīcī M. Tulliī pulchrīs illīs locīs prope Arpīnum sitīs dēlectantur. e) M. Tullius virōrum improbōrum iniūriās vituperat[12)] f) M. Tullius Rōmā Athēnās īre vult, sed negōtiīs retinētur; itaque Rōmae manēre dēbet. Atticus autem Athēnīs studia obit.[13)] g) Virī bonī est amīcīs adesse. h) Etiam nostrō saeculō[14)] multī hominēs,[15)] cum inopiā frūmentī vexantur, ab amīcīs pecūniā adiuvantur. i) Nēmō[16)] nostrum iniūriās vestrās laudat. j) Iam multās hōrās tē exspectō, amīce! Tuum est (s. G 3.1) ad hōram adesse.

7 Konjugieren Sie (Inf. und Ind. Präsens): esse, posse (3 G 5.1) und prōdesse.

8 Erschließen Sie die Bedeutung folgender Suffixableitungen:
amīcitia, inimīcitia, nōtitia, pueritia; abstinentia, licentia, scientia.
cōpiōsus, grātiōsus, pecūniōsus, studiōsus, verbōsus.
[Kontrolle anhand eines Wörterbuches]

Warum nennen wir die Ureinwohner Amerikas „Indianer“?

9 Wiederholen Sie die folgenden Vokabeln:
ad, adiuvāre, atque, audīre, aut, clārus, dēlectāre, ex, iam, liber, līber, -ne, neque, noster, patria, puer, Rōmānus, studium, suus, tōtus, verbum.

---

4) aliēnus,-a,-um *fremd* 5) īgnōrāre, īgnōrō *nicht kennen* 6) inter *m. Akk. unter, zwischen* 7) nocēre, noceō *schaden* 8) nōnnūllī,-ae,-a *einige* 9) odium, odiī *Hass* 10) necāre, necō *töten* 11) fluvius, fluviī *Fluss* 12) vituperāre, vituperō *tadeln* 13) studia obīre *seinen Studien nachgehen* 14) saeculum, -ī *Zeitalter, Jahrhundert* 15) hominēs *Menschen* 16) nēmō *niemand*

5

F:	Dritte (Konsonantische und Gemischte) Konjugation: Ind. und Inf. Präsens Aktiv und Passiv; Imperativ	1
	Demonstrativpronomen is, ea, id	2
	Griechische Personennamen auf -ās	3
S:	afficere mit Ablativ	4
I:	P. Cornelius Scipio Africanus der Jüngere	S. 47
	M. Porcius Cato der Ältere	S. 43

T **PRO ARCHIA POETA (I)** 3

Aulus Licinius **Archias,** Grieche, geb. ca. 118 v. Chr. in Antiochia (Syrien), wurde als ‚Wunderkind' schon früh ein berühmter Dichter und unternahm Reisen in Asien, Griechenland und Unteritalien. Er erhielt das Bürgerrecht mehrerer Griechenstädte Süditaliens und trat auch in Rom in freundschaftliche Beziehungen zu einflussreichen Familien. Das 89 v. Chr. erworbene römische Bürgerrecht wurde ihm im Jahre 62 v. Chr. von einem gewissen Grattius bestritten. Cicero, der mit Archias befreundet war und sich von ihm eine poetische Verherrlichung seines Konsulats (63) erhoffte, übernahm seine Verteidigung. Er nutzte die Rede in diesem Prozess, dessen Vorsitz sein Bruder Quintus hatte, zu einem Plädoyer für die literarische Bildung.

M. Tullius Cicerō Archiam, poētam Graecum,
qui ā Grattiō accūsātur, hīs verbīs dēfendit: 1

Fortāsse quaeritis ā mē, iūdicēs:
„Cūr, M. Tullī, hunc Archiam dēfendis?"
Eum dēfendō, quod eī iam ā pueritiā grātiam dēbeō. 2.1
Itaque gaudiō afficior, quod eum adiuvāre possum. 4
Nam eius verbīs et exemplō 2.1
semper ad studium litterārum poētārumque impellor.
Tū autem, Grattī, male facis, quod eum accūsās.
Vīsne eum, qui līber in līberā patriā vīvere vult,
Rōmā expellere et miserum ex beātō facere?
Num invidiā dūceris aut īrā raperis?
Quaere argūmenta in eum, sī potes!
Respice illīus vītam!
Archiās cīvis Rōmānus est; 3
itaque ex hāc patriā suā neque expellī neque ēicī dēbet.
Nōn modo prō hōc Archiā, sed etiam prō omnibus poētīs
haec verba faciō.
Cūr poētīs dēlectāmur? 4 G 5.2
Animus noster reficitur,
cum eōrum verba audīmus aut legimus. 2.1
Ita animōs nostrōs recolimus eā doctrīnā, 2.2
quae ex poētārum librīs percipitur.

Praetereā in vītā semper glōriam petimus;
propter eam etiam māgna perīcula negleguntur
atque dēspiciuntur.
Multīs clārōrum virōrum exemplīs
ad glōriam impellimur et ad virtūtem rapimur.
Legite librōs poētārum!
Exempla vītae bonae ex eīs (= iīs) capite!

Litterārum studia tōtam nostram vītam oblectant et ōrnant,
puerōs docent, adulēscentiam acuunt,
miserīs sōlācium praebent, gaudiō afficiunt nōs domī, 4
nōn impediunt nōs,
cum in agrīs sumus aut in terrās longinquās īmus,
semper et ubīque nōbīscum sunt.
Fāma populī Rōmānī ā poētīs celebrātur.
Laudātur P. Cornēlius Scīpiō, in caelum tollitur M. Porcius Catō.
Cum eīs (= iīs) vōs quoque, cīvēs Rōmānī,
glōriā afficiminī et quasi in caelum tolliminī. 4

Dīvide et imperā!

Ü

1 Konjugieren Sie die folgenden Verben (Indikativ und Infinitiv Präsens Aktiv und Passiv; Imperativ):
appellāre, docēre, impellere, afficere; nur im Aktiv: velle, posse, īre.

2 Bestimmen und übersetzen Sie die folgenden Verbformen und geben Sie den Infinitiv Präs. Akt. und die Grundform (1. Sg. Ind. Präs. Akt.) an:
quaerunt, adiuvātis, docēte, dīcimus, impellī, venī, rapiunt, appellāminī, manē, neglegis, abeō, afficeris, capiuntur, afficī, vultis, amō, dēfendor, dēlector, potes, vidēs.

3 Die folgenden Verben, deren Formen Sie wie in Ü 2 **bestimmen** sollen, sind bisher nicht im Lernwortschatz aufgeführt. Versuchen Sie trotzdem – evtl. durch Kombination verschiedener in dieser Übung vorkommender Formen des gleichen Verbums –, den Infinitiv Präsens Aktiv und die Grundform zu finden.[1]
trādimus, servit, scrībuntur, respondēs, praedicāte, trahimur, subit, servītis, dīligitis, subeunt, trādī, dīcite, suscipī, dīligō, trāduntur, suscipiunt, sentīs, dīcō, trahor, volant. [*]

4 Setzen Sie für die unterstrichenen Satzglieder die entsprechenden Formen des Demonstrativpronomens *is, ea, id* ein [*]:
a) Archiās ā Grattiō accūsātur; Cicerō Archiam dēfendit.
b) Cicerō Archiae grātiam dēbet.
c) Cicerō ab Archiā ad studium impellitur.

---

1) Diese Übung soll Sie auf eine Situation vorbereiten, in die Sie bei der Übersetzung eines unbekannten Textes kommen: Um Vokabeln im Lexikon nachzuschlagen, muss man von den im Text vorkommenden Formen zunächst auf die Grundform des unbekannten Wortes schließen können.

5

d) Cicerō cum amīcīs ambulat; cum amīcīs dē philosophiā disputat.[2]
e) Verbīs amīcōrum dēlectātur.
f) Ad vīllam amīcī venīmus; fīlia[3] amīcī nōs salūtat.[4]
g) Dominus[5] convīvās[6] exspectat; domina[5] convīvās salūtat.
h) Et convīvae dominam salūtant.
i) Incolae, quī inopiā frūmentī vexantur,[7] ab Atticō adiuvantur.

5 1) Übersetzen Sie die folgenden Sätze:
a) Exempla vītae bonae ex poētārum librīs capī possunt.
b) Perīculōsum[8] est Rōmae manēre.
c) Hodiē nōbīs ōtium est; negōtiīs vacuī sumus.
d) Atticus Athēnīs Rōmam redit.
e) Atticus, M. Tulliī amīcus, incolās Athēnārum pecūniā adiuvat.
f) Aut prōdesse volunt aut dēlectāre poētae.

2) Bestimmen Sie die unterstrichenen Satzglieder nach ihrer Funktion (s. 1 G 5.3; vgl. 1 Ü 6). Geben Sie die Attribute (und Appositionen) und ihre Beziehungswörter an, sowie die Präpositionen mit ihrem Nomen [*].

Beispiel:

Multīs	clārōrum	virōrum	exemplīs	ad glōriam	rapimur.
Adj. Attr.	Adj. Attr.	Gen.-Attr.	Adv. Erg.	Adv. Erg.	Präd. (+ Subj.)

Attribute: multīs – exemplīs; clārōrum – virōrum; (...) virōrum – exemplīs
Präposition: ad glōriam

6 Wiederholen Sie die folgenden Vokabeln:
adesse, continēre, enim, habēre, iniūria, iste, magis, meus, mundus, nōnne, pulcher, quidem, quis, tamen, vester.

---

2) disputāre, disputō *erörtern, diskutieren* 3) fīlia,-ae *Tochter* 4) salūtāre, salūtō *begrüßen* 5) dominus,-ī *Hausherr, Herr;* domina,-ae *(Haus-)Herrin* 6) convīva,-ae *m Gast* 7) vexāre, vexō *quälen, heimsuchen* 8) perīculōsus,-a,-um *gefährlich*

6

F:	**ferre: Ind. und Inf. Präs. Akt. und Pass.; Imperativ**	**1**
	Endungslose Imperative Singular	**2**
	fierī: Ind. und Inf. Präsens; facere und fierī	**3**
	Frage- und Relativpronomina	**4**
	Pronominaladverbia; Korrelativa	**5**
S:	**Relativsätze**	**6**
	cum relātīvum, iterātīvum, identicum	**7**
	quod, quia, quoniam	**8**
	Vergleichsadverb quam	**9**
	Satzbau (Fortsetzung von 1 G 5)	**10**
	Substantivierung von Adjektiven; Kollektiver Plural (Neutr.)	**11**
W:	**Verbalkomposita (Fortsetzung von 1 G 13)**	**12**

T PRO ARCHIA POETA (II)

Cicerō, quī Archiam, poētam Graecum, dēfendit, **4; 6.1**
multa dē doctrīnā dīcit, **11.5**
quae ex poētārum librīs percipitur.
Sed nōnnūllī eōrum, quī verba eius audiunt, **11.3**
aliter sentiunt dē eā doctrīnā.
Itaque Cicerō pergit:

Nōnnūllī dīcunt:
„Quid? Nōnne multī virī clārī istā doctrīnā carent,
quam tū effers laudibus?“ **1; 4**
Ita est, concēdō; tamen eam laudibus efferō.
Nam multum affert doctrīna ad glōriam illōrum virōrum,
quī ā nōbīs laudibus efferuntur:
laudibus effertur P. Scīpiō Africānus,
in caelum tollitur M. Porcius Catō.
Quam pulchrum est ā poētīs laudibus efferrī! **9**
Themistoclēs Athēniēnsis interrogātus est:
„Quem poētam maximē dīligis?“ **4**
„Eum“, inquit, „cuius verbīs facta mea clāra fīunt.“ **3**
Num parvam tantum glōriam accipimus,
cum ā poētā Graecō laudāmur? **7.1**
Quī hoc exīstimat, errat propterеā, **6.2**
quod Graeca leguntur (in) tōtō ferē mundō, **8.1; 11.5**
Latīna suīs terminīs exiguīs continentur.
Quō autem tēla nostra perveniunt, **5.1**
eō glōria fāmaque penetrāre dēbet.
Id enim apertē dīcō,
quod neque tegī neque obscūrārī potest: **6.1**
dūcimur, trahimur, ferimur studiō glōriae. **1**

6 Egō quidem hunc Archiam poētam libenter dēfendō,
  quoniam dē mē carmen cōnscrībere cōgitat. **8.2**
Cui enim magis adesse dēbēmus quam eī, **4; 9**
  ā quō glōriā afficimur?

Tū autem, Grattī, huic poētae iniūriam īnferre cupis, **1**
  quia invidiā dūceris odiōque ferris. **8.2**
Vōs autem, iūdicēs, auxilium ferte huic poētae!
Vestrum enim est auxilium ferre poētīs, **4 G 3.1**
  ā quibus celebrāminī laudibusque efferiminī.
Id autem fierī nōn potest,
  nisi poētae līberī sunt cūrīs sēcūrīque ab illīs, **4 G 4.1**
    quī eīs iniūriam īnferunt.
  Cum ergō huic Archiae auxilium fertis, **7.1**
vestrae quoque glōriae cōnsulitis.

---

43 Perfer et obdūrā! **1; 2**
44 Dīlige et fac, quod vīs! (Augustinus) **2; 6.2**
45 Cōgitō, ergō sum. (Descartes)
46 Quod differtur, nōn aufertur. **1**

Ü **1** Fragen Sie (lateinisch!) nach dem unterstrichenen Satzglied [*]:
a) Cicerō Archiam dēfendit. b) Archiās multōs virōs clārōs laudibus effert. c) Populus Rōmānus ab Archiā laudātur. d) Amīcus meus Rōmae habitat. e) Atticus Athēnās it. f) Verba Archiae M. Tullium ad studium impellunt. g) Cicerō Archiae adest. h) Mūnicipium Tusculum patria mea est. (G 4.2 beachten!) i) Wie fragt man nach dem Gliedsatz im folgenden Beispiel? Incolae Atticō grātiam habent, quod eōs adiuvat.

2 Übersetzen Sie:
a) Nihil (nichts) magis petis quam pecūniam. b) Pecūniam, quam petis, tibi trādere[1] nōn possum propthereā, quod ipse nōn habeō. c) Nēmō[2] id trādere potest, quod ipse nōn habet. d) Quam pulchrum est multōs amīcōs habēre! e) Gaudiō afficior, quod pecūniam mihi trādis. f) Quod oppidum obīre vīs? g) Incolae eius oppidī, quod obīre vīs, tē exspectant.

3 Setzen Sie die passende Form des Relativpronomens ein [*]:
a) Amīcīs, ... inopiā vexantur,[3] auxilium ferre dēbēmus.
b) Amīcus, ... vīllam obīmus, nōs ad convīvium[4] invītat.[5]
c) Eōs poētās dīligimus, ā . . . . . . nostra facta laudantur.
d) Eī populī, dē . . . . . . factīs scrībitur, glōriā afficiuntur.
e) Concēdō tibi id, ... negāre[6] nōn possum.

---

1) trādere, trādō *(über-)geben* 2) nēmō *niemand* 3) vexāre, vexō *quälen, heimsuchen* 4) convīvium, -ī *Gastmahl* 5) invītāre, invītō *einladen* 6) negāre, negō *ablehnen, verweigern*

4 Bestimmen Sie die Satzgliedfunktion der Relativsätze (s. G 6.2 und 10.5) [*]:
a) Cicerō multa dē doctrīnā dīcit, quae ex poētārum librīs percipitur. (T 1–3) b) Hōc locō, quem perlūstrāmus,[7] dēlectāmur. c) Dēlectāmur illīs locīs, ubi amīcōrum adsunt vestīgia.[8] d) Quī dormit,[9] nōn peccat.[10] e) In caelum tolluntur, quōrum facta ā poētīs celebrantur.

5 Übersetzen Sie die folgenden Sätze und bestimmen Sie gem. G 10.5 die Funktion der Gliedsätze im Rahmen des übergeordneten Satzes [*]:
a) Nōnnūllī, quī tōtam terram perlūstrant,[7] suam patriam īgnōrant.[11] b) Illō locō sedeō,[12] cum mēcum aliquid[13] cōgitō. c) Graecus ferē es, quod Athēnīs habitās. d) Istī locō, ubi tū nātus es, nunc amīcus sum. (3 T 12f) e) Poētīs dēlectāmur, quia animus noster reficitur, cum eōrum verba audīmus. (5 T 20f) Warum ist dieser Satz komplizierter als die vorigen? In diesem Satz steht außerdem entgegen der in 4 G 5.2 angegebenen Regel eine Personenbezeichnung *(poētīs)* im bloßen Ablativ. Warum? Was ist der Unterschied gegenüber *ā poētīs?*

6 Versuchen Sie, die Bedeutung der folgenden Verbalkomposita abzuleiten. Ziehen Sie als Hilfe Fremdwörter im Deutschen und Ihnen bekannte Wörter des Englischen, Französischen (Italienischen usw.) heran. Kontrollieren Sie mit Hilfe eines lateinisch-deutschen Wörterbuches.

esse:	abesse, adesse, dēesse, inesse, prōdesse
īre:	abīre, adīre, exīre, inīre, redīre, trānsīre
capere:	accipere, excipere, percipere, recipere
dūcere:	abdūcere, addūcere, dēdūcere, ēdūcere, indūcere, redūcere, trādūcere
facere:	afficere, efficere, perficere, reficere
ferre:	auferre (< ab-), afferre (< ad-), cōnferre, efferre, īnferre, perferre, referre, trānsferre
manēre:	permanēre, remanēre
movēre:	āmovēre, admovēre, prōmovēre, removēre
petere:	appetere (< ad-), repetere
pellere:	appellere (< ad-), dēpellere, expellere, impellere, prōpellere, repellere
rapere:	arripere (< ad-), ēripere
scrībere:	cōnscrībere
sentīre:	cōnsentīre
spectāre:	exspectāre
tenēre:	abstinēre, continēre, retinēre
trahere:	contrahere, dētrahere, subtrahere
venīre:	advenīre, convenīre, ēvenīre, invenīre, pervenīre

7 Wiederholen Sie die folgenden Vokabeln:
alter, atque, aut, etiam, frūmentum, habitāre, locus, māgnus, propter, quamquam, sē, via, vīta, vīvere.

---

7) perlūstrāre, perlūstrō *durchwandern* 8) vestīgium,-ī *Spur* 9) dormīre, dormiō *schlafen* 10) peccāre, peccō *sündigen* 11) īgnōrāre, īgnōrō *nicht kennen* 12) sedēre, sedeō *sitzen* 13) aliquid *etwas*

7

F:	Dritte Deklination, Gruppe I: Konsonantische Deklination	1
	Zahlwort duō ‚zwei‘; Dualreflexe im Lateinischen	2
	Pronomen īdem, eadem, idem	3.1
S:	Relativsatz nach īdem, eadem, idem	3.2
	atque (ac) nach Ausdrücken der Gleichheit	3.3
	Wortstellung: Gemeinsames Subjekt von Haupt- und Gliedsatz	4
	Parallelismus und Chiasmus	5
W:	Suffixe -tor, -tiō (-iō); -men; -tūdō, -tās, -tūs	6
I:	C. Iulius Caesar	S. 32
	Römische Götter	S. 33

T DE MORIBUS GALLORUM ET GERMANORUM (I)

C. Iūlius Caesar dē Gallīs Germānīsque haec scrībit:

In omnibus Galliae pāgīs et cīvitātibus factiōnēs sunt, 1
eārumque factiōnum prīncipēs sunt eī,
quī summam auctōritātem habent.
Eadem ratiō est in tōtā Galliā, 3.1
nam omnēs cīvitātēs dīvīsae sunt in duās factiōnēs. 2.1
Alterīus factiōnis prīncipēs sunt Haeduī, 2.2
alterīus Sēquanī.
Hīs duābus factiōnibus perpetuae contrōversiae sunt. 2.1
In tōtā Galliā eōrum hominum, quī in aliquō honōre sunt,
genera sunt duō. 2.1
Dē hīs duōbus generibus 2.1
alterum genus est druidum, alterum equitum. 2.2
Plēbs autem paene servōrum locō habētur.
Multī, cum aut aere aliēnō 4
aut māgnitūdine tribūtōrum premuntur,
sē in servitūtem dicant prīncipibus;
hīs in illōs eadem iūra sunt, quae dominīs in servōs. 3.2

Gallī deōrum maximē Mercurium colunt,
inventōrem multōrum artificiōrum, 5
viārum atque itinerum ducem, adiūtōrem mercātōrum,
post hunc Apollinem et Mārtem et Iovem et Minervam.
Dē hīs eandem ferē opīniōnem habent atque reliquae nātiōnēs. 3.3

Germānī multum ā Gallōrum cōnsuētūdine differunt.
Nōn multum frūmentō, sed maximē lacte et pecore vīvunt 5
multumque sunt in vēnātiōnibus.

A parvīs labōrī atque dūritiae student.
Hōc vītae genere corpora rōbusta fiunt.
Quamquam in regiōnibus frīgidīs habitant,
etiam hieme corpora pellibus tantum tegunt,
propter quārum exiguitātem māgna corporis pars nūda est,
et lavantur in flūminibus.

Ü

1 Deklinieren Sie:
mōs bonus; homō līber; cīvitās clāra; corpus pulchrum; iter māgnum.

2 Unterscheiden Sie die Kasusformen und geben Sie die zugehörige Form des Nominativ Singular an (bei Adjektiven mit den Formen der drei Genera; s. 1 G 1.3). Beachten Sie: Einige dieser Formen sind mehrdeutig! [*]

ducī, amīcī, ducum, amīcum, ducis, amīcīs;
līberīs, generis, generī, puerī, līberī, imperiī;
līberum, generum, imperium, corporum, līberōrum;
cīvitās, amīcitiās; labōris, corporis, agrīs; imperiō, ratiō, dominō, nātiō.

3 Bei den folgenden Formen (Verb- und Substantivformen) sind die Vokalquantitäten (Längen und Kürzen) nicht gekennzeichnet. Bestimmen Sie diese Formen und stellen Sie die jeweilige Aussprache fest (Kennzeichnen Sie die Vokallängen) [*]:
ducis (2 Möglichkeiten), duci (2), duce, duc.

4 Die folgenden Sätze bestehen aus Haupt- und Gliedsätzen (Satzperiode). Übersetzen Sie und bestimmen Sie
– die Satzglieder der Hauptsätze
– die Funktion des Gliedsatzes im Rahmen der gesamten Satzperiode [*]:

a) Druidibus praeest[1] ūnus, quī summam inter eōs auctōritātem habet. (vgl. T 4) b) Germānī, quamquam in regiōnibus frīgidīs habitant, etiam hieme corpora parvīs tantum pellibus tegunt. (vgl. T 29f) c) Multī, cum aere aliēnō premuntur, sē in servitūtem dicant prīncipibus. (T 15-17) d) Studiō glōriae dūcuntur iī, quī patriae serviunt,[2] cui nōs dēdere[3] dēbēmus. e) Haec patria, ubi nātī sumus, in illā, cuius cīvēs[4] sumus, continētur. (vgl. 3 T 35f)

5 Untersuchen Sie 3 T 17–19, 37–39, 4 T 12–23, 40–46, 5 T 31–40, 6 T 21–25, 41f auf Parallelismen und Chiasmen.

6 Leiten Sie mithilfe der Suffixe die Bedeutung folgender Substantive ab (Kontrolle mithilfe eines Lexikons!):
audītor, imperātor, inventor, laudātor, viātor;
appellātiō, dēlectātiō, disputātiō, dominātiō, exīstimātiō, exspectātiō, inventiō;
clāritūdō, māgnitūdō, multitūdō, pulchritūdō;
cāritās, clāritās, cupiditās, hūmānitās, libertās, ūnitās, vēritās.

---

1) praeesse, praesum *m. Dat. vorstehen, leiten* 2) servīre, serviō *dienen* 3) dēdere, dēdō *hingeben, widmen* 4) cīvēs *(Nom. Pl.) Bürger*

7 7 Wiederholen Sie die folgenden Vokabeln:
ad, ager, alius, annus, carmen, causā (Präpos.), dīcere, docēre, efferre, enim, exīstimāre, impellere, imperium, ita, itaque, līberī, licēre, littera, manēre, memoria, neglegere, neque, nōnnūllī, populus, posse, prīvātus, prope, pūblicus, puer, quod (Subjunktion), suus, tenēre, trānsīre, velle, vidēre.

Gaius Iulius Caesar

C. Iulius Caesar, geb. am 13. Juli[1] 100 v. Chr., stammte aus dem alten Adelsgeschlecht der Iulii; als Neffe des Marius stand er bei dessen Auseinandersetzungen mit Sulla aufseiten der Volkspartei und heiratete mit 16 Jahren die Tochter des Diktators Cinna. Obwohl er sich nach Sullas Rückkehr (82) weigerte, sich von ihr zu trennen, wurde er von Sulla begnadigt. 81 ging er als Offizier nach Kleinasien. Nach Sullas Tod (79) kehrte er nach Rom zurück und trat als Redner vor Gericht auf. 75 begab er sich zum Studium nach Rhodos, beteiligte sich aber im folgenden Jahr als Privatmann an der Verteidigung kleinasiatischer Städte gegen König Mithridates. 73 wurde er in Rom zum Pontifex gewählt, 68 war er Quästor in Südspanien, 65 Ädil, 64 Untersuchungsrichter, 63 wurde er Pontifex Maximus (Vorsitzender des Priesterkollegiums). Bei der Beratung über die Bestrafung der Catilinarier sprach er sich gegen die Todesstrafe aus. 62 war er Prätor, danach Proprätor in Südspanien. Er schloss ein politisches Bündnis mit Pompeius und Crassus und war 59 Konsul zusammen mit M. Calpurnius Bibulus, den er völlig ausschaltete. Er gab seine Tochter Iulia Pompeius zur Frau (gest. 54); er selbst heiratete (in 4. Ehe) Calpurnia. Als Prokonsul erhielt er die beiden gallischen Provinzen (d. h. Oberitalien und die heutige Provence bis nach Genf) auf 5 Jahre mit zunächst 4 Legionen, 55 für weitere 5 Jahre verlängert. Caesar benutzte diese Zeit, um sich mit der Unterwerfung ganz Galliens (58–51, mit je zwei Expeditionen nach Germanien, 55 und 53, und Britannien, 55 und 54) eine persönliche Machtbasis und ein ihm ergebenes Heer zu schaffen. Da die optimatische Partei und Pompeius ihm die zugestandene Bewerbung in Abwesenheit um das Konsulat für 49 verweigerten und die Entlassung seines Heeres forderten, eröffnete Caesar am 10. 1. 49 mit der Überschreitung des Rubikon den Bürgerkrieg. Er besetzte zunächst Italien und besiegte die Pompeianer in Spanien, bevor er dem nach dem Balkan ausgewichenen Pompeius folgte. Nach Kämpfen in Epirus (Dyrrhachion, heute Durres in Albanien) verlagerte sich der Krieg nach Makedonien und Thessalien. Pompeius wurde am 9. 8. 48 bei Pharsalus besiegt und floh nach Alexandria, wo er von Anhängern des ägyptischen Königs Ptolemaios ermordet wurde. Caesar besetzte Alexandria und griff zugunsten der Kleopatra in die ägyptischen Thronstreitigkeiten ein; erst 47 kehrte er nach Rom zurück. 46 schlug er, inzwischen zum dritten Mal Konsul, die Pompeianer bei Thapsus in Nordafrika, 45 die Truppen der Söhne des Pompeius bei Munda in Spanien. Er wurde zum Diktator auf Lebenszeit ernannt. Da seine Gegner befürchteten, dass Caesar die Monarchie einführen wolle, töteten sie ihn an den Iden des März (15. 3.) 44 während einer Senatssitzung.

1) Der Monat „Juli“ wurde deswegen nach ihm benannt; vorher „Quīntīlis“.

Caesar war nicht nur ein begabter Politiker und Heerführer, dessen Wirken die Geschichte Roms und Europas prägte, sondern auch ein bedeutender Schriftsteller und Sprachtheoretiker. Sein Werk über den Gallischen Krieg (*De bello Gallico,* 7 Bücher), das unter dem Titel eines *commentarius* (Kriegstagebuch und darauf basierender Tätigkeitsbericht eines Feldherrn) seine Maßnahmen in Gallien publizistisch wirksam darstellen und rechtfertigen sollte, ist ein auch von Cicero gelobtes Meisterwerk in Stil und Darstellung. Ein Werk über den Bürgerkrieg gegen Pompeius (*De bello civili,* 3 Bücher) konnte von Caesar wohl nicht mehr abschließend bearbeitet werden. Neben Cicero hat Caesar dem Lateinischen seine klassische Sprachform gegeben.

Zu Caesars Versuch einer Neuordnung des Staates gehört die Kalenderreform von 46 mit der Einführung des in seinen Grundzügen heute noch geltenden Julianischen Kalenders, der durch den 1582 von Papst Gregor XIII. eingeführten Gregorianischen Kalender lediglich in der Behandlung der Schalttage geringfügig korrigiert wurde.

Römische Götter – Interpretatio Romana fremder Götter

1 Über die ursprünglichen Gottesvorstellungen der Römer ist nicht viel bekannt; charakteristisch scheint die Verehrung göttlicher Mächte (*nūmina*) gewesen zu sein, die in bestimmten Ereignissen für die Menschen erfahrbar werden (Himmelserscheinungen und Naturereignisse, Geburt und Tod, Saat und Ernte, Krieg).

Die Götter des römischen Staatskultes in historischer Zeit sind weitgehend an die Vorstellungen der griechischen Mythologie angeglichen, teilweise sogar aus der griechischen Religion übernommen. Verschiedene Funktionen, sowie Namen früherer oder lokaler Götter, deren Funktionen auf die ‚großen' Götter übertragen wurden, erscheinen oft in der Form von Beinamen.

Iuppiter (Zusammensetzung des Gottesnamens *Iov-* mit dem Titel *pater ‚Vater'*): Seine Verehrung wurde wahrscheinlich schon von den nach Italien einwandernden indogermanischen Stämmen mitgebracht. Sein Name (griech. Zeus) bedeutet *Himmel*. Gott des Himmelslichtes und des Wetters (Blitz). Alte Kultstätten befinden sich auf mehreren der römischen Hügel. Als Haupt- und Staatsgott Roms (Iuppiter Optimus Maximus) wird er auf dem Kapitol in einem Dreibund (‚Trias') mit Iuno und Minerva verehrt.

Iuno: Ihr Name hat – trotz des scheinbar gleichen Anlauts – nichts mit Iuppiter zu tun. Göttin der Fruchtbarkeit, der Geburt und der Frauen. Später mit der griechischen Hera, der Gemahlin des Zeus, gleichgesetzt. Im Kapitolinischen Tempel in der Trias mit Iuppiter und Minerva verehrt.

Minerva: Ihre ursprüngliche Funktion (Stadtgöttin der Sabiner?) ist unklar. Schon bald wurde sie mit der griechischen Athena gleichgesetzt als Göttin der Handwerker, Künstler und Lehrer; in der Kapitolinischen Trias wurde sie, zusammen mit Iuppiter und Iuno, als Stadtgöttin (wie die griechische Athena Polias) verehrt.

Mars: Alter Kriegsgott der Römer; in dieser Funktion ist er gleich dem griechischen Ares. Schutzgott und mythischer Ahnherr der Römer.

Apollo: Griechischer Gott der Musik, der Weissagung, der Heilkunst (der aber auch Krankheit und Tod sendet), des Lichtes. Die Vorstellung seines Wesens hat Züge vieler anderer Götter aufgenommen. Seine Verehrung kam schon sehr früh durch griechische Seefahrer und Kolonisatoren nach Italien und Rom; er hat seinen griechischen Namen behalten.

Mercurius: Gott der Kaufleute (*mercātorēs*) und Reisenden; als solcher wurde er mit dem griechischen Hermes, dem Götterboten, Geleiter der Reisenden und der Toten, gleichgesetzt.

Neptunus: Römischer Gewässergott, schon früh mit dem griechischen Meeresgott Poseidon gleichgesetzt.

Diana: Italische Mondgöttin; Schützerin des weiblichen Lebens und der Geburt, auch des Wildes und der Jagd, besonders bei den Latinern verehrt. Ihr Kult wurde früh nach Rom übertragen. Sie wurde mit der griechischen Artemis gleichgesetzt.

Ceres: Göttin des Wachstums der Saat (*crēscere ‚wachsen'*), seit dem 5. Jh. v. Chr. gleichgesetzt mit der griechischen Göttin des Getreides, Demeter. Ihr Tempel in Rom (*aedēs Cereris*) war sakraler Mittelpunkt der *plēbs*, der nichtadligen Bürger Roms. Die u. a. für die Getreideversorgung zuständigen *Aedilen* waren wahrscheinlich ursprünglich die Vorsteher dieses Tempels.

Venus: Göttin der Liebe. Ihr Name hängt mit Wörtern zusammen, die *Gunst, Liebreiz* bedeuten. Ihre ursprüngliche Funktion ist durch Vermischung mit anderen Kulten und frühe Gleichsetzung mit der griechischen Aphrodite nicht mehr erkennbar. Das römische Adelsgeschlecht der Iulii führte seinen Ursprung über den trojanischen Sagenhelden Aeneas auf Venus zurück, besonders von C. Iulius Caesar propagiert. Als Mutter des Aeneas ist Venus Stamm-Mutter der Römer.

2 Ähnlich wie bei der Übernahme von Göttern der Nachbarvölker oder der Griechen versuchten die Römer, eine Gleichsetzung nicht griechisch-römischer Gottheiten mit ihren eigenen herzustellen, indem sie sich an Ähnlichkeiten der Funktion oder der bildlichen Darstellung orientierten. Diese sogenannte **Interpretatio Romana** übernahmen im Zuge der Romanisierung auch die Gallier und Germanen, indem sie die Namen ihrer einheimischen Gottheiten als Beinamen zu den römischen setzten (z. B. Apollo Grannus, der als Heilgott in Aachen – Aquae Granni – verehrt wurde). Die Gleichsetzungen ergeben wegen der Zufälligkeit der Interpretation und wegen regionaler Verschiedenheiten kein einheitliches Bild.

Durch die Interpretatio Romana ergibt sich eine scheinbare Veränderung der Rangfolge der Götter gegenüber der römischen Anschauung. So setzt Caesar den griechisch-römischen Hauptgott Zeus-Iuppiter, da er auch Himmels- und Wettergott ist, mit dem keltischen Donnergott gleich, während Merkur zum Hauptgott der Gallier avanciert.

8

S:	**Akkusativ mit Infinitiv (AcI)**	1
	Nominativ mit Infinitiv (NcI)	2

T DE MORIBUS GALLORUM ET GERMANORUM (II)

Druidēs apud Gallōs in māgnō honōre sunt.
Multī adulēscentēs ad eōs disciplīnae causā conveniunt;
hōs māgnum numerum carminum ēdiscere iubent; 1
itaque nōnnūllī multōs annōs in disciplīnā manent.
Dē deīs Gallī eandem ferē opīniōnem habent,
quam reliquae nātiōnēs:
Apollinem morbōs dēpellere, Minervam artificia trādere, 1
Iovem imperium deōrum tenēre, Mārtem bella regere.
Druidēs imprīmīs hoc docent atque iuventūtī trādunt
animās nōn interīre, 1
sed post mortem ab aliīs trānsīre ad aliōs;
hōc maximē hominēs ad virtūtem impellī putant.
Nōn licet illa carmina litterīs mandāre,
quod druidēs neque disciplīnam in vulgus efferrī volunt 1.3
neque discipulōs minus memoriae studēre.
Multī enim hominēs praesidiō litterārum memoriam neglegere videntur. 2
In cēterīs vītae īnstitūtīs Gallī hōc ab reliquīs populīs differunt,
quod suōs līberōs palam ad sē adīre nōn sinunt 1
puerōsque in pūblicō patrī adsistere vetant.

Germānōs ā Gallōrum cōnsuētūdine differre cōnstat: 1
Nam neque druidēs habēre neque sacrificiīs studēre videntur. 2
A parvīs labōrī atque dūritiae studēre dīcuntur; 2
hōc vītae genere corpora rōbusta fierī putant. 1
Agrī cultūrae nōn student;
prīvātī ac sēparātī agrī apud eōs nihil est. 4 G 3.2
Prīncipēs quotannīs certum agrī modum hominibus attribuunt
eōsque posterō annō aliō trānsīre cōgunt.
Ita hominēs ā cupiditāte prohibērī dīcunt. 1
Cīvitātibus māgna laus est circum sē māgnās sōlitūdinēs habēre;
ita sīgnificārī putant nēminem prope sē cōnsistere posse. 1.5
Simul hōc sē ab incursiōnibus sēcūrōs esse exīstimant. 1.2

8

1 Übersetzen Sie:

a) M. Catō dīcit sē numquam ōtiōsum[1] esse.
b) Caesar mīlitēs pontem[2] facere iubet. – Pontem fierī iubet.
c) Quī sīdera[3] spectat, nōn negat[4] deum esse.
d) Prūdentiae[5] est tē Athēnīs verba philosophōrum audīre.
e) M. Tullium Cicerōnem Arpīnī nātum esse cōnstat.
f) Gaudēmus[6] vōs nōbīscum esse.
g) Caesar scrībit druidēs ā Gallīs māgnīs honōribus afficī.
h) Cicerō Archiam bonum poētam esse exīstimat.
i) Cicerō iūdicēs[7] Archiam adiuvāre iubet.
j) Nōnnūllī Archiam Rōmā expellere volunt. –
Nōnnūllī Archiam Rōmā expellī volunt.

A wird für einen Freund der Griechen gehalten

2 Übersetzen Sie:

meinen, rechnen, halten

a) Atticus amīcus Graecōrum esse putātur; eōs pecūniā adiuvāre dīcitur.
b) M. Tullius patriam suam amāre vidētur.
c) Sī bonum amīcum invenīre cupis, ipse vir bonus esse dēbēs.
d) Vērī amīcī rārī[8] esse videntur. – Vērōs amīcōs rārōs esse cōnstat.
e) Apud Gallōs puerī in pūblicō ad patrēs adīre vetantur.
f) Quī tacet,[9] cōnsentīre[10] vidētur.

3 Vergleichen Sie die einander entsprechenden Sätze in 7 und 8 T:
7 T 24 / 8 T 21; 7 T 27 / 8 T 23; 7 T 28 / 8 T 24.

4 Übersetzen Sie (s. 7 G 3.2+3):

a) Amīcōs eōdem modō dīligere dēbēmus atque nōs ipsōs.
b) Virtūs eadem in homine ac deō est.
c) Cicerō idem dīcit, quod multī aliī philosophī.

5 Wiederholen Sie die Konjugation von *esse, posse* und *velle* (3 G 5), *īre* (2 G 2) und *fierī* (6 G 3).

6 Wiederholen Sie (s. 3 G 11):
et, -que, atque, ac (7 LV); et, etiam, quoque; et – et; neque; neque – neque.

7 Wiederholen Sie die folgenden Vokabeln:
abesse, afficere, amīcus, animus, appellāre, aut, autem, auxilium, bonus, colere, cōnsulere, cum (Subj.), dēfendere, domī, dūcere, dux, ex, ferre, glōria, iam, ibi, ipse, īre, iūs, locus, magis, nātūra, negōtium, nūllus, obīre, patria, pecūnia, per, perīculum, prō, quam (Adv.), quō (Adv.), quoque, summus, tegere, timēre, tum, venīre, vir.

---

1) ōtiōsus,-a,-um *untätig, müßig* 2) pōns, pontis *m* *Brücke* 3) sīdus,-eris *n* *Stern* 4) negāre, negō *bestreiten* 5) prūdentia,-ae *Klugheit* 6) gaudēre, gaudeō *sich freuen* 7) iūdex, iūdicis *m* *Richter* 8) rārus,-a,-um *rar, selten* 9) tacēre,-eō *schweigen* 10) cōnsentīre,-iō *zustimmen*

Die römische Geschichtsschreibung

1 Die römische Geschichtsschreibung entwickelte sich aus den von den Priestern (*pontifices*) jährlich geführten Aufzeichnungen (*annales*) über religiös bedeutsame Vorgänge, aus den Listen der eponymen (d. h. für die Bezeichnung des Jahres namengebenden) obersten Beamten und aus Unterlagen in den Archiven der maßgebenden Familien. Die Gründungsgeschichte Roms und vieles aus der Königszeit und den Anfängen der Republik gehört in den Bereich der Sagen und Legenden; Aufzeichnungen aus der Zeit vor 387 gingen bei der Einäscherung Roms durch die Gallier zugrunde und wurden nur teilweise später rekonstruiert.

Die ersten römischen Geschichtsschreiber, z. B. **Fabius Pictor** (Ende des 3. Jh. v. Chr.) schrieben in griechischer Sprache, wahrscheinlich um den Griechen gegenüber den römischen Herrschaftsanspruch ‚historisch' zu begründen und zu propagieren.

M. Porcius Cato (234–149 v. Chr.), der trotz seiner Abneigung gegen den griechischen Kultureinfluss die griechische Literatur gut kannte, begründete, in Anlehnung an griechische Vorbilder, mit seinem Geschichtswerk *Origines* (*Entstehungsgeschichten*) eine eigene lateinische Literaturgattung; er behandelte darin die Besiedlungsgeschichte Italiens, mit Lob der alten italischen Sittenreinheit, führte das Werk aber bis auf seine Zeit fort.

Die **Annalisten,** Historiker von der Zeit Catos bis zur Zeit Ciceros, stellten die Ereignisse gewöhnlich jahrweise dar; ihr Quellenwert ist zum Teil stark beeinträchtigt durch eigenmächtige Änderungen und Übertreibungen sowie durch Verfälschungen zugunsten bestimmter Familien.

Mit dem großen Geschichtswerk des **Titus Livius** aus Patavium (Padua; 59 v. bis 17 n. Chr.) erreichte die annalistische Geschichtsschreibung ihren Höhepunkt und Abschluss. Es behandelt in 142 Büchern (davon etwa ein Viertel erhalten) die römische Geschichte *Von der Gründung der Stadt an (Ab urbe condita)* bis zum Jahr 9 v. Chr., eingeteilt in Gruppen von 10 oder 5 Büchern (Dekaden bzw. Pentaden). Trotz schwerwiegender Nachteile (Abhängigkeit von annalistischen Quellen, Missverständnisse, idealisierende und moralisierende Darstellung) ist das Geschichtswerk des Livius eine große sprachliche und literarische Leistung; es verdrängte alle Vorgängerwerke und war in der Kaiserzeit die maßgebende Quelle für die ältere Geschichte. Später begnügte man sich mit Auszügen aus dem Gesamtwerk, das in der Spätantike und im Frühmittelalter größtenteils verlorenging. Erst in der Renaissance setzte ein neues Interesse für Livius ein, das auch dazu führte, dass seine Idealgestalten Vorlagen für Dichtung, Malerei und Musik (Opern) wurden.

C. Sallustius Crispus (86–35/34 v. Chr.) stellte in zwei Monographien unter philosophisch-moralischen Gesichtspunkten den nach der Vernichtung Karthagos (146) eingetretenen Zerfall der römischen politischen Kultur und Gesellschaft an zwei exemplarischen Ereignissen dar: an der von Cicero im Jahr 63 zerschlagenen Catilinarischen Verschwörung und dem Krieg (112–105) gegen den

9

F:	Indikativ Imperfekt	1
	nōlle: Indikativ Präsens und Imperfekt; Infinitiv Präs.; Imperativ	3
S:	Bedeutungen des Imperfekts	2
	Verneinte Befehlsform	4
	Negation; Lītótēs	5
W:	quam und ut	6
[M:	Quantitierende Metrik. – Iambus und Hinkiambus	29 G 2.2 b]
I:	Die römische Geschichtsschreibung	S. 37

T

(1) DE HOMINIBUS ANTIQUIS EORUMQUE MORIBUS

Initiō imperium populōrum apud rēgēs erat. 1; 2
Populī nūllīs lēgibus tenēbantur;
arbitria prīncipum prō lēgibus erant.
Mōs erat magis fīnēs imperiī dēfendere quam prōferre. 6
Vīta hominum sine cupiditāte agēbātur.
Rēgum atque imperātōrum virtūs
in pāce ita ut in bellō valēbat. 6

Eadem ferē dē initiīs populī Rōmānī dīcī possunt:
Initiō populī fīnitimī Rōmānōs bellō temptābant;
paucī ex amīcīs eīs auxiliō veniēbant,
cēterī ā perīculīs aberant.
Rōmānī autem hostibus obviam ībant,
lībertātem, patriam, līberōs parentēsque armīs tegēbant;
ita perīcula prōpellēbant.
Deinde ipsī amīcīs auxilium ferēbant.

Imperium rēgium habēbant.
Virī dēlēctī cīvitātī cōnsulēbant;
hī patrēs appellābantur.
Posteā autem nōn iam rēgēs,
sed bīnī cōnsulēs, quibus annua erant imperia,
cīvitātī praeerant.
Nam Rōmānī putābant
hōc modō animōs hominum ā superbiā prohibērī posse.
Iuventūs in castrīs per labōrem corpora exercēbat;
igitur illīs virīs nūllus labor īnsolitus,
nūllus locus asper aut arduus erat.
Sed glōriae maximum certāmen inter eōs erat;
laudis, nōn pecūniae avidī erant;
glōriam maximam, dīvitiās honestās volēbant.

Itaque domī mīlitiaeque bonī mōrēs colēbantur;
concordia maxima, minima avāritia erat;
iūs bonumque apud eōs magis nātūrā quam lēgibus valēbat. 6
Summō honōre is afficiēbātur,
  quī in bellō ducibus oboediēbat,
    in pāce pūblica et prīvāta negōtia sēdulō obībat.

(2) Erinnerung an vergangene Liebe

Ein Dichter (Catull; s. S. 68) erinnert sich an die Zeit des gemeinsamen Glücks; dann ruft er sich selbst auf, nun auch seinerseits das Ende der Beziehung zu bejahen.

Fulsē̩re quọndam cạndidī̩ tibī̩ sō̩lēs,*) [29 G 2.2 b]
cum vẹntitā̩bās, quō̩ puẹlla dū̩cē̩bat.
Ibi ịlla mụlta tụm iocō̩sa fī̩ē̩bant, 6 G 11.5
quae tū̩ volē̩bās nẹc puẹlla nō̩lē̩bat. 3; 5.4
Nunc iam ịlla nō̩n vult, tū̩ quoque ịmpotē̩ns nō̩lī!

Nōlī mē tangere! 4
Nōlīte timēre!

Ü

1 Bilden und konjugieren Sie den Indikativ Imperfekt (Aktiv und Passiv) zu den folgenden Verben:
appellāre, tenēre, dūcere, efferre, afficere, impedīre, facere (s. G 1.3!), praeter-īre (s. 2 G 2.1 mit Anm. 2); nōlle (kein Passiv!).

2 Bilden Sie zu den Präsensformen die entsprechenden Imperfektformen [*]:
praebet, negleguntur, impedīris, effers, afficeris, vult, nōn vult, eunt, laudāmus, dīcitis, vīs, dūciminī, nōn vīs, habeō, abeō, abes, habēs, abīs.

3 Geben Sie zu den Imperfektformen den Infinitiv Präsens Aktiv und die Grundform (1. Sg. Ind. Präs. Akt.) an [*]:
tegēbant, exercēbās, abībāmus, audiēbāminī, nōlēbam, afficiēbantur, aberātis, scrībēbātur, errābātis, volēbātis.

4 Bilden Sie die verneinte Form des Befehls [*]:
venī! fac! impedīte! redī! laudā! dūcite! docēte! concēdite! accipe! afferte!

5 Bilden Sie zu den folgenden Adjektiven das entsprechende Negativ [*]:
Beispiel: iūstus ‚gerecht' – iniūstus ‚ungerecht'.
certus, grātus, honestus, hūmānus,[1] pūrus.[2] – Was heißt in-vius *(abgeleitet von* via*)*? Was ist im diplomatischen Sprachgebrauch eine ‚persōna nōn grāta'?

6 Wiederholen Sie die folgenden Vokabeln:
ad, annus, causā (Präp.), cum (Präp.), cūr, dīcere, enim, fierī, nātus, neglegere, neque, posse, praebēre, quaerere, quamquam, saepe, scīre, scrībere, studēre, tamen, tōtus, velle, vīvere; nōn modo – sed etiam.

---

*) Die Punkte unter der Zeile bezeichnen das Longum des Versmaßes (s. 29 G 2.1)
1) hūmānus,-a,-um *menschlich, gebildet* 2) pūrus,-a,-um *rein, sauber*

Die römische Ämterlaufbahn

Die Staatsämter der römischen **Republik** wurden ehrenamtlich, meist auf ein Jahr, ausgeübt. Die einzelnen Stufen der regulären Ämterlaufbahn *(cursus honōrum)* waren durch Vorschriften bezüglich Reihenfolge, Abstand, Mindestalter geregelt. Wiederwahl war – außer zum Konsul – nicht möglich.

1 **Quästor:** Ursprünglich Untersuchungsrichter *(quaerere)* für Mordfälle, dann Gehilfe höherer Beamter, Verwalter der Staatskasse, der Kriegskasse und der Provinzkassen. Anzahl ursprünglich 4, später 20, unter Caesar 40. Mindestalter seit Sulla 30 Jahre, seit Augustus 25 Jahre.

2 **Ädil** *(aedīlis)*: Ursprünglich Verwalter eines 493 v. Chr. geweihten Tempels *(aedēs Cereris;* s. S. 34*)*; Aufsicht über Straßen, Gasthäuser, Wasserleitungen, Thermen, Märkte, Getreide- und Ölversorgung Roms sowie über die öffentlichen Spiele *(lūdī)*. Anzahl: ursprünglich 2 Plebejer *(aedīlēs plēbī)*, später dazu noch 2 *aedīlēs curūlēs*, die auch Patrizier sein konnten.

3 **Prätor:** Zu Beginn der Republik (bis 450 v. Chr.) Bezeichnung der obersten Beamten und Befehlshaber *(praetor < prae-itor: praeīre ‚vorangehen'*; vgl. dt. *Herzog)*, später den Konsuln unterstellt und für die Gerichtsbarkeit zuständig. Anzahl: ursprünglich 2 *(praetor urbānus* für die städtische Gerichtsbarkeit, *pr. peregrīnus* für die der Fremden*)*; der *pr. urbānus* war der Vertreter der Konsuln in Rom bei deren Abwesenheit. Die Prätoren konnten auch militärische Befehlsgewalt *(imperium)* besitzen. Später 6 Prätoren, unter Augustus 10–16, später 12–18. Mindestalter: 40 Jahre, in der Kaiserzeit 30 Jahre. – Nach Ablauf seines Amtsjahres verwaltete ein Prätor als Proprätor eine Provinz.

4 **Konsul** *(cōnsul)*: Die zwei Konsuln waren die höchsten Beamten der römischen Republik. Zunächst waren nur Patrizier, seit Ende des 4. Jh. v. Chr. auch Plebejer wählbar. Mindestalter (zur Zeit Ciceros) 43 Jahre. Einberufung und Leitung von Volksversammlung und Senat, Ausführung der Beschlüsse, Oberbefehl über die Truppen. Nach den beiden Konsuln wurden die Jahre bezeichnet („unter dem Konsulat von ..."). Wiederwahl war möglich, z. T. unter besonderen Bedingungen. – Nach Ablauf des Amtsjahres verwaltete ein Konsul als Prokonsul eine Provinz.

5 **Zensor** *(cēnsor)*: Oberster Steuerbeamter, Aufsicht über die Verwendung öffentlicher Gelder, die Vermögensverhältnisse und die Lebensführung der Bürger, Führung der Bürgerlisten und Einteilung in die Vermögens- (d. h. auch Stimmrechts-)Klassen. Die beiden Zensoren wurden alle 5 Jahre für eine Amtszeit von 18 Monaten gewählt, gewöhnlich ehemalige Konsuln.

Ämter außerhalb des cursus honōrum:

6 **Volkstribun** *(tribūnus plēbis)*: Plebejischer Beamter, der die Interessen der *plēbs* zu vertreten hatte. Die Volkstribunen (zunächst 2, dann 10) waren unverletzlich (sakrosankt) und hatten ein Vetorecht gegen Beschlüsse anderer Beamter; sie konnten die Volksversammlung einberufen und leiten.

7 **Militärtribun** *(tribūnus mīlitum)*: Offiziersamt, das man vor Eintritt in die zivile Ämterlaufbahn bekleiden konnte. Ursprünglich gab es bei jeder Legion 6 Militärtribunen, die abwechselnd das Kommando ausübten; sie waren teils vom Volk, teils von den Soldaten gewählt. – Später eine Art Stabsoffizier.

8 **Dictator:** In Notsituationen vom Konsul auf Vorschlag des Senats auf 6 Monate ernannt, mit außerordentlichen Vollmachten. Stellvertreter: *Magister equitum* (eigtl. *Reiteroberst*). – In späterer Zeit wurde die Diktatur zur Machtausübung einzelner Politiker benutzt, Übergang zur Monarchie (Caesar: zunächst Dictator auf 1 Jahr, dann auf 10 Jahre, dann auf Lebenszeit).

9 **Pontifex Maximus:** Oberster Priester, Oberaufsicht über alle Kulte und religiösen Angelegenheiten, Vorsitzender des Kollegiums der *pontificēs*. Auf Lebenszeit gewählt, in der Regel ehemalige Konsuln.

In der **Kaiserzeit** bestanden die republikanischen Ämter formal weiter; ihre Inhaber wurden jedoch praktisch vom Kaiser ernannt. – Kaiser Augustus und seine Nachfolger gründeten ihre Machtstellung vor allem auf ihr Amt als Volkstribun, das ihnen jährlich verlängert wurde (danach Zählung der Regierungsjahre), als Oberbefehlshaber des Heeres *(imperātor)* und als Oberpriester *(Pontifex maximus)*.

M. Porcius Cato der Ältere

Geboren 234 v. Chr. in Tusculum; römischer Politiker und Schriftsteller. Im Zweiten Punischen Krieg (218–201) war er seit 216 Soldat, 214 Militärtribun in Sizilien; bewährte sich in der Schlacht bei Sena Gallica (in Umbrien, 207), in der ein von Hannibals Bruder Hasdrubal geführtes punisches Ersatzheer vernichtet wurde. 204 Quaestor in Afrika unter P. Cornelius Scipio, dem Sieger über Hannibal, 199 Plebejischer Ädil, 198 Prätor in Sardinien, 195 Konsul, 194 als Prokonsul Statthalter in Spanien. 191 Militärtribun in Griechenland im Krieg gegen den syrischen König Antiochos III. Wegen seiner strengen Amtsführung als Zensor (184) wurde er *Cēnsōrius* genannt. Er starb 149.

Cato war ein streitbarer Politiker, der vor allem gegen Amtsmissbrauch, Wucher und Luxus kämpfte; er musste deswegen 44 Prozesse abwehren, die er alle gewann. Er forderte die Zerstörung Karthagos *(„cēterum cēnseō ...“)*. Obwohl er gebildet und in der Literatur bewandert war – er brachte den Dichter Ennius nach Rom – und Griechisch konnte, stand er dem Einfluss griechischer Kultur in Rom ablehnend gegenüber. Durch seine Werke, u. a. ein Geschichtswerk *(Origines)* von den Anfängen Roms bis auf seine Zeit, begründete er einen eigenen lateinischen Prosastil. Seine Schrift *De agricultura (Über Landwirtschaft)* ist die älteste erhaltene lateinische Prosaschrift.

10

F:	Indikativ Perfekt Aktiv: Formenbildung	1
	Perfektstammformen: v-, u-, s-Perfekt	1.1
	Perfekt Passiv; Partizip Perfekt Passiv	2
	Stammformenreihen; Supinstammform	3
S:	Perfekt: Bedeutungen	4.1
	Perfekt und Imperfekt	4.2
	Prädikatsnomen und Prädikativum	5
W:	Suffix -trīx	6
I:	Die römische Ämterlaufbahn	S. 42
	M. Porcius Cato der Ältere	S. 43
	Scipio Africanus der Ältere, Scipio Africanus der Jüngere	S. 47

T

(1) DE M. PORCIO CATONE

M. Porcius Catō in mūnicipiō Tusculō nātus est.
Posteā Rōmam dēmigrāvit. **1.1; 4.1**
Quaestor fuit P. Africānī cōnsulis; **1.1**
aedīlis factus est cum C. Helviō. **2; 5.1**
Praetor prōvinciam administrāvit Sardiniam. **5.2+3**
Cōnsulātum gessit cum L. Valeriō Flaccō. **1.1**
Sorte prōvinciam obtinuit Hispāniam citeriōrem. **1.1; 5.3**
P. Scīpiō Africānus eum dē illā prōvinciā
voluit dēpellere et ipse eī succēdere, **1.1; 5.2**
neque hoc efficere potuit, **4.2**
quamquam prīncipem locum in cīvitāte obtinēbat.
Nam tum nōn potentiā, sed iūre rēs pūblica administrābātur.
Posteā Catō ā populō cēnsor creātus est. **2; 5.1**
In cēnsūrā luxuriam studuit reprimere,
quae iam tum incipiēbat crēscere;
itaque nōluit **8 G 1.3**
cultum atque hūmānitātem Graecōrum ad Rōmānōs importārī.
Per tōtam vītam rei pūblicae causā inimīcitiās suscipere nōn horruit.
Tamen, quoad vīxit, virtūtum laude crēvit. **4.2**

(2) DE ARCHIMEDIS SEPULCRO

Archimedes, der berühmte griechische Mathematiker und Physiker, geb. um 287 v. Chr. in Syrakus, entdeckte das Gesetz des spezifischen Gewichts; er unterstützte die Verteidigung von Syrakus gegen die Römer durch wirkungsvolle Maschinen. Bei der Eroberung der Stadt (212) soll ihn ein römischer Soldat, der ihn nicht erkannte, getötet haben. Cicero entdeckte, als er im Jahr 75 Quästor in Sizilien war, in Syrakus das verschollene Grab des Archimedes wieder.

Annō ante Christum nātum septuāgēsimō quīntō (LXXV)
M. Tullius Cicerō quaestor in Siciliā fuit.
Tum Syrācūsīs sepulcrum Archimēdis,
quod Syrācūsānīs ipsīs īgnōtum erat, indāgāvit.
Dē eō sepulcrō posteā haec scrīpsit:

Archimēdis sepulcrum īgnōrātum ā Syrācūsānīs egō indāgāvī. **1; 2; 4.2**
Sciēbam enim in monumentō sphaeram esse cum cylindrō.
Erant autem Syrācūsīs ad portās Agrigentīnās multa sepulcra
saepta undique et vestīta vepribus et dūmētīs. **2.1**
Ibi cōnspexī columellam,
in quā erat sphaerae figūra et cylindrī.
Atque egō statim Syrācūsānīs dīxī:
„Illud ipsum est, quod quaerēbam."
Immissī sunt multī hominēs cum falcibus, **2.2**
qui pūrgāvērunt et aperuērunt locum. **1.2**
Tum ad columellam accessimus;
appārēbat īnscrīptiō, quae dēclārābat
hoc sepulcrum Archimēdis esse.
Ita Syrācūsānī monumentum Archimēdis per mē cognōvērunt.

(3) LAUDES PHILOSOPHIAE

O vītae philosophia dux,
ō virtūtis indāgātrīx expultrīxque vitiōrum! **6**
Tū urbēs fundāvistī, **1.2**
tū dissipātōs hominēs in societātem vītae convocāvistī, **4.1**
tū eōs inter sē iūnxistī;
tū inventrīx lēgum, tū magistra mōrum fuistī.
Vōs autem, hominēs, cūr eam,
quae vōbīs multa bona praebuit,
nōn modo saepe neglēxistis, sed etiam vituperāvistis?

Ü

1 Konjugieren Sie die folgenden Verben im Indikativ Perfekt Aktiv: amāre, audīre, crēscere, quaerere; obtinēre, aperīre, velle, esse, posse; vīvere, scrībere.

2 Bilden Sie zu den folgenden Präsensformen die entsprechenden Imperfekt- und Perfektformen [*]:
teneō, scrībis, aperit, cōnspicimus, quaeritis, mittunt;
cognōscō, accēdis, appāret, possumus, vultis, prōsunt.

3 Bestimmen Sie die folgenden Verbformen und geben Sie den Infinitiv Präsens Aktiv und die Grundform (1. Sg. Ind. Präs. Akt.) an [*]:
habuistis, gessērunt, nōluimus, fuērunt, studuī, volumus, horruistī, crēvērunt, quaesīvī, potuit, cognōvī; laudātis, laudātus, laudātīs (2), laudāvistī, laudātī (2).

10

4 Bilden Sie (nach bekannten Mustern) die Stammformen der folgenden Verben:
nach audīre (G 3.1): impedīre
nach esse: abesse, adesse, praeesse, prōdesse (4 LV beachten!)
nach cēdere: concēdere, succēdere
nach habēre: prohibēre; nach praebēre: dēbēre
nach scrībere: cōnscrībere
nach cōnspicere: dēspicere, respicere
nach obtinēre: abstinēre, continēre, retinēre
[Kontrolle anhand des Stammformenverzeichnisses in Teil 2, S. 243 ff.]

5 Übersetzen Sie die folgenden Sätze und formen Sie diese dann sinngemäß lateinisch und deutsch ins Passiv um [*]:
a) Multī poētae Mosellam[1] carminibus celebrāvērunt. b) Apud Cannās[2] Hannibal[3] cōpiās Rōmānōrum proeliō[4] superāvit.[5] c) Verba amīcōrum mē dēlectāvērunt. d) Negōtia nōs impedīvērunt et retinuērunt. e) Populus Catōnem cōnsulem creāvit. (G 5.1 beachten!)

6 Unterscheiden Sie den lateinischen Tempusgebrauch:
a) Rōmānī quotannīs[6] cōnsulēs creābant. – Populus Cicerōnem cōnsulem creāvit. b) Imperātōrēs Rōmānōrum multa bella gerēbant. – C. Iūlius Caesar multa bella gessit. c) Cum amīcus aegrōtus[7] erat, eum vīsitābam.[8] – Amīcum vīsitāvī, quod aegrōtus erat. d) Atticus multōs hominēs pecūniā adiūvit (*Perf. von* adiuvāre). – Multī hominēs ab Atticō pecūniam petēbant, cum inopiā frūmentī premēbantur.
e) Warum steht in T (1) 14 Perfekt, in 15 Imperfekt?
Warum steht im Relativsatz T (2) 30 Imperfekt, 34 Perfekt?
Warum steht in T (3) 47 trotz „saepe“ Perfekt? [*]

7 Übersetzen Sie die folgenden Sätze und bestimmen Sie die Satzgliedfunktion der unterstrichenen Wörter bzw. Wortgruppen [*]:
a) Dānuvius[9] fluvius[10] clārus est. (2 Möglichkeiten!) b) Ausonius, poēta Rōmānus, Mosellam[1] fluvium celebrat. c) Atticus, Cicerōnis amīcus, Athēnārum incolās pecūniā adiuvat. d) Cōnstābat Atticum Cicerōnis amīcum esse. e) Populus Cicerōnem cōnsulem creāvit. f) Cicerō cōnsul patriam servāvit.[11] (2 Möglichkeiten) g) Catō ā Scīpiōne cōnsule dē prōvinciā dēpellī nōn potuit; posteā cēnsor luxuriam reprimere studuit. (vgl. T 8f.14) h) Cicerō dīxit Atticum ā multīs amīcum appellārī.

8 Wiederholen Sie:
is, ea, id (5 G 2); īdem, eadem, idem (7 G 3);
quis, quid und quī, quae, quod (6 G 4).

---

1) Mosella,-ae *die Mosel* 2) Cannae,-ārum *Cannae, Ort in Apulien (Schlacht 216 v. Chr.)* 3) Hannibal,-is *Hannibal, punischer Feldherr im 2. Punischen Krieg* 4) proelium,-ī *Schlacht* 5) superāre, superō *besiegen* 6) quotannīs *Adv. jährlich* 7) aegrōtus,-a,-um *krank* 8) vīsitāre, vīsitō *besuchen* 9) Dānuvius *die Donau* 10) fluvius,-ī *Fluss* 11) servāre, servō *retten*

9 Wiederholen Sie die folgenden Vokabeln:
abīre, argūmentum, audīre, beātus, capere, carēre, colere, cūra, docēre, domī, dominus, ēicere, expellere, facere, fortūna, habēre, īdem, iubēre, meus, nōnne, nūllus, officium, paucī, pecūnia, poēta, post, quis, quod (Subjunktion), rēx, sentīre, sinere, suus, tuus, venīre, verbum, vidēre, vidērī, vīlla, vir.

P. Cornelius Scipio Africanus der Ältere

Römischer Feldherr und Politiker (235–183 v. Chr.). Im Zweiten Punischen Krieg nahm er u. a. an der Schlacht bei Cannae (216) teil. 211 Oberbefehlshaber in Spanien als Nachfolger seines Vaters und seines Oheims, die dort gefallen waren. 205 Konsul mit Befehlsbereich Sizilien, setzte er von dort aus nach Afrika über und besiegte den Punier Hannibal in der Schlacht bei Zama (202); anlässlich seines Triumphs (201) erhielt er den ehrenden Beinamen *Africanus*. 199 war er Zensor, 190 Legat seines Bruders in der Schlussphase des Krieges gegen Antiochos III. In seinen letzten Lebensjahren zog er sich, verbittert über Angriffe seiner politischen Gegner (zu denen auch Cato gehörte), auf sein Landgut in Kampanien zurück, wo er auch starb.

P. Cornelius Scipio Aemilianus Africanus der Jüngere

Römischer Feldherr und Politiker (185–129 v. Chr.), leiblicher Sohn des L. Aemilius Paullus, vom Sohn des Älteren Scipio adoptiert, Konsul 147 und 134 v. Chr., eroberte und zerstörte Karthago (146) und Numantia (133). In seinem Freundeskreis (‚Scipionenkreis') förderte er die Begegnung griechischer und römischer Kultur.

L. Annaeus Seneca

L. Annaeus Seneca (ca. 4 v. – 65 n. Chr.), geb. in Corduba (Spanien), römischer Philosoph (Stoiker), Dichter und Politiker. Nachdem er schon unter Kaiser Caligula in Ungnade gefallen war, wurde er von Claudius nach Korsika verbannt (41–48), jedoch von der Kaiserin Agrippina zurückgerufen und mit der Erziehung ihres Sohnes Nero betraut. Nach dessen Regierungsantritt (54) leitete Seneca mit dem Prätorianerpräfekten Burrus die römische Politik, wurde aber auch in die Hofintrigen hineingezogen. Nach dem Tod des Burrus und infolge der ungünstigen Charakterentwicklung Neros verlor Seneca seinen Einfluss und zog sich ins Privatleben zurück, wo er sich seinen philosophischen und schriftstellerischen Interessen widmete. Im Jahre 65 wurde er der Teilnahme an einer Verschwörung beschuldigt und von Nero zum Selbstmord gezwungen.
Seneca war die geistig führende Persönlichkeit der frühen Kaiserzeit. Seine Werke umfassen philosophische und naturwissenschaftliche Prosa, Tragödien und eine Satire auf die Vergottung des Kaisers Claudius. Seine Philosophie hatte eine starke Nachwirkung vor allem im 16.–18. Jh. (z. B. Montaigne), seine Dramen waren Vorbild für das Theater der Neuzeit. Ein angeblicher Briefwechsel mit dem Apostel Paulus ist unecht.

11

F:	**Perfektstammformen:**	**Reduplikationsperfekt**	**1.1**
		Ablaut- (und Dehnungs-) Perfekt	**1.2**
		Stammperfekt; Perfekt von īre	**1.3+4**
	Indikativ Plusquamperfekt Aktiv und Passiv		**2**
	Infinitiv Perfekt Aktiv und Passiv		**3**
	Pronomen quīdam, quaedam, quiddam/quoddam		**4**
S:	**Zeitverhältnis:**	**Gleichzeitigkeit und Vorzeitigkeit**	
		in indikativischen Sätzen	**5**
		im AcI/NcI	**6**
I:	**L. Annaeus Seneca**		**S. 47**

T

(1) L. ANNAEUS SENECA DE SENECTUTE

Quōcumque vēnī, argūmenta senectūtis meae videō. **1.2; 5.2**
Vēneram ad vīllam meam et vituperābam vīlicum: **2.1+3**
„Nōnne vidēs aedificium incultum et sordidum esse?“ **6**
Ille dīxit sē officia sua nōn neglegere,
sē aedificium bene cūrāre,
sed vīllam veterem esse.
Egō ipse illam vīllam aedificāveram, mēcum crēverat! **2.1+3**
Vēnimus ad quāsdam arborēs. **4**
„Appāret“, inquam, „hās arborēs neglegī; **6**
nūlla folia habent; cūrā carēre videntur.“
Vīlicus eadem dīxit quae anteā: hās arborēs veterēs esse.
Egō ipse illās posueram, ā mē irrigātae et cultae erant, **2.1–3**
egō prīmum illārum folium vīderam!
Ita mihi senectūs mea, quōcumque mē verteram, appāruit. **1.3; 5.2**
Beātus ille, quī dīcere potest:
Vīxī et cursum, quem fortūna dederat, perēgī. **1.1+2; 5.2**

(2) DE IOCO QUODAM SCIPIONIS NASICAE **4**

P. Cornelius **Scipio Nasica,** vornehmer Römer, Verwandter des Älteren Scipio Africanus (s. S. 47), galt bei seinen Mitbürgern als „der Beste der Bürgerschaft“; er war mit dem Dichter **Q. Ennius** (s. S. 118) befreundet.

Scīpiō Nāsīca ad poētam Ennium vēnit.
Ancilla autem dīxit Ennium domī non esse. **6**
Nāsīca sēnsit eam dominī iussū hoc dīxisse et illum intus esse. **3.1**
Paucīs diēbus post Ennius ad Nāsīcam vēnit
et illum ad iānuam quaesīvit.
Nāsīca exclāmāvit sē domī nōn esse.

Tum Ennius: „Quid? Nōn audiō tē ipsum clāmāre?
Cognōscō enim vōcem tuam."
Tum Nāsīca: „Egō nūper ancillae tuae crēdidī tē domī nōn esse, **1.1**
tū autem nōn crēdis mihi ipsī?"

(3) DE IUGURTHA, REGE NUMIDIAE

Iugurtha, rēx Numidiae, Rōmam venīre iussus erat, **2.2**
quod multa scelera commīsisse arguēbātur. **3.1; 6**
Sed multī nōbilēs virī Rōmānī,
quī pecūniā ā rēge corruptī esse dīcēbantur, **3.2; 6**
illum pūnīrī nōn sīvērunt.
Paulō post Rōmae Numida quīdam nōbilis interfectus est;
appārēbat Iugurtham auctōrem huius sceleris fuisse.
Itaque Rōmā dēcēdere iussus est.

(4) DE CONIURATIONE CATILINAE

L. Sergius Catilīna coniūrātiōnem fēcerat. **1.2; 2.1+3**
Sed cōnsilia eius ā Cicerōne cōnsule patefacta erant. **2.2+3**
Tum Catilīna cōnsilium cēpit Rōmā abīre. **1.2**
Dē hāc rē Cicerō populum Rōmānum hīs verbīs docuit:
„Catilīnam vel ēmīsimus vel ēiēcimus vel expulimus; **1.1+2**
abiit, excessit, ēvāsit, ērūpit." **1.2+4**

Ü 1 a) Bilden Sie zu den folgenden Präsensformen die Imperfekt-, Perfekt- und Plusquamperfektformen [*]:
cūrāmus, aperīmus, volumus, sumus; gerunt, faciunt, iubent, eunt;
cēditis, audītis, ītis (G 1.4 beachten!); vertit, pellit, expellit, videt, it;
vīs, agis, īs (G 1.4 beachten!), es; crēdō, dō, volō, neglegō, cōnspiciō.

b) Bilden Sie zu den folgenden Infinitiven Präsens Aktiv die Infinitive Perfekt Aktiv, Präsens u. Perfekt Passiv (akkusativische Form Sg.; s. G 3.2) [*]:
vidēre, interficere, sentīre, premere, vertere, pellere, quaerere, docēre, dare, facere (!).

2 Bestimmen Sie folgende Verbformen und geben Sie den Infinitiv Präsens Aktiv und die Grundform (1. Sg. Ind. Präs. Akt.) an [*]:
tenuērunt, pepulērunt; caperis; legī (!), vīdī, neglēxī, vertī (2), iī; steterat; vertimus (2).

3 Setzen Sie die Sätze ins Imperfekt, Perfekt und Plusquamperfekt [*]:
Scelus committitur. – Multī hominēs interficiuntur. – Premor. – Cōnspiceris. – Ad virtūtem impellimur. – Accūsāminī. – Porta patefit (!).

4 Bilden Sie (nach bekannten Mustern) die Stammformen der folgenden Verben:
nach īre: interīre, trānsīre; nach expellere: impellere; nach interficere: afficere;
nach venīre: convenīre, invenīre, pervenīre.

5 Wandeln Sie die folgenden Sätze ins Passiv um; setzen Sie dann den aktivischen und den passivischen Satz ins Plusquamperfekt [*]:
a) Populus interfēcit tyrannum. b) Iugurtha multa scelera commīsit. c) Catilīnam expulimus vel ēiēcimus. d) Vōs ipsī hās arborēs posuistis, irrigāvistis, coluistis. e) Populus Catōnem cōnsulem *(Prädikatsnomen!)* creāvit.

6 Übersetzen Sie den Text und beobachten Sie den Gebrauch der Tempora:
Fuit tempus,[1] cum hominēs mōre bēstiārum[2] vīvēbant et nihil ratiōne animī, sed omnia[3] ferē vīribus[4] corporis agēbant. Nōn dīvīna religiō[5], nōn hūmāna officia[6] colēbantur, nēmō nuptiās[7] lēgitimās[8] vīderat, nōn iūs aequābile[9] cognōverant. *[Zum Inhalt vgl. S. 39]*

7 Übersetzen Sie und achten Sie auf Modus- u. Tempusgebrauch im Deutschen:
Cicerō sciēbat Syrācūsīs multa monumenta esse. Scrībit sē monumentum Archimēdis indāgāvisse. Syrācūsānīs dīxit in monumentō sphaeram esse cum cylindrō. Locum pūrgārī et aperīrī iussit.
Cōnstat Archimēdem ā mīlite[10] quōdam Rōmānō interfectum esse.
[Zum Inhalt und zu den Vokabeln vgl. 10 T (2)]

8 Wiederholen Sie Konstruktion und Bedeutung der Subjunktion cum (6 G 7) und des Vergleichsadverbs ut (9 G 6.2).

9 Wiederholen Sie die folgenden Vokabeln:
abesse, adiuvāre, alter, animus, annus, bellum, causa, cum (Subjunktion), deinde, deus, ferre, genus, gerere, homō, ibi, īgnotus, incola, initium, invenīre, littera, locus, nātus, nec, neque, nōn iam, oppidum, parvus, prope, puella, quasi, quoad, respicere, scrībere, sine, situs, terra, tollere, ubi, ut, velle, vocāre.

Plinius der Ältere, Plinius der Jüngere

C. Plinius Caecilius Secundus der Ältere, 23 – 79, römischer Offizier, Beamter und Schriftsteller, verfasste außer historischen und rhetorischen Schriften die berühmte *Naturalis historia*, die bis ins 18. Jahrhundert als maßgebliches naturkundliches Handbuch hochgeschätzt wurde. Als Flottenkommandant in Misenum am Golf von Neapel kam er beim Vesuvausbruch des Jahres 79 ums Leben, als er sich zur wissenschaftlichen Erkundung und zu Rettungsmaßnahmen in die Gefahrenzone begab.
C. Plinius Caecilius Secundus der Jüngere, 62 – ca. 114, römischer Anwalt, Politiker und Schriftsteller, wurde vom Älteren Plinius, dem Bruder seiner Mutter, adoptiert. Er war mit Kaiser Trajan (98 – 117) befreundet. Eine umfangreiche Sammlung von Briefen an viele Zeitgenossen wurde von ihm selbst in 9 Büchern herausgegeben; sie behandeln die unterschiedlichsten Themen, private Angelegenheiten, juristische, rhetorische und philosophische Fragen, wie auch merkwürdige Vorkommnisse; das 10. Buch enthält seine Statthalterkorrespondenz mit Kaiser Trajan. In zwei Briefen schildert er seinem Freund, dem Historiker Tacitus (s. S. 38), den Vesuvausbruch des Jahres 79, wie er ihn von Misenum aus erlebte.

---

1) tempus,-oris *n Zeit* 2) bēstia,-ae *wildes Tier* 3) omnia *(Nom./Akk. Pl. n) alle Dinge, alles* 4) vīrēs, *Abl.* vīribus *Kräfte* 5) dīvīna religiō *Ehrfurcht vor den Göttern* 6) hūmāna officia *pflichtgemäßes Verhalten gegen die Menschen* 7) nuptiae,-ārum *Eheschließung* 8) lēgitimus,-a,-um *gesetzlich, legitim* 9) iūs aequābile *gleiches Recht, Rechtsgleichheit* 10) mīles, mīlitis *m Soldat*

F:	Dritte Deklination, Gruppe II: i-Deklination	
	Substantive	1
	Adjektive	2
	Suppletivstammformen: esse, ferre, incipere	3
S:	Genitīvus und Ablātīvus quālitātis	4
	Ablātīvus modī	5
	Tempusgebrauch in indikativischen Gliedsätzen:	6
	cum inversīvum	6.1
	dum (dōnec, quoad, quamdiū)	6.2
	ubi, ut und cum (prīmum) mit Ind. Perf.	6.3
	postquam mit Ind. Perf.	6.4
W:	Suffixe -bilis und -ēnsis	7
[M:	Catullischer Elfsilbler	29 G 2.6 b]
I:	Plinius der Ältere, Plinius der Jüngere	S. 50

T

(1) DE ERUPTIONE MONTIS VESUVII

Mōns Vesuvius, quī nōn longē ab oppidō Neāpolī abest, **1.2**
annō post Christum nātum ūndēoctōgēsimō ērūpit.
Dē hāc ēruptiōne C. Plīnius Caecilius Secundus,
qui tum Mīsēnī, in oppidō prope Neāpolim sitō, erat,
haec scrībit:
Sedēbāmus in āreā vīllae, quae mare ā tēctīs dīvidēbat. **1.3**
Mare tremōre terrae quasi repellēbātur,
multaque animālia maris siccīs harēnīs dētinēbantur.
Ab alterō latere nūbēs dēscendēbat in terram,
operiēbat mare, abscondēbat Capreās et Mīsēnum.

(2) DE OPPUGNATIONE OPPIDI CUIUSDAM GALLORUM

Agger exstruēbātur turrisque cōnstituēbātur. **1.1**
Gallī, quibus id turrium genus erat īgnōtum,
prīmō Rōmānōs irrīdēbant,
quod turrim procul a moenibus cōnstituī vidēbant:
„Quibus vīribus hominēs tam parvae statūrae **4**
tantam turrim prōmovēre possunt?“
Sed ubi (=ut/cum) prīmum turrim ad moenia admovērī cognōvērunt, **6.3**
dīxērunt:
„Nōn sine ope deōrum bellum gerunt Rōmānī,
quī tantās turrēs tantā vī tantāque celeritāte prōmovēre possunt.“
Hīs verbīs sē Rōmānīs trādidērunt. **5**

12

(3) DE MONSTRO ATHENIENSI **7.2**

Erat Athēnīs aedificium spatiōsum et capāx, **2**
sed īnfāme et pestilēns.
Noctū ibi appārēbat imāgō horribilis, **7.1**
senex sordidus et atrōx, prōmissā barbā, horrentī capillō, **4**
quī vincula gravia gerēbat.
Incolae īnfēlīcēs et timidī dormīre nōn poterant.
Illō tempore vēnit Athēnās philosophus quīdam nōbilis et celeber. **7.1**
Hic postquam dē illō mōnstrō horribilī audīvit, **6.4**
causam investigāre voluit.
Sub vesperum animō fortī in illud aedificium sē contulit, **3.2; 5**
tabulam, stilum, lūmen sēcum tulit, **3.2**
in ātriō cōnsēdit et aliquid scrībere coepit. **3.3**
Initiō silentium fuit; deinde sonus catēnārum gravium audītus est. **3.1**
Dum philosophus scrībere pergit, **6.2**
sēnsit aliquem appropinquāre et ātrium intrāre.
Ubi respexit, vīdit illam imāginem horribilem: **6.3**
stābat, innuēbat digitō, eum vocāre vidēbātur.
Hic rūrsus ad litterās animum intendit.
Mōnstrum catēnīs gravibus capitī eius īnsonābat,
dōnec (= dum) scrībere dēstitit, lūmen sustulit **3.2; 6.2**
et cum illō exiit.
Imāgō ībat lentē, gravis et onusta catēnīs.
Vix in hortum vēnerat, cum subitō ēvānuit. **6.1**
Cōnsiliō prūdentī philosophus foliīs locum notāvit. **5**
Postrīdiē illum locum effodī iussit;
inventa sunt ossa vincta catēnīs.
Postquam collēcta et rītē sepulta sunt, **6.4**
mōnstrum illud horribile nōn iam vīsum est.

(4) NEGATIVE SCHÖNHEIT **[29 G 2.6 b]**

Sạlvē, nẹc minimọ puẹlla nāsō **4**
nẹc bellọ pede nẹc nigrịs ocẹllīs
nẹc longịs digitịs nec ọre sịccō!

Prōverbium: Fortēs fortūna adiuvat.

Ü 1 Deklinieren Sie:
mare perīculōsum[1]; animal īgnōtum; exemplar[2] clārum;
tanta turris; summa vīs;
philosophus nōbilis et celeber; catēna gravis; mōnstrum horribile; homō fēlīx.

---

1) perīculōsus,-a,-um *gefährlich* 2) exemplar, exemplāris *n* *Muster, Beispiel (‚Exemplar')*

2 Zur i-Deklination gehören außer turris und vīs (s. G 1.1) u. a. noch: sitis ‚Durst' und secūris ‚Beil'. Übersetzen Sie (und achten Sie dabei auf die Unterscheidung der Formen von *vir* und *vīs, secūris* und *sēcūrus, sitis* und *situs*):
a) Virī Rōmānī in castrīs per labōrem vīrēs exercēbant. (vgl. 9 T 24) b) Eīs virīs, quōrum praeceptīs[3] īnstituimur, grātiam dēbēmus. c) Dux quīdam Gallōrum: „Prōvincia fīnitima ā Rōmānīs vī continētur; secūribus Rōmānōrum subdita[4] est. Nōs quoque, quī adhūc[5] līberī in līberā patriā vīvimus, ab iniūriīs Rōmānōrum nōn sēcūrī sumus. Itaque prō nostrā līberōrumque lībertāte summīs vīribus contendere[6] dēbēmus." d) Incolae oppidōrum, quae in regiōnibus fervidīs[7] sita sunt, saepe sitī vexantur.[8]

3 Bilden Sie zu den folgenden Präsensformen die entsprechenden Imperfekt-, Perfekt- und Plusquamperfektformen [*]:
sedeō, habeō, abeō; pellis, petis, potes, fers; dat, trādit, it, est; capimus, incipimus, tollimus; pōnitis, audītis, abītis; ferunt, gerunt, sunt, possunt, eunt.

4 Übersetzen Sie und bestimmen Sie die Bedeutung der Genitive u. Ablative [*]:
a) Druidēs apud Gallōs māgnō honōre sunt. (vgl. 8 T 1!) b) Rōmānī Catōnem, virum summae auctōritātis, māgnō honōre afficiēbant. c) Mīlitēs Rōmānī oppidum Gallōrum summā vī oppūgnāvērunt[9] d) Plīnius Neāpolī Mīsēnum iit. e) Atticus, vir summō ingeniō,[10] Athēnīs verba philosophōrum audit. f) Tremōre terrae mare repellēbātur; multa animālia maris siccīs harēnīs dētinēbantur. (vgl. T 7f.) g) Bonī amīcī est amīcōs, quī inopiā premuntur, frūmentō et pecūniā adiuvāre. h) Cicerō summō studiō summāque dīligentiā[11] sepulcrum Archimēdis indāgāvit.[12] (vgl. 10 T 20 ff.)

5 Übersetzen Sie und achten Sie auf die Bedeutung von *ubi, ut* und *cum:*
a) Caesar ex Italiā in Galliam contendit,[13] ubi ūna legiō[14] Rōmāna erat. b) Gallī, ubi legiōnēs Rōmānās cōnspexērunt, pācem petīvērunt. c) *Cicero über die Abfassungszeit seines Werkes* Dē rē pūblicā *(Über den Staat):* Librōs dē rē pūblicā eō tempore scrīpsimus, cum gubernācula[15] reī pūblicae[16] tenēbāmus. d) Cum negōtiīs cūrīsque vacuī sumus, tum volumus aliquid[17] vidēre, audīre, discere.[18] e) Catō, cum luxuriam reprimere studuit, cīvitātī bene cōnsuluit. f) Caesar, cum prīmum per annī tempus potuit, ad legiōnēs[19] contendit.[20] g) Atticus: „Roma, ut saepe iam dīxī, perīculōrum plēna[21] est." h) Ut hoc dīxī, omnēs,[22] quī aderant, plausum[23] dedērunt. i) Vix ē vīllā exieram, cum tremōre terrae dēlēta[24] est.

6 Übersetzen Sie:
a) Dum philosophus in ātriō sedet, mōnstrum appropinquāvit. b) Dum (quoad) vōs pecūniā adiuvābam, mihi grātiam habēbātis. c) Catilīna iniūriīs nōn abstinuit, dum (dōnec) ā cōnsule Rōmā expulsus est. d) Postquam pontem[25] trānsiimus, in īnsulā ambulāvimus.

---

3) praeceptum,-ī *Vorschrift, Lehre* 4) subditus,-a,-um *untertan, unterworfen* 5) adhūc *Adv. noch* 6) contendere,-tendō,-tendī,-tentum *sich anstrengen, eilen, kämpfen* 7) fervidus,-a,-um *heiß* 8) vexāre, vexō *quälen, heimsuchen* 9) oppūgnāre, oppūgnō *bestürmen* 10) ingenium,-ī *Naturanlage, Veranlagung, Begabung (‚Genie')* 11) dīligentia,-ae *Sorgfalt* 12) indāgāre, indāgō *aufspüren* 13) *s. Anm. 6* 14) legiō, legiōnis *f Legion* 15) gubernāculum,-ī *Steuerruder* 16) reī pūblicae *(Gen. Sg.) des Staates* 17) aliquid *etwas* 18) discere, discō, didicī *lernen* 19) *s. Anm. 14* 20) *s. Anm. 6* 21) plēnus,-a,-um *m. Gen. voll* 22) omnēs *(Nom. Pl. m/f) alle* 23) plausus, *Akk. Sg.* plausum *Beifall* 24) dēlēre, dēleō, dēlēvī, dēlētum *zerstören* 25) pōns, pontis *m Brücke*

7 Erklären Sie die Bedeutung folgender Adjektive:
amābilis, laudābilis, (im-)mōbilis, innumerābilis;
Athēniēnsis, Colōniēnsis, Londīniēnsis, Bambergēnsis.
Was ist der „Homō Heidelbergēnsis"?

8 Wiederholen Sie die folgenden Vokabeln:
adesse, afferre, ager, agere, ante, arduus, arma, autem, capere, cīvitās, cōnstāre/cōnstat, continēre, corrumpere, cultūra, dare, enim, etiam, exemplum, habēre, imperātor, itaque, meus, mōs, nam, nātūra, neglegere, nisi, pāx, perīculum, pōnere, praesidium, quia, quidem, regere, rēgius, studium, suus, tamen, tōtus, vir, vitium.

Kaiser Augustus

Der spätere Kaiser Augustus wurde am 23. 9. 63 v. Chr. als Sohn des C. Octavius geboren. Er war Großneffe Caesars, der ihn zum Haupterben einsetzte und testamentarisch adoptierte. Seitdem hieß er C. Iulius **Caesar Octavianus.** Nach Caesars Ermordung verständigte er sich mit seinem Rivalen M. Antonius und mit M. Aemilius Lepidus (Zweites Triumvirat, 43 v. Chr.). Die Caesarmörder Brutus und Cassius wurden in der Schlacht bei Philippi (in Makedonien, 42) besiegt. Die Orientpolitik des Antonius und sein Verhältnis zu Kleopatra von Ägypten gaben Octavianus den Anlass zur Kriegserklärung; der Sieg in der Seeschlacht bei Aktium (31) machte ihn zum Alleinherrscher. Er ließ jedoch die republikanischen Ämter formal bestehen und übte seine Macht hauptsächlich mithilfe seiner Amtsgewalt als Volkstribun und Oberbefehlshaber *(Imperator)* aus; wiederholt war er auch Konsul. Im Jahre 27 erhielt er vom Senat den Titel *Princeps* und den Ehrennamen ***Augustus*** *(der Erhabene)*. Er reorganisierte die Verwaltung des Reiches, förderte Kunst und Literatur (Augusteische Klassik), entfaltete eine umfangreiche Bautätigkeit und sicherte die Reichsgrenzen (trotz einigen Niederlagen, z. B. der des Varus 9 n. Chr. im Teutoburger Wald). Seine Namen *Caesar* und *Augustus* und sein Titel *Imperator* wurden von seinen Nachfolgern übernommen und so Bestandteil der *Kaiser*-Titulatur. Er starb am 14. August 14 n. Chr. und wurde zum Gott erklärt. Der Monat Sextilis, in dem er 43 zum ersten Mal Konsul geworden war, wurde ihm zu Ehren in Augustus umbenannt.

Über seine Taten und Erfolge *(Res gestae)* verfasste Kaiser Augustus einen Rechenschaftsbericht, der als Inschrift an seinem Mausoleum in Rom und in den Hauptstädten des Reiches aufgestellt wurde. Nach dem 1555 in Ankara aufgefundenen Exemplar wird er heute *Monumentum Ancyranum* genannt.

13

F:	**Dritte Deklination, Gruppe III: Gemischte Deklination**	
	Substantive	1
	Partizipien Präsens Aktiv	2
	Adjektive der Konsonantischen Deklination	3
	Zahlwörter trēs, tria und mīlle/mīlia	4
S:	**Genitīvus partitīvus nach mīlia**	4.2
	Ablātīvus līmitātiōnis	5
W:	**Suffixe -ālis, -āris; -īlis**	6
I:	**Kaiser Augustus**	S. 54

T

(1) DE URBE ROMA

Urbs Rōma in rīpā Tiberis sita ā Rōmulō condita est. 1
Urbī autem Rōmulus locum incrēdibilī opportūnitāte dēlēgit.
Neque enim ad mare urbem admōvit,
quod urbēs maritimae multīs sunt oppositae perīculīs.
Nam terra continēns advenientēs hostēs multīs indiciīs 2
ante dēnūntiat;
maritimus autem et nāvālis hostis subitō adesse potest. 6
Itaque maritimae urbēs ab hoste nāvibus adveniente tūtae nōn sunt. 2
Haec perīcula Rōmulus, vir excellentī prōvidentiā, sēnsit et prōvīdit.
Est autem maritimīs urbibus
etiam quaedam corruptēla et mūtātiō mōrum.
Nam incolae hārum urbium nātūrā et mōribus mōbilēs sunt. 5
Dē hāc rē multa exempla et vetera et recentia afferrī possunt. 3
Cōnstat enim hīs vitiīs Carthāginem quondam et Corinthum,
celebrēs et fēlīcēs urbēs, corruptās esse.
Nam Carthāginiēnsēs et Corinthiī, quia dīvitēs erant, 3
agrī cultūram armōrumque studium neglēxērunt.
Rōmulus autem et ūtilitātēs maritimārum urbium
potuit capere et vitia vītāre,
cum urbem posuit in rīpā perennis amnis et aequābilis
et in mare lātē īnfluentis.
Urbis autem nātūrālia praesidia omnis homō,
nisi est plānē neglegēns, cognōscere potest;
nam ex omnī parte arduōs habet praeruptōsque montēs.

13

(2) SCIPIO DE GENERIBUS RERUM PUBLICARUM

Tria sunt genera rērum pūblicārum: 4.1
– rēgnum,
– illa cīvitās, quae optimātium arbitriō regitur,
– cīvitās populāris. 6
Hōrum trium generum quodvīs nōn perfectum quidem est,
tolerābile tamen.
Ex hīs tribus generibus longē praestat meā sententiā rēgium. 5

(3) IMPERATOR AUGUSTUS DE SUIS REBUS GESTIS

Bella terrā et marī cīvīlia externaque tōtō in orbe terrārum gessī. 6
Fuērunt sub sacrāmentō meō
circiter quīngenta mīlia cīvium Rōmānōrum. 4.2
Trēs ēgī triumphōs. 4.1

Dā mī bāsia mīlle! 4.2
Pāx intrantibus, salūs exeuntibus. (Torinschrift) 2

Ü

1 Deklinieren Sie folgende Substantive und vergleichen Sie die Kasusformen (Schreiben Sie die Deklinationsschemata nebeneinander):

pater	turris	urbs
:	:	:

2 Deklinieren Sie:
urbs clāra, urbs celebris, urbs fēlīx;
exemplum clārum, exemplum recēns, exemplum vetus;
hostis maritimus, hostis nāvālis, hostis adveniēns, cōnsul rediēns (G 2!);
trēs amīcī, tria oppida, trēs nāvēs, trēs imperātōrēs; tria mīlia hominum (G 4.2).

3 Bilden Sie das Partizip Präsens Aktiv zu folgenden Verben [*]:
adiuvāre, agere, aperīre, capere, carēre, cōnspicere, continēre, dīcere, ferre, abīre (!).

4 Bestimmen Sie folgende Verbformen und geben Sie den Infinitiv Präsens Aktiv und die Grundform (1. Sg. Ind. Präs. Akt.) an [*]:
mōvit, vīdimus, tenuistī, condidistis, scrīpsērunt, neglēxī, dēlēgit, cognōvimus, affēcit, ēgērunt, coepit, tulērunt.

5 Übersetzen Sie und erklären Sie die Bedeutung der Ablative:
a) Alexander Māgnus nātiōne fuit Macedō,[1] doctrīnā et studiīs Athēniēnsis, prūdentiā, fortitūdine,[2] fortūnā bellī tam[3] īnsīgnis[4] quam līberālitāte[5] et hūmānitāte.[6] b) Sōcratēs omnium iūdiciō[7] prīnceps philosophōrum fuit.

6 Erklären Sie die Bedeutung folgender Adjektive:
corporālis, līberālis (‚großzügig, freigebig'), nātūrālis; cōnsulāris; puerīlis, servīlis, virīlis, senīlis.

7 Wiederholen Sie Konstruktion und Bedeutungen der Subjunktionen *cum* (3 G 14.1, 6 G 7, 12 G 6.1+3), *ut* (9 G 6.2, 12 G 6.3) und *sī* (3 G 14.2).

8 Wiederholen Sie die folgenden Vokabeln:
abīre, accipere, afficere, alter, amāre, amīcitia, amīcus, animus, annus, beātus, bene, bonus, caput, committere, cōnsilium, cōnsul, cōnsulere, cōpia/cōpiae, crēdere, cum (Präpos.), cum (Subjunktion), dēclārāre, deus, docēre, dōnum, dūcere, duō, dux, etiam, exclāmāre, facere, fierī, fortis, glōria, hōra, iam, improbus, ipse, īre, iubēre, legere, lēx, liber, litterae, nātus, nēmō, nōbilis, num, obīre, patria, paucī, pervenīre, postquam, quis, ratiō, redīre, retinēre, scīre, sed, sī, tantus, tempus, timēre, ut, uter, utrum/-ne – an, valēre, velle, venīre, vērō, vester, vīta, vīvere, vōx; nōn modo/sōlum/tantum – sed etiam.

---

1) Macedō,-donis *Makedone, Mazedonier* 2) *Leiten Sie* prūdentia *und* fortitūdō *von den entsprechenden Adjektiven ab!* 3) tam *Adv. so* 4) īnsīgnis,-e *bedeutend* 5) līberālitās,-tātis *f Großzügigkeit* 6) hūmānitās,-tātis *f Menschlichkeit, Milde, Bildung* 7) iūdicium, -ī *Urteil*

14

F:	**Konjunktive**	1
S:	**Konjunktiv in Hauptsätzen**	2
	Konjunktiv in Gliedsätzen	3
	Zeitverhältnis in konjunktivischen Gliedsätzen (Gleichzeitigkeit und Vorzeitigkeit)	3

T

(1) ABSCHIEDSGRUSS AN ROM

Valeant cīvēs meī! Sint incolumēs, sint flōrentēs, sint beātī! 2.1
Flōreat haec urbs! In pāce meī cīvēs vīvant!

(2) DE AMORE PATRIAE

Amēmus patriam, pāreāmus lēgibus, cōnsulāmus bonīs cīvibus! 2.2
Praesentia commoda neglegāmus, posteritātis glōriae serviāmus!
Nē timeāmus perīcula, nē sīmus timidī,
sed animō fortī omnia perīcula subeāmus!

(3) DE RATIONE HUMANA

Utinam deī dōnum hoc dīvīnum ratiōnis et cōnsiliī 2.1
hominibus nē dedissent,
quod paucī bene, multī autem improbē adhibent!
Quid potius hominibus deī dedissent, 3.5
sī eīs nocēre voluissent?

(4) CICERO AD MARCUM FILIUM, QUI ATHENIS STUDIA OBIT

Utinam, mī fīlī, ipse tēcum esse possem! 2.1
Ad tē Athēnās venīrem, nisi mē patria retinēret. 3.5
Utinam hīs litterīs vōx mea ad tē perveniat! 2.1
Māgnopere tē moneō, ut nōn sōlum ōrātiōnēs meās, 3.2
sed etiam meōs dē philosophiā librōs legās.

(5) ABSCHIEDSWORTE DES SOKRATES AN SEINE FREUNDE

Nē mortem timueritis! 2.3
Sed tempus est iam hinc abīre
– mē, ut mortem obeam, vōs, ut vītam agātis. 3.2
Utrum autem sit melius, nēmō scit nisi deus. 3.1

(6) EINTREFFEN EINER SIEGESBOTSCHAFT IN ROM

Nūntiī urbem intrāvērunt.
Postquam in cūriam ductī sunt, cōnsul eōs expōnere iussit,
quantae hostium cōpiae fuissent, **3.1**
quot mīlia ex eīs caesa, quot capta essent,
num multī mīlitēs Rōmānī cecidissent,
utrum dux hostium fūgisset an captus esset.

(7) DE DIONYSIO, SYRACUSARUM TYRANNO

Dionysius I. (ca. 430–367 v. Chr.) war seit 405 Tyrann von Syrakus. Er gilt als Typ des erfolgreichen, aber unglücklichen Machtmenschen.

Duōdēquādrāgintā annōs tyrannus Syrācūsārum fuit Dionȳsius,
cum quīnque et vīgintī annōs nātus dominātum occupāvisset. **3.4**
Hic cum esset nōbilī genere nātus
abundāretque et aequālibus et propinquīs,
tamen crēdēbat eōrum nēminī.
Quīn etiam, nē tōnsōrī collum committeret, **3.2**
tondēre fīliās suās docuit.
Quantopere autem amīcitiās dēsīderāret, **3.1**
dēclārāvit in duōbus illīs amīcīs:
Hōrum alter, cum Dionȳsiō īnsidiās parāvisset, **3.4**
capitis damnātus est.
Sed tyrannus eī permīsit,
ut, antequam suppliciō afficerētur, paucōs diēs ad suōs īret, **3.2**
et alterum vadem accēpit.
Cum ille, ut vadem suum līberāret, **3.2+4**
ad hōram mortis dēstinātam redīsset,
Dionȳsium tanta admīrātiō cēpit,
ut nōn modo illum absolveret, sed etiam exclāmāret: **3.3**
„Utinam egō tertius vōbīs amīcus adscrīberer! **2.1**
Quid faciam, ut amīcitiā vestrā dīgnus fīam?“ **2.4; 3.2**

Ü

1 Konjugieren Sie die folgenden Verben in allen Konjunktiven:
amāre, docēre, regere, iacere, impedīre, facere (!), ferre, nōlle, posse.

2 Bilden Sie zu den folgenden Indikativformen die entsprechenden Konjunktivformen [*]:
vīvō, dō, trādō, laudō; parāmus, pārēmus, volumus, sumus, īmus; ferēbantur, dēfendēbam, afficiēbantur, fīēbant, audiēbātur; dedistī, sēnsērunt, tulistis, amāvī, vīdit; trādit, trādidit, vīvit, vīxit; nōluerat, neglēxeram, ēgerant, fuerās, ierāmus.

3 Bestimmen Sie die folgenden Verbformen und geben Sie den Infinitiv Präsens Aktiv und die Grundform (1. Sg. Ind. Präs. Akt.) an [*]:
līberēmur, adhibēmus, laudēmus, videāmus, capiāmur; abītis, velītis; abeant, habeant, abīssent, habuissent; amāveris, trāderis, dēligeris, dēligāris, dēlēgeris, neglēxeris; tulerint, tulerant, tulērunt, tulissent; scrībam, parem, pāream, trānseam, veniam.

4 Übersetzen Sie die folgenden Sätze, bestimmen Sie die darin vorkommenden **Konjunktivformen** und erklären Sie deren Bedeutung [*]:

a) *Aus dem ‚Vater unser':* Adveniat rēgnum tuum! Fīat voluntās[1] tua! Et nē nōs indūcās in tentātiōnem![2]

b) *Cicero schildert eine Polizeiaktion gegen Verschwörer:*
Praetōrēs ad mē vocāvī, rem *(die Sache)* exposuī, quid fierī vellem, dēclārāvī. Illī autem negōtium suscēpērunt[3] et, cum advesperāsceret,[4] occultē[5] ad pontem Mulvium[6] pervēnērunt atque ibi in proximīs[7] vīllīs ita bipertītō[8] fuērunt, ut Tiberis et pōns[6] inter eōs interesset.

c) Aristippus, ūnus ex Sōcratis amīcīs, interrogātus est, quō modō Sōcratēs mortem obīsset. „Utinam", inquit, „et egō sīc[9] mortem obeam!"

d) Alexander Māgnus ab amīcīs monitus est, nē medicō[10] Philippō salūtem suam committeret; tamen illī permīsit, ut sibi *(ihm)* remedium[11] daret.

e) Sī tacuissēs,[12] philosophus mānsissēs.[13]

f) Plūtō, rēx īnferōrum,[14] permīsit, ut Eurydica ad superōs[15] redīret.

g) Quid egō nunc agam, quō eam, quō mē vertam?

h) *Ciceros Kommentar zum Zerwürfnis zwischen Pompeius und Caesar:*
„Utinam, Cn. Pompēī, cum C. Caesare societātem[16] aut numquam coīssēs[17] aut numquam dīrēmissēs!"[18]

i) Archimēdēs, cum mīlitem Rōmānum increpuisset[19] „Nē turbāveris[20] circulōs[21] meōs!", ab illō interfectus est.

j) Prūsiās, rēx Bithȳniae,[22] ad quem Hannibal cōnfūgerat, cōnsilium cēpit illum Rōmānīs trādere. Itaque aedificium, ubi Hannibal erat, custōdīrī[23] iussit. Hannibal cum cognōvisset sē effugere nōn posse, venēnum[24] poposcit. „Līberēmus", inquit, „Rōmānōs diūturnā[25] cūrā, cum mortem senis exspectāre nōlint."

k) *Cicero korrespondiert mit Atticus während der militärisch und politisch unklaren Lage nach Caesars Ermordung:* Octāviānus[26] mē cōnsulēbat, utrum cum tribus mīlibus mīlitum Rōmam īret an Capuam tenēret an ad legiōnēs[27] Macedonicās īret. Egō suāsī[28], ut Rōmam īret. Sed ipse, quid faciam, nesciō. Rōmamne veniam an hīc[29] maneam an Arpīnum eam?

---

1) voluntās,-tātis *f Wille* 2) tentātiō,-iōnis *f Versuchung, Probe (‚Härtetest')* 3) suscipere,-cipiō,- cēpī, -ceptum *übernehmen* 4) advesperāscit (-ere) *es wird Abend* 5) occultē *Adv. heimlich* 6) pōns Mulvius *die Milvische Brücke (heute Ponte Molle)* 7) proximus,-a,-um *nächster, nächstgelegener* 8) bipertītō *Adv. zweigeteilt, in 2 Abteilungen* 9) sīc *Adv. so* 10) medicus,-ī *Arzt* 11) remedium,-ī *Heilmittel, Medikament* 12) tacēre,-eō,-uī *schweigen* 13) manēre, *Perf. Akt.:* mānsī 14) īnferī,-ōrum *die Unterirdischen, die Unterwelt* 15) superī,-ōrum *die Oberirdischen, die Oberwelt* 16) societās,-tātis *f Gemeinschaft, Bündnis* 17) coīre,-eō,-iī *zusammengehen, (ein Bündnis) eingehen* 18) dīrimere, dīrimō, dīrēmī, dīrēmptum *zerreißen* 19) increpāre, increpō, increpuī, increpitum *jem. anfahren, schelten* 20) turbāre, turbō *verwirren, (zer-)stören* 21) circulus,-ī *Kreis* 22) Bithȳnia *Bithynien, Landschaft in Kleinasien* 23) custōdīre *bewachen* 24) venēnum,-ī *Gift* 25) diūturnus,-a,-um *lang anhaltend, lang dauernd* 26) Octāviānus: *der spätere Kaiser Augustus* 27) legiō, legiōnis *f Legion* 28) suādēre,-eō, suāsī, suāsum *raten* 29) hīc *Adv. hier*

5 Wiederholen Sie die folgenden Vokabeln:
afferre, appellāre, apud, aut, causa, causā (Präp.), certus, concordia, cōnstituere, deinde, dīcere, domī, dominus, ēicere, enim, eques, gerere, īdem, incipere, interficere, ita, iūs, lībertās, locus, modus, nātūrālis, nihil, oppidum, pater, per, populus, praeesse, prīmus, prīnceps, prīvātus, pūblicus, quīdam, quod (Subj.), rēgnum, rēx, servus, sine, sōl, stāre, tenēre, tōtus, tum, ūnus, vacāre, vel, vertere, vīs, vituperāre, vocāre.

De re publica

Die Bezeichnung der Römer für ihr Staatswesen ist *rēs pūblica, die öffentliche Sache* oder *Angelegenheit,* im Unterschied zur *rēs prīvāta,* für die das Familienoberhaupt, der *pater familiās,* zuständig und verantwortlich ist. Inhaber der *rēs pūblica* ist das Gesamtvolk, *populus* (daher: *rēs pūblica populī Rōmānī*). Die Bezeichnung ist, jedenfalls im Grundsatz, unabhängig von der Staatsform; erst in der Kaiserzeit wird sie auch im engeren Sinn (*Republik,* im Gegensatz zum kaiserlichen *imperium*) gebraucht – eine Entwicklung, die sich im neuzeitlichen Sprachgebrauch unter dem Einfluss der Französischen Revolution wiederholt hat. Das deutsche Lehnwort *Staat* (frz. *état*) kommt dagegen von *status (reī pūblicae), Zustand, Verfassung.*

Ciceros Werk *De re publica,* an dem er drei Jahre arbeitete und das er im Jahr 51 veröffentlichte, ist als römisches Gegenstück zu dem berühmten Werk des griechischen Philosophen Platon (427–347 v. Chr.) *Politeia* verfasst. In Form eines Gesprächs im Scipionenkreis (s. S. 9 u. 47) behandelt es in sechs Büchern den Begriff des Staates (mit der Definition *est rēs pūblica rēs populī*) und des Volkes, die Entwicklung des römischen Staates seit seiner Gründung, die verschiedenen Staatsformen und die Besonderheit der römischen Verfassung als einer Mischform; in diesem Punkt folgt Cicero, über Platon hinausgehend, Gedanken des Aristoteles und seiner Nachfolger, vor allem aber des Griechen Polybios (ca. 200–120 v. Chr.), der, ebenfalls Mitglied des Scipionenkreises, in der Ausgewogenheit dieser Mischverfassung die Ursache für Roms Aufstieg und Größe gesehen hatte. Im Schlussteil des Werkes werden Person, Aufgabe und Ausbildung des Staatsmannes behandelt; schließlich wird in Form einer Traumvision (Erscheinung des Älteren Scipio) der dem guten Staatsmann im Jenseits verheißene Lohn angedeutet.

Ciceros Werk *De re publica* wurde viel gelesen und zitiert, bis es durch das christliche Staatsmodell von Augustins *De civitate Dei* (s. S. 76) ersetzt und verdrängt wurde. Lediglich die Erzählung von Scipios Traum *(Somnium Scipionis)* wurde weiter gelesen und überliefert. Erst 1820 wurden Teile des Werkes (etwa ein Viertel), die auf einer abgeschabten und neubeschriebenen Pergamenthandschrift (Palimpsest) gestanden hatten, wiederentdeckt.

15

F:	**u-Deklination**	1
	e-Deklination	2
S:	**Relativischer Satzanschluss**	3
	Partitiver Gebrauch einiger Adjektive (z. B. medius)	4
W:	**Suffixe -tus und -ātus (u-Dekl.)**	5
	aut, vel (und sīve)	6
I:	**De re publica**	S. 61

T

(1) DE RE PUBLICA

Est rēs pūblica rēs populī. 2
Populus autem est coetus multitūdinis 1; 5
iūris cōnsēnsū et ūtilitātis commūniōne sociātus.
Eius autem coetūs prīma causa est
nātūrālis quaedam hominum congregātiō.
Hī hominum coetūs sēdem prīmum certō locō
domiciliōrum causā cōnstituērunt;
quam cum locīs manūque saepsissent, 3
tālem coniūnctiōnem domuum (= domōrum) 1.3
oppidum vel urbem appellāvērunt. 6

Cum penes ūnum est omnium summa rērum,
rēgem illum ūnum vocāmus 10 G 5
et rēgnum eius reī pūblicae statum. 5
Cum autem rēx iniūstus esse coepit,
perit illud reī pūblicae genus,
et est īdem ille tyrannus.
Sī per sē populus interfēcit aut ēiēcit tyrannum,
prīmō est moderātus, et suā rē gestā gaudet
et cōnservāre vult per sē cōnstitūtam rem pūblicam.
Sīn rēgī iūstō vim populus attulit
rēgnōque eum spoliāvit et tōtam rem pūblicam ūsurpāvit,
tum fit illud, quod iam Platō dīxit:
Tālis enim populus magistrātūs et prīncipēs 5
vituperat et tyrannōs appellat.
Iī autem, quī pārent magistrātibus et prīncipibus,
agitantur ab eō populō et servī voluntāriī appellantur.
Postrēmō in eius modī rēbus pūblicīs
plēna lībertātis sunt omnia,
ita ut et prīvata domus omnis vacet dominātiōne,
ut pater fīlium metuat, fīlius patrem neglegat,
ut nihil intersit, utrum cīvis sīs an peregrīnus.
Ex quō fit, ut etiam lēgēs incipiant neglegere, 3
ut plānē sine ūllō dominō sint.

(2) DE PUGNA CANNENSI

Im Zweiten Punischen Krieg (218–201 v. Chr.) zwischen Römern und Karthagern drang der karthagische Feldherr Hannibal von Spanien her über Gallien und die Alpen in Italien ein. In der Anfangsphase dieses Krieges erlitten die Römer einige schwere Niederlagen, die schwerste 216 v. Chr. in der berühmten Schlacht bei Cannae, einer Stadt in Apulien (Unteritalien); hier wurden zwei römische Heere nahezu völlig vernichtet; der eine der beiden Konsuln fiel in der Schlacht.

Cōnsulēs apud Cannās aciem ita īnstrūxērunt: 2
In dextrō cornū Rōmānōs equitēs cōnstituērunt, deinde peditēs; 1
laevum cornū equitātus sociōrum tenuit, deinde peditātus, 5
mediam aciem legiōnēs Rōmānae. 4
Cōnsulēs ipsī cornua tenuērunt;
alter sinistrō cornū praeerat, alter dextrō.
Hannibal autem suōs in aciē ita cōnstituit:
Cornibus praeerant Hasdrubal et Maharbal,
mediae aciēī Hannibal ipse. 4
Sōl utrīque exercituī oblīquus erat,
  quod Rōmānī in meridiem versī stetērunt,
    Poenī in septentriōnem.

Nōn omnium diērum sōl occidit. 2
Concordia domī, forīs pāx. (INSCHRIFT AM HOLSTENTOR IN LÜBECK)
Iūstitia est fundāmentum rēgnōrum.
Mediā vītā in morte sumus. 4

Ü 1 Deklinieren Sie:
exercitus māgnus, manus dextra, domus pulchra, tālis status; cornū sinistrum.

2 Wiederholen Sie die Pronominaladjektive (3 G 3) und deklinieren Sie:
nur im Singular: ūnus vir, tōta urbs, uter amīcus, uterque (s. LV!) cōnsul;
in Singular und Plural: nūlla rēs.

3 Wiederholen Sie die Bildung der **Indikativ**formen des Präsens, Imperfekts, Perfekts und Plusquamperfekts in allen Konjugationen und bei den unregelmäßigen Verben (besonders esse, īre, velle).

4 Übersetzen Sie und achten Sie dabei auf den relativischen Satzanschluss im Lateinischen (G 3):

a) Atticus studiōrum causā Athēnās sē contulit; quī Athēnīs ita sē gerēbat, ut omnibus Athēniēnsibus cārus esset; quō factum est, ut eum summīs honōribus afficerent.

b) Dionȳsius Syrācūsās vī obtinuit. Quī cum abundāret aequālibus et propinquīs, tamen crēdēbat eōrum nēminī. (vgl. 14 T 27–31)

c) Nēmō īgnōrat illōs duōs amīcōs Syrācūsānōs; quōrum alter, cum Dionȳsiō īnsidiās parāvisset, capitis damnātus est. (vgl. 14 T 36f)

15

d) Germānī nōn multum frūmentō, sed maximē lacte et pecore vīvunt, multumque sunt in vēnātiōnibus; quae rēs hominēs rōbustīs corporibus efficit. (vgl. 7 T 25ff.)

e) Caesar de quibusdam cīvitātibus Gallōrum: Omnium Gallōrum fortissimī[1] sunt Belgae[2] propterea, quod fīnitimī sunt Germānīs, quī trāns[3] Rhēnum incolunt,[4] quibuscum multa bella gerunt; quā dē causā Helvētiī[5] quoque reliquōs Gallōs virtūte praecēdunt,[6] quod ferē cottīdiē[7] cum Germānīs contendunt.[8]

5 Übersetzen Sie (s. G 4):

a) Erant Syrācūsīs multa sepulcra. Summum sepulcrum erat Archimēdis; in summō hōc sepulcrō erat sphaerae figūra et cylindrī. (vgl. 10 T 27ff.)

b) Cicerō per hortum[9] ambulāvit. In mediō hortō erant tria monumenta; in mediō monumentō erat sphaerae figūra et cylindrī.

c) E Caesaris librō prīmō dē bellō Gallicō: Hostēs victī lēgātōs[10] mīsērunt. Quī (G 3; Ü 4!) cum pācem petīvissent,[11] Caesar arma trādī iussit. Dum ea cōnferuntur, circiter sex (6) mīlia hominum prīmā nocte[12] effūgērunt.

6 Leiten Sie die Bedeutung folgender Substantive ab (vgl. 7 G 6.1/2; 15 G 5):
accūsātiō, accūsātor; āctiō, āctus; agitātiō; appellātiō; audītiō, audītor, audītus; cāsus; celebrātiō; cōgitātiō; concessiō; successiō, successor, successus; creātiō; dēlectātiō; conditor; trāditiō; dīvīsiō, dīvīsor; exīstimātiō; exspectātiō; affectiō, affectus; gestus; exitus, reditus; iūnctiō; laudātiō; lēctiō, lēctor; neglēctiō; missiō; pulsus; petītiō; appetītus; positiō; quaestiō, quaestus; sēnsus; cōnspectus; cōnstitūtiō; adventus; inventiō, inventor; vīsiō, vīsus; prīncipātus; antīquitās, clāritās, fēlīcitās, hūmānitās, vetustās.

Kontrollieren Sie unbedingt die Bedeutungen mithilfe eines Lexikons und versuchen Sie, sie von der Wortableitung her zu begründen.
Vergleichen Sie die entsprechenden ‚lateinischen' Wörter im Deutschen, Englischen, Französischen (Italienischen usw.) und beobachten Sie, inwieweit sich dort eventuell die Bedeutungen verändert haben.

7 Wiederholen Sie die folgenden Vokabeln:
accipere, adīre, amāre, amīcus, amor, atque, bellum, bene, bonus, continēre, cum (Präp.), dare, deus, dōnāre, dōnec, enim, facere, fēlīx, fierī, initium, inquam, māgnus, manēre, meus, minimē, multus, nam, nātūra, nē, nec, noster, nūllus, num, numquam, nunc, paucī, posse, puella, quaerere, quis, rogāre, scrībere, sed, sentīre, temptāre, tempus, ut, tuus, valēre, vidērī, vir, vīta, vix.

---

1) fortissimus,-a,-um *der tapferste* 2) Belgae,-ārum *m die Belger (Keltische Volksstämme zwischen Seine, Marne, Rhein und Nordsee)* 3) trāns *m. Akk. jenseits* 4) incolere,-colō,-coluī *wohnen* 5) Helvētiī,-ōrum *die Helvetier (Volk in der heutigen Schweiz)* 6) praecēdere,-cēdō,-cessī,-cessum *vorangehen, übertreffen* 7) cottīdiē *Adv. täglich* 8) contendere,-tendō *kämpfen* 9) hortus,-ī *Garten, Park* 10) lēgātus,-ī *Gesandter* 11) petīvī: *Perf. Akt. von* petere *(5 LV)* 12) nox, noctis *f Nacht*

F:	Indikativ Futur I und II	1; 2
	Partizip Futur Aktiv	3
S:	Zeitverhältnis in indikativischen Sätzen (Forts.):	
	Gleichzeitigkeit und Vorzeitigkeit in futurischen Sätzen	4
	Nachzeitigkeit in konjunktivischen Gliedsätzen	5
[M:	Daktylischer Hexameter; Elegisches Distichon	29 G 2.4]
I:	Der Dichter Catull	S. 68

T

(1) FINITI AMORES

Valẹ̄, puẹlla, iạm Catụllus ọbdụ̄rat [29 G 2.2 b]
nec tẹ̄ requị̄ret nẹc rogạ̄bit ịnvị̄tam. 1
At tụ̄ dolẹ̄bis, cụm rogạ̄berịs nụ̄lla. 4.1
Scelẹsta, vaẹ tē! Quaẹ tibị̄ manẹt vị̄ta?
Quis nụnc tē adị̄bit? Cuị vidẹ̄berịs bẹlla?
Quem nụnc amạ̄bis? Cuịus ẹsse dị̄cẹ̄ris?
Quem bạ̄siạ̄bis? Cuị labẹlla mọrdẹ̄bis?
At tụ̄, Catụlle, dẹ̄stinạ̄tus ọbdụ̄rā!

(2) CATULLUS AMICUM FABULLUM AD CENAM INVITAT

Cẹ̄nābịs bene, mị̄ Fabụlle, apụd mē [29 G 2.6 b]
paụcīs, sị̄ tibi dị̄ favẹnt, diẹ̄bus,
sị̄ tēcum ạttulerịs bonam ạtque mạ̄gnam 2.1+3
cẹ̄nam, nọ̄n sine cạndidạ̄ puẹllā
ẹt vīnō ẹt sale et ọmnibụs cachịnnīs;
haẹc sī, inquam, ạttulerịs, venụste nọster,
cẹ̄nābịs bene; nạm tuị̄ Catụllī
plẹ̄nus sạcculus ẹst arạ̄neạ̄rum.
Sẹd contrā ạccipiẹ̄s merọ̄s amọ̄rēs.
Nam ụnguentụm dabo, quọd meaẹ puẹllae
dọ̄nārụnt Venerẹ̄s Cupị̄dinẹ̄sque;
quọd tū cum ọlfaciẹ̄s, deọ̄s rogạ̄bis,
tọ̄tum ut tẹ̄ faciạnt, Fabụlle, nạ̄sum.

PROVERBIUM

Ut sēmentem fēceris, ita metēs. 4.2

(3) DE AMICIS [29 G 2.4]

Dọnec erịs fēlị̄x, multọ̄s numerạ̄bis amị̄cōs; 4.1
tẹmpora sị̄ fuerịnt nụ̄bila, sọ̄lus erịs. 2.3

(4) INITIUM DISPUTATIONIS DE RE PUBLICA

Scīpiō amīcōrum precibus commōtus sīc incipit disputāre:
Faciam, quod vultis, ut poterō, 4.1+3
et incipiam disputātiōnem dē rē pūblicā.
Prīmum autem eius reī nōmen explicābō;
numquam enim nātūra eius reī, dē quā disputābitur,
intellegī poterit, nisi prius nōmen eius reī intellēctum erit. 2.2
Deinde, cum dē generibus reī pūblicae ea, quae sentiō, dīxerō, 4.2+3
dē commūtātiōnibus rērum pūblicārum dīcam.

(5) M. PORCIUS CATO FEMINAS VITUPERAT

Während des Zweiten Punischen Krieges war ein Gesetz erlassen worden, das den vornehmen Frauen Beschränkungen in Schmuck, Kleidung und Lebensführung auferlegte. Als einige Jahre nach Kriegsende die Abschaffung dieses Gesetzes beantragt wurde, demonstrierten die Frauen für diesen Antrag in der Öffentlichkeit. Der strenge Cato kritisiert dies als Angriff auf die moralischen Grundlagen der römischen Gesellschaft:

Fēminae nōn contentae erunt, sī haec lēx abrogāta erit; 2.2; 4.2
omnium rērum lībertātem dēsīderant.
Quid, sī hoc expūgnāverint, nōn temptābunt?
Iam nunc virī eās vix continēre possunt.
Singula iūra vōbīs ēripient, postrēmō virīs aequābuntur.
Quid tum fīet? Num tolerābilēs erunt? Minimē.
Simulatque parēs esse coeperint, superiōres erunt. 4.2

(6) BEGINN EINER HISTORISCHEN DARSTELLUNG

Bellum scrīptūrus sum, 3
quod populus Rōmānus cum Iugurthā, rēge Numidārum, gessit.

(7) PROVERBIUM

Nē quaesīveris, quid crās futūrum sit! 5; 14 G 2.3
↳ PFA von 'esse'!

Ü **16**

1 Konjugieren Sie die folgenden Verben im Indikativ Futur I und II Aktiv und Passiv:
rogāre, movēre, mittere, ēripere, audīre, adīre (Aktiv), adesse (Aktiv), afferre (!), facere (!), velle (Aktiv).

2 Bilden Sie das Partizip Futur Aktiv zu folgenden Verben [*]:
advenīre, perficere, adesse, crēdere, exīstimāre, expellere, quaerere, prōvidēre, retinēre, abīre.

3 Bilden Sie zu den folgenden Präsensformen die entsprechenden Verbformen in allen Tempora und Modi des Aktiv und Passiv [*]:
vocō, regis, trānsit, ferimus, statuitis, scrībunt, cōnspiciō.
Nur Aktiv: nōn vīs, possunt.

4 Bestimmen Sie die folgenden Verbformen und geben Sie dazu den Infinitiv und die Grundform (1. Sg. Ind. Präs. Akt.) an [*]:
crēdam (2), scrībam (2), abībam, abieram, aberam, habueram;
cognōscis, cognōscēs, cognōsceris, cognōscēris, cognōveris (2);
afficeris, afficiēris, afficerēs, affēceris (2), affēcissēs;
statuit (2), statuet, statuat, statuerit (2), statuī (2);
aberimus, habuerimus (2), abierimus (2);
habēbitis, abībitis, scrībitis, abītis, absītis; habitīs (!);
prōderunt, prōfuērunt, prōfuerint (2), prōfuerant, prōfuissent.

5 Übersetzen Sie die folgenden Sätze und achten Sie auf den Ausdruck des Zeitverhältnisses im Lateinischen und Deutschen:
a) Sī nātūram ducem habēbimus, numquam errābimus.
b) Cum pontem trānsieritis, vīllam meam vidēbitis.
c) Cum prīmum dē hāc rē satis[1] cognōverō, tibi scrībam.
d) Sī ūnam rem sērō[2] fēceris, omnia sērō faciēs.
e) *Aus einer Prophezeiung für den Jüngeren Scipio, den Sieger über Karthago (146 v. Chr.) und Numantia (133):*
Cum Carthāginem dēlēveris,[3] triumphum ēgeris cēnsorque fueris et obieris lēgātus[4] Aegyptum, Syriam, Asiam, Graeciam, dēligēris iterum[5] cōnsul bellumque maximum[6] cōnficiēs[7] Numantiamque dēlēbis.
f) Quī amīcōs nōn adiūverit, frūstrā[8] ab iīs auxilium petet, cum ipse inopiā premētur.
g) Cum Dēmosthenēs[9] dictūrus erat, ex tōtā Graeciā hominēs concurrērunt,[10] ut eum audīrent.
h) Incertum est, quam longa vīta nostra futūra sit.
i) Tē rogābō, ut veniās, dum vīderō tē vēnisse.

---

1) satis *Adv. genug* 2) sērō *Adv. zu spät* 3) dēlēre, dēleō, dēlēvī, dēlētum *zerstören* 4) lēgātus *(hier prädikativ) als bevollmächtigter Gesandter* 5) iterum *Adv. zum zweiten Mal* 6) maximus,-a,-um *größter, sehr groß* 7) cōnficere,-ficiō,-fēcī,-fectum *zu Ende führen* 8) frūstrā *Adv. vergeblich* 9) Dēmosthenēs *Demosthenes (berühmter griechischer Redner, 384–322 v. Chr.)* 10) concurrere,-currō,-currī,-cursum *zusammeneilen, zusammenlaufen*

6 Wiederholen Sie die Kasusbedeutungen des Dativs (1 G 7.3; 3 G 7+8) und übersetzen Sie die folgenden Sätze:

a) *Cicero:* Egō statim Syrācūsānīs dīxī illud Archimēdis sepulcrum esse. (vgl. 10 T 31f.)

b) Cīvitātibus Germānōrum māgna laus est circum sē sōlitūdinēs habēre. (8 T 30)

c) Prīncipibus Gallōrum in plēbem eadem iūra sunt, quae dominīs in servōs. (vgl. 7 T 18)

d) Atticus, M. Cicerōnis amīcus, dīxit sē illī locō amīcum esse, ubi Cicerō nātus esset *(dt.: sei)*.

e) Germānī ā parvīs labōrī atque dūritiae student. (7 T 27)

7 Wiederholen Sie die folgenden ‚Kleinen Wörter':
et, -que, atque, ac; etiam, quoque; neque, nec (vgl. 1 G 12; 3 G 11; 7 G 3.3); autem, sed, at, tamen (vgl. 3 G 12); aut, vel (15 G 6); an (2 G 6.3); nam, enim (3 G 13); ita, sīc; itaque, igitur; quam, ut (9 G 6).

8 Wiederholen Sie die folgenden Vokabeln:
ager, alter, annus, audīre, aut, auxilium, circiter, cīvitās, cognōscere, cōnsīdere, convenīre, cūr, cūra, duō, exercitus, habēre, homō, hostis, ille, imperium, īnferre, inquit, inter, īre, itaque, locus, mīlle, mittere, multitūdō, negōtium, -ne, neque, occupāre, ōrnāre, pars, pellere, pēs, petere, posteā, prīmō, prīnceps, prō, propterеā, quam (Adv.), quod (Subj.), sedēre, sententia, socius, sub, suus, tenēre, trānsīre, ubi, ut, venīre.

Der Dichter Catull

C. Valerius Catullus, ca. 84–54 v. Chr., aus Verona ist der bedeutendste Vertreter des Dichterkreises der *Neoteriker (die Neueren)*, die kleine, ausgefeilte Formen der Poesie pflegten. Im Mittelpunkt seiner Dichtung steht seine Liebe zu Lesbia, wie er in ehrender Anspielung auf die große griechische Dichterin Sappho von Lesbos (um 600 v. Chr.) seine Geliebte nennt: es war Clodia, die Schwester des Volkstribunen und Cicerofeindes P. Clodius, Gattin des mit Catulls Vater bekannten Q. Caecilius Metellus Celer (Konsul 60), eine schöne, geistreiche, aber wegen ihres Lebenswandels berüchtigte Dame. Die Lesbia-Gedichte zeigen alle Phasen dieser Liebesbeziehung, von der glückhaften Erfüllung bis zum Bruch und dem Bedauern über Lesbias moralisches Absinken. Die anderen Gedichte behandeln vielfältige Themen: Erotisches, Literarisches, Freundschaft (vor allem im Dichterkreis der Neoteriker), Kritik an Zeitgenossen, u. a. an Cicero und Caesar (bei dem er sich sogar entschuldigen musste).

Catull, der sich stets als gebildeter, an griechischen und römischen Vorbildern orientierter Dichter *(poēta doctus)* erweist, hat den Ausdruck subjektiver Empfindung in die römische Literatur eingeführt und wurde so einer der Wegbereiter der klassischen Dichtung, besonders der subjektiv-erotischen Elegie. Seit der frühen Renaissance hat er auf die Lyrik, vor allem in Deutschland und England, gewirkt. Seine Gedichte wurden vertont, u. a. von Carl Orff *(Catulli Carmina)*.

17

F:	**Supīnum I und II**	**1**
	Infinitiv Futur Aktiv und Passiv	**2**
S:	**Supīnum**	**1**
	Infinitiv Futur als Ausdruck der Nachzeitigkeit	**2**
	Infinitiv als Subjekt und Objekt; AcI und NcI (Wiederholung und Ergänzung)	**3**
	Indirekte Reflexivität	**4**
	Indirekte Rede (Ōrātiō oblīqua)	**5**
	Datīvus commodī, datīvus fīnālis und sog. ‚doppelter Dativ' bei esse (u. a.)	**6**
	Unbestimmtes Personalpronomen (Indefinitpronomen)	**7**

T

(1) AMICI L. LICINIUM CRASSUM AD SERMONEM ADMONENT

Auf seinem Landgut bei Tusculum diskutiert der berühmte Redner L. Licinius Crassus (140–91 v. Chr.) mit Freunden über die Beredsamkeit. Während der Mittagsruhe denkt Crassus intensiv über ein von ihm zu behandelndes Thema nach. Gegen Abend holen ihn die Freunde ab.

Omnēs amīcī in eum locum vēnērunt, ubi Crassus recubuerat,
et „Quid est, Crasse?", inquit Iūlius, „Imusne sessum? **1.1**
Admonitum vēnimus tē, nōn flāgitātum.
Sed tempus est colloquium inīre. **3.1**
Quid est enim tam iūcundum cognitū atque audītū **1.2**
quam sapientibus sententiīs ōrnātus tuus sermō?"

(2) GALLI A CAESARE AUXILIUM PETUNT CONTRA ARIOVISTUM, REGEM GERMANORUM

Cum Caesar Helvētiōs bellō vīcisset,
prīncipēs Gallōrum ad eum convēnērunt
auxilium contrā Germānōs petītum. **1.1**
Omnēs sē flentēs Caesarī ad pedēs prōiēcērunt. **6.3**
Prō hīs Diviciacus Haeduus dīxit: **5**
Galliae tōtīus factiōnēs esse duās;
quārum alterīus prīncipātum tenēre Haeduōs, **15 G 3**
alterīus Arvernōs.
Hōs dē potentātū inter sē multōs annōs contendisse,
postrēmō ab Arvernīs Sēquanīsque
Germānōs auxiliō arcessītōs esse. **6.4**
Quōrum prīmō circiter mīlia quīndecim Rhēnum trānsīsse,
posteā trāductōs esse plūrēs.

17

Brevī tempore omnēs Germānōs Rhēnum trānsitūrōs esse **2.1+3**
atque omnēs Gallōs ex Galliae fīnibus pulsum īrī. **2.2+3**
Haeduōs coāctōs esse Sēquanīs obsidēs dare **3.2**
  et iūre iūrandō cīvitātem obstringere
    sē neque obsidēs repetitūrōs esse **2.1+3**
      neque auxilium ā populō Rōmānō petītūrōs,
      sed perpetuō sub illōrum imperiō futūrōs.
Sed pēius victōribus Sēquanīs quam Haeduīs victīs accidisse
  proptereā, quod Ariovistus, rēx Germānōrum, **5.2**
          in eōrum fīnibus cōnsēdisset
          māgnamque partem agrī Sēquanī,
            quī esset optimus tōtīus Galliae,
          occupāvisset.

Caesar prōmīsit hanc rem sibi cūrae futūram (esse). **2; 3.3; 4; 6.5**
Itaque lēgātōs ad Ariovistum cum hīs mandātīs mīsit:
Haec esse, quae ab eō postulāret: **5**
– prīmum, nē quam multitūdinem hominum amplius **7.1**
          Rhēnum trādūceret;
– deinde, (ut) obsidēs, quōs habēret ab Haeduīs, redderet
          neque hīs sociīsque eōrum bellum īnferret.

Ad haec Ariovistus respondit:
Sibi mīrum vidērī, quid in suā Galliā, quam bellō vīcisset, **4**
Caesarī aut populō Rōmānō negōtiī esset. **6.2**
Cūr in suās possessiōnēs venīret? **4**
Nisi Caesar dēcēderet atque exercitum dēdūceret,
sē illum prō hoste habitūrum esse.

Ü 1 Wiederholen Sie die Stammformen der folgenden Verben und bilden Sie dazu
a) die 3 Partizipien (Beispiel: laudāns; laudātus,-a,- um; laudātūrus,-a,-um);
b) die 6 Infinitive (Beispiel: laudāre; laudārī; laudāvisse; laudātum,-am,-um esse; laudātūrum,-am,-um esse; laudātum īrī):
afficere, capere, cognōscere, absolvere, dare, prōmittere, dūcere, facere (!), ferre, legere, aperīre, neglegere, pōnere, quaerere, trādere. [*]

2 Übersetzen Sie: a) Sociōrum lēgātī vēnērunt auxilium rogātum. b) Hannibal ex Italiā revocātus est patriam dēfēnsum.[1)] c) Quod optimum[2)] factū erit, faciēs.

3 Übersetzen Sie und geben Sie die jeweilige Satzgliedfunktion der Infinitive (Subjekt, Objekt) an [*]:
a) Poētae aut prōdesse volunt aut dēlectāre.
b) Cum licet aliquamdiū Rōmā abesse, hunc locum perlūstrō. (2 T 23f.)

---

1) *Stammformen:* dēfendere, dēfendō, dēfendī, dēfēnsum 2) optimum *das Beste, am besten*

c) Amīcīs adesse officium bonī amīcī est. (4 T 13)
d) Prūdentiae est Athēnīs verba philosophōrum audīre. (vgl. 4 T 21)
e) Tēcum in Graeciam īre nōn possumus. (4 T 27)
f) Archiās ē patriā suā neque expellī neque ēicī dēbet. (5 T 16)
g) Vestrum est auxilium ferre poētīs. (6 T 36)
h) Initiō Rōmānīs magis mōs erat fīnēs imperiī dēfendere quam prōferre. (vgl. 9 T 4)
i) Catō luxuriam reprimere studuit, quae iam tum incipiēbat crēscere; suscipere inimīcitiās nōn horruit. (10 T 14f.18)

4 Benutzen Sie, wenn möglich, bei der Übersetzung der folgenden Sätze verschiedene Wiedergabemöglichkeiten:
a) Catō dīxit sē numquam ōtiōsum[3)] esse. b) Gallī prōmīsērunt sē omnia imperāta[4)] factūrōs esse. c) Cōnstat Rōmānōs ab Hannibale apud Cannās[5)] victōs esse. d) Prūdentiae est tē Athēnīs verba philosophōrum audīre. (vgl. Ü 3 d!) e) Trāditum est urbem Rōmam ā Rōmulō conditam esse. f) Caesar mīlitēs pontem facere iussit. – Pontem fierī iussit. g) Gallī gaudēbant[6)] Helvētiōs ā Caesare pulsōs esse; spērābant Ariovistum quoque ā Caesare victum īrī. h) Ariovistus dīxit sē nōn suā sponte[7)] Rhēnum trānsīsse, sed ā Gallīs arcessītum esse. Sē prius[8)] in Galliam vēnisse quam populum Rōmānum. Hanc suam esse prōvinciam. Caesarem igitur ad colloquium ad sē venīre dēbēre.

Geben Sie die Satzgliedfunktion (Subjekt, Objekt) der Infinitivkonstruktion in den Sätzen a) – e) an. [*]

5 Benutzen Sie, wenn möglich, bei der Übersetzung der folgenden Sätze verschiedene Wiedergabemöglichkeiten:
a) In omnibus Galliae cīvitātibus duae factiōnēs esse dīcuntur. b) Atticus philosophiae perītus[9)] esse putābātur. c) Urbs Rōma ā Rōmulō condita esse trāditur. (vgl. Ü 4 e!) d) Catilīna coniūrātiōnem fēcisse vidēbātur. e) Quī tacet,[10)] cōnsentīre[11)] vidētur. f) Iugurtha in cōntiōne[12)] dīcere vetitus est.[13)]

6 Geben Sie Kasusbedeutung und Satzgliedfunktion aller **Akkusative** in T (2) an.

7 Übersetzen Sie und erklären Sie die Kasusbedeutung der **Dative** [*]:
a) Themistoclēs Athēniēnsibus suāsit,[14)] ut classem[15)] aedificārent;[16)] quae nōn modo Athēniēnsibus ipsīs, sed tōtī Graeciae posteā salūtī fuit. b) *Atticus:* „Ipse sum huic locō nunc amīcus atque illī vīllae, ubi tū nātus es." (3 T 12f.) c) *Seneca kritisiert den Bildungsbetrieb seiner Zeit:* Nōn vītae, sed scholae discimus.[17)] d) Ariovistus et Caesar locum utrīque medium colloquiō cōnstituērunt. e) Ariovistus dīxit sē amīcitiam populī Rōmānī petīvisse, ut sibi honōrī et praesidiō, nōn dētrīmentō[18)] esset.

---

3) ōtiōsus,-a,-um *untätig, müßig* 4) imperāta,-ōrum *befohlene Dinge, Befehle* 5) Cannae,-ārum *Cannae, Ort in Apulien (Schlacht 216 v. Chr.)* 6) gaudēre, gaudeō *sich freuen* 7) suā sponte *aus eigenem Antrieb (vgl. ‚spontan')* 8) prius *Adv. früher* 9) perītus,-a,-um *m. Gen. kundig* 10) tacēre, taceō, tacuī, tacitum *schweigen* 11) cōnsentīre,-sentiō,-sēnsī,-sēnsum *zustimmen* 12) cōntiō,-tiōnis *f Volksversammlung* 13) vetāre *(10 LV), Stammformen:* vetō, vetuī, vetitum 14) suādēre, suādeō, suāsī, suāsum *raten* 15) classis,-is *f Flotte* 16) aedificāre, aedificō *bauen* 17) discere, discō, didicī *lernen* 18) dētrīmentum,-ī *Verlust, Schaden*

17 **8** Übersetzen und vergleichen Sie die folgenden Texte der direkten und indirekten Rede. Achten Sie dabei auf die Personenverschiebung; vgl. deutsch: Er sagte: „Ich werde kommen." – Er sagte, er werde kommen.

Achten Sie in Text b) auch auf die Umsetzung eines Befehls in einen abhängigen Aufforderungssatz: Er sagte zu ihm: „Geh weg!" – Er sagte zu ihm, er solle weggehen.

Beachten Sie ferner den Ausdruck des Zeitverhältnisses im Lateinischen.

a) Atticus dīxit: „Rōmae māgnae discordiae[19] sunt. Virī improbī contrā rem pūblicam coniūrāvērunt.[20] Multī hominēs ā virīs improbīs interfectī sunt. Improbōrum iniūriae tolerārī[21] nōn possunt. Itaque Athēnās īre volō. Ibi studia mea obībō. Tamen amīcīs meīs semper aderō. Meō auxiliō iniūriae improbōrum prohibēbuntur."

Atticus dīxit Rōmae māgnās discordiās esse. Virōs improbōs contrā rem pūblicam coniūrāvisse. Multōs hominēs ā virīs improbīs interfectōs esse. Improbōrum iniūriās tolerārī nōn posse. Itaque sē Athēnās īre velle. Ibi sē studia sua obitūrum esse. Tamen sē amīcīs semper adfutūrum esse. Suō auxiliō iniūriās improbōrum prohibitum īrī.

b) Ariovistus Caesarī respondit: „Māgnam iniūriam facis, quod Haeduōs adiuvās, quī ā mē bellō victī sunt. Cūr in meam prōvinciam vēnistī? Sī contrā mē bellum gerēs, māgnum dētrīmentum[22] accipiēs. Itaque prōvinciā meā dēcēde!"

Ariovistus respondit Caesarem māgnam iniūriam facere, quod Haeduōs adiuvāret, quī ā sē bellō victī essent. Cūr in suam prōvinciam vēnisset? Sī contrā sē bellum gereret, eum māgnum dētrīmentum acceptūrum esse. Itaque prōvinciā suā dēcēderet.

9 Übersetzen Sie und beachten Sie den Gebrauch der Indefinitpronomina:
a) Caesar ab Ariovistō petīvit, ut aliquem locum colloquiō dēligeret. b) Ariovistus postulāvit, nē quem peditem Caesar ad colloquium addūceret,[23] ut sine ūllō īnsidiārum perīculō convenīre possent. c) Caesar ab Ariovistō postulāvit, sī nūllam partem Germānōrum domum remittere posset, at nē quōs amplius[24] Rhēnum trādūceret.

10 Wiederholen Sie die folgenden Vokabeln:
abesse, adesse, afficere, alius, animus, aperīre, apud, cadere, certāmen, commovēre, corpus, cupere, cupīdō, dēlectāre, dēstīnāre, diēs, dūcere, dum, eō (Adv.), facere, fortis, ibi, incrēdibilis, lēx, meus, nam, nōn iam, nōn modo – sed etiam, num, occidere, pārēre, patria, poēta, posse, precēs, pūgna, pūgnāre, quīdam, redīre, saepe, scelus, scīre, sī, sīc, simul, spectāre, tangere, trahere, ubi (Subjunktion), ūnus, utinam, vertere, via, vidēre.

---

19) discordia,-ae *Zwietracht, Streitigkeit* 20) coniūrāre, coniūrō *sich verschwören* 21) tolerāre, tolerō *ertragen* 22) dētrīmentum,-ī *Verlust, Schaden* 23) addūcere,-dūcō,-dūxī,-ductum *heranführen; hier: mitbringen* 24) amplius *Adv. zusätzlich*

S:	**Ablātīvus causae**	**1**
	Partizipialkonstruktionen	**2**
	a) Partizip als Attribut und Prädikatsnomen; substantiviertes Partizip	**2.1**
	b) Partizip als Prädikativum (AcP)	**2.2**
	c) Partizip als Adverbiale (I): Participium coniūnctum	**2.3–5**
I:	**Augustinus**	**S. 76**

T

(1) DE NIMIA LUDORUM CIRCENSIUM CUPIDINE

Augustinus berichtet von Alypius, einem jungen Mann, den er von der Leidenschaft für die grausamen Zirkusspiele befreit hatte. Als dieser jedoch als Jurastudent nach Rom kam, erlebte er infolge allzu großer Selbstsicherheit einen Rückfall in die überwunden geglaubte Sucht.

Alӯpius nōn relinquēns dēstinātam ā parentibus viam **2.3; 2.1a**
Rōmam ierat, ut iūs disceret.
Ibi gladiātōriī spectāculī cupīdine incrēdibilī
abreptus est. **2.1b**
Nam amīcī et condiscipulī quīdam eum,
cum forte dē prandiō redeuntibus obviam īret, **2.3**
recūsantem et resistentem
familiārī violentiā in amphitheātrum dūxērunt
crūdēlium lūdōrum diēbus.
Precibus eōrum commōtus pāruit dīcēns: **1; 2.3**
„Sī corpus meum in locum illum trāxeritis,
num et animum oculōsque meōs in illa spectācula intendere poteritis?
Aderō itaque absēns et sīc vōs et illa superābō.“ **2.3**
Illī cupientēs scīre, num id posset efficere, **2.3**
eum sēcum in amphitheātrum addūxērunt.
Ubi eō vēnērunt,
Alӯpius clausīs oculīs sedēbat, **2.1a**
nē quid illārum rērum animum tangeret.
Utinam et aurēs clausisset!
Nam quōdam pūgnae cāsū,
cum clāmor ingēns totīus populī spectantis factus esset, **2.1a+b**
cūriōsitāte victus aperuit oculōs **1; 2.3**
et vīdit gladiātōrēs pūgnantēs et ūnum cadentem. **2.2**
Et ut vīdit illum sanguinem effūsum, **2.1a**
immānitātem simul hausit
et dēlectābātur scelere illīus certāminis.

18

Et nōn iam erat ille, quī vēnerat,
sed ūnus dē turbā spectantium, ad quam vēnerat. **2.1c**
Deinde cupīdine lūdōrum affectus **2.3+4**
saepe spectātūrus redībat **2.4**
nōn modo cum illīs, ā quibus adductus erat,
sed etiam prae illīs et aliōs sēcum trahēns. **2.3+4**

(2) DE IIS, QUI APUD THERMOPYLAS OCCIDERUNT

In eōs Lacedaemoniōs, quī in Thermopylīs fortiter pūgnantēs **2.3**
occiderant, Simōnidēs, poēta Graecus, epigramma composuisse
dīcitur, quod posteā Cicerō sīc Latīnē vertit: **[29 G 2.4]**

Dīc, hospes, Spartae nōs tē hīc vīdisse iacentēs, **2.2**
dum sānctīs patriae lēgibus obsequimur.

Die **Thermopylen** (‚Warme Tore‘), ein Küstenpass mit heißen Quellen, waren im Altertum der einzige für größere Heere passierbare Übergang von Nord- nach Mittelgriechenland; hier versuchten 480 v. Chr. die Griechen vergeblich, die zur Unterwerfung Griechenlands heranrückende persische Invasionsarmee aufzuhalten. Das Epigramm auf die mit ihrem König Leonidas gefallenen 300 Spartaner wird dem Dichter **Simonides** von der Insel Keos (ca. 557–468 v. Chr.) zugeschrieben.
Deutsche Übertragung von Friedrich Schiller:

Wanderer, kommst du nach Sparta, verkündige dorten, du habest
uns hier liegen geseh’n, wie das Gesetz es befahl.

Ü

1 Bilden Sie die Partizipien zu folgenden Verben [*]:
parāre, vidēre, scrībere, interficere, venīre, ferre, abīre.

2 a) Wiederholen Sie die bisher behandelten Kasusbedeutungen des Ablativs:

Abl.	īnstrūmentālis:	1 G 7.5; 5 G 4	Abl.	temporis:	4 G 4.2
Abl.	causae:	1 G 7.5; 18 G 1	Abl.	līmitātiōnis:	13 G 5
Abl.	sēparātīvus:	2 G 4; 4 G 4.1	Abl.	modī:	12 G 5
Abl.	locī:	3 G 9	Abl.	quālitātis:	12 G 4

b) Übersetzen Sie die folgenden Sätze und bestimmen Sie die Kasusbedeutung der Ablative [*]:
1) Amīcōs neque armīs capere neque aurō[1] parāre potes; officiō et fidē[2] pariuntur. 2) Admīrātione[3] afficiuntur iī, quī cēterōs virtūte superant. 3) Stultī[4] sunt, quī cupiditāte glōriae adductī in certum perīculum sē committunt. 4) Germānī etiam hieme corpora parvīs tantum pellibus tegunt. (vgl. 7 T 30) 5) Erant apud Caesarem Eporedorix, summō locō nātus adulēscēns et summae potentiae, et Viridomarus, parī aetāte,[5] sed genere dispār.[6] 6) Negōtiīs līberī sumus. 7) *Atticus:* „Athēnīs nōn aedificiīs pulchrīs moveor, sed memoriā clārōrum virōrum.“ (vgl. 3 T 17ff.) 8) Iniūria duōbus modīs fit: aut vī aut fraude.[7] 9) Nēmō Sōcratī pār erat sapientiā.

1) aurum,-ī *Gold* 2) fidēs,-ei *f Treue, Zuverlässigkeit* 3) admīrātiō,-tiōnis *f Bewunderung* 4) stultus,-a,-um *dumm* 5) aetās,-tātis *f Lebensalter, Zeitalter* 6) dispār, disparis *ungleich* 7) fraus, fraudis *f Betrug*

3 Übersetzen Sie:
a) In pūgnā Cannēnsī[8] C. Lentulus tribūnus mīlitum L. Aemilium cōnsulem vīdit sedentem in saxō[9] cruōre[10] opplētum.[11] b) In vīllam Lūcullī vēnī; ibi M. Catōnem vīdī in bibliothēcā sedentem. c) Ennius Nāsīcam audīvit ipsum clāmantem sē domī nōn esse. „Quid?“, inquit, „nōnne audiō tē ipsum clāmāre?“ (vgl. 11 T)

4 Spielen Sie bei der Übersetzung der folgenden Sätze alle Möglichkeiten für die Wiedergabe der Partizipien (G 2) durch. Prüfen Sie dabei, ob alle Möglichkeiten anwendbar sind.
a) Hannibal in patriam revocātus Italiam relīquit. b) Dionȳsius tyrannus tōnsōrēs metuēns fīliās suās tondēre docuit. (vgl. 14 T 32f.) c) Cicerō Archimēdis sepulcrum īgnōrātum ā Syrācūsānīs indāgāvit. (vgl. 10 T 25) d) Multī nōbilēs virī Rōmānī pecūniā ā rēge Iugurthā corruptī illum pūnīrī nōn sīvērunt. (vgl. 11 T 29–31) e) Gallōrum prīncipēs sē flentēs Caesarī ad pedēs prōiēcērunt. (vgl. 17 T 10) f) Dionȳsius tyrannus Syrācūsīs expulsus Corinthī habitāvit. g) Hannibal nōnnūllōs exercitūs Rōmānōs in īnsidiās inductōs dēlēvit.[12] h) Mendācī[13] hominī vērum dīcentī nōn crēdimus. i) Rīsus[14] nōnnumquam[15] tam subitō erumpit, ut eum cupientēs tenēre nōn possīmus. j) Hostēs advēnērunt castra Rōmāna oppūgnātūrī.[16]

5 Bestimmen Sie, welche **Satzgliedfunktion** die Partizipien in T (1) und (2) sowie in den Sätzen von Ü 4 haben [*].
Beobachten Sie, wie sich die Satzgliedfunktion bei der Wiedergabe der Partizipien in der deutschen Übersetzung auswirkt.

6 a) Wiederholen Sie 4 Ü 5 (mit Auflösung S. 137) und vergleichen Sie beide Versionen.

b) Formen Sie die folgenden aktivischen Sätze ins Passiv um (lateinisch und deutsch); vergleichen Sie beide Versionen [*]:
1) Multī hominēs tempora antīqua laudant. 2) Cicerō cōnsul patriam servāvit. 3) Populus Catōnem cēnsōrem creāvit. (vgl. 10 T 13) 4) Populus tyrannum interfēcit. 5) Hominēs bonōs semper honōre afficiēmus.

c) Formen Sie die folgenden passivischen Sätze ins Aktiv um (lateinisch und deutsch); vergleichen Sie beide Versionen [*]:
1) Poēta Archiās ā Cicerōne dēfēnsus est. 2) Oppidum a mīlitibus expūgnātum est. 3) Omnia ab Helvētiīs ad profectiōnem[17] parāta erant. 4) Māgnae cōpiae ab hostibus adductae sunt.

---

8) pūgna Cannēnsis *die Schlacht bei Cannae (216 v. Chr.)* 9) saxum,-ī *Stein* 10) cruor, cruōris *m Blut* 11) opplētus,-a,-*um völlig bedeckt, hier: überströmt* 12) dēlēre, dēleō, dēlēvī, dēlētum *vernichten* 13) mendāx, *Gen. Sg.* mendāc-is *lügnerisch* 14) rīsus,-ūs *m das Lachen* 15) nōnnumquam *Adv. manchmal* 16) oppūgnāre,-pūgnō *bestürmen, angreifen* 17) profectiō,-tiōnis *f Aufbruch*

18 7 Wiederholen Sie die folgenden Vokabeln:

accipere, afferre, alter, ante, anteā, arma, auctor, auctōritās, audīre, bellum, castra, certus, cōgere, cognōscere, committere, coniūrātiō, cōnscrībere, cōnservāre, cōnstituere, cōnsul, contendere, contrā, cōpia, cupiditās, dēfendere, domus, duō, exercitus, exīre, expūgnāre, fierī, fīnis, flūmen, habitāre, hostis, iacere, inīre, interficere, invītus, iter, lēgātus, legiō, māgnitūdō, māgnus, mīles, mittere, movēre, nātus, neque, nūntius, obses, omnis, oppidum, paucī, per, pervenīre, petere, pōnere, prīmus, propter, prōvidēre, prōvincia, rēgnum, summus, suus, trādere, trādūcere, trānsīre, turris, valēre.

Augustinus

Aurelius Augustinus, geb. 13. 11. 354 in Thagaste (Nordafrika) als Sohn eines heidnischen Römers und einer einheimischen Christin (Monnica). Während seines Rhetorikstudiums in Karthago wurde er durch die Lektüre von Ciceros *Hortensius* für die Philosophie gewonnen. Seit 374 war er Rhetorikprofessor in Thagaste, dann in Karthago; er schloss sich der Sekte der Manichäer an. 383 wurde er nach Rom, von dort in die Kaiserresidenz Mailand berufen. Dort bekehrte er sich zum katholischen Christentum (Taufe 387); er gab seine angesehene Stellung auf und kehrte nach Nordafrika zurück. Seit 391 Priester, seit 395 Bischof in Hippo Regius (beim heutigen Bône/Algerien), starb Augustinus am 28. 8. 430 während der Belagerung Hippos durch die Vandalen.

Augustinus, der bedeutendste Theologe und Philosoph der lateinischen Kirche der Antike, wirkt durch seine Theologie und Philosophie bis in die heutige Zeit weiter. Sein Werk *De civitate Dei (Über den Gottesstaat)* ersetzt im christlichen Sinne Ciceros *De re publica.* Die darin vertretene Geschichtsphilosophie (s. S. 39) hat die mittelalterliche Geschichtsschreibung (z. B. Otto v. Freising) entscheidend geprägt und hat auch moderne Geschichtsphilosophien beeinflusst. In den *Confessiones (Bekenntnisse)* gibt Augustinus aus der Sicht des Bekehrten einen Rückblick über sein früheres Leben; dabei spricht er in einer gegenüber der Antike grundsätzlich veränderten, unserer ‚modernen' Auffassung nahekommenden Weise von der eigenen Person.

S:	**Adverbiale Partizipialkonstruktionen (II):**	**1**
	Ablātīvus absolūtus	**1.1–3**
	Ablativ mit nominaler Ergänzung	**1.4**
	Satzgliederung	**2**
	Datum	**3**

T

E CAESARIS DE BELLO GALLICO COMMENTARIIS

(1) DE BELLO BELGARUM

Cum esset Caesar in citeriōre Galliā, **2.5**
crēbrī ad eum rūmōrēs afferēbantur
omnēs Belgās contrā populum Rōmānum coniūrāre.
Quibus nūntiīs commōtus Caesar duās legiōnēs cōnscrīpsit
et ineunte aestāte in Galliam contendit. **1.1**
Eō cum vēnisset, certior factus est **2.5**
omnēs Belgās in armīs esse
Germānōsque, quī cis Rhēnum habitārent,
sē cum illīs coniūnxisse.
Rē frūmentāriā prōvīsā Caesar castra mōvit **1.2**
diēbusque quīndecim ad fīnēs Belgārum pervēnit.
Cognitō eius adventū Belgae omnibus cōpiīs coāctīs **1.2**
ad Caesaris castra contendērunt,
quae ad flūmen Axonam posita erant.
Ibi vadīs repertīs cōpiās suās trādūcēbant. **1.2**
Caesar mīlitibus cōnfirmātīs proelium commīsit. **1.2**
Rōmānī hostēs flūmen trānseuntēs reppulērunt **2.5**
prīmōsque, quī trānsierant, circumventōs interfēcērunt.
Quā victoriā partā Caesar in fīnēs Suessiōnum exercitum dūxit **1.2**
et māgnō itinere ad oppidum Noviodūnum contendit.
Id ex itinere oppūgnāre īnstituit,
sed propter lātitūdinem fossae mūrīque altitūdinem
paucīs dēfendentibus expūgnāre nōn potuit. **1.1**
Castrīs mūnītīs, aggere iactō turribusque cōnstitūtīs **1.2; 2.5**
Gallī māgnitūdine operum,
quae anteā neque vīderant neque audīverant,
et celeritāte Rōmānōrum permōtī
lēgātōs ad Caesarem dē dēditiōne mīsērunt,
et petentibus Rēmīs, ut cōnservārentur, **1.1**
Caesar illīs pepercit
eōsque obsidibus acceptīs **1.2**
armīsque omnibus ex oppidō trāditīs
in dēditiōnem accēpit.

19

(2) DE HELVETIIS

Erat apud Helvētiōs summō locō nātus Orgetorix,
quī auctōritāte et opibus plūrimum valēbat.
Is M. Messālā M. Pīsōne cōnsulibus **1.4; 3**
rēgnī cupiditāte adductus coniūrātiōnem nōbilitātis fēcit.
Eō auctōre Helvētiī dē suīs fīnibus ēmigrāre cōnstituērunt. **1.4**
Erant omnīnō itinera duō, quibus domō exīre possent:
ūnum per Sēquanōs, angustum et difficile,
quā Sēquanīs invītīs īre nōn poterant, **1.4**
alterum per prōvinciam Rōmānam, facile et expedītum.
Omnibus rēbus comparātīs diem profectiōnis dīxērunt; **1.2**
is diēs erat a(nte) d(iem) V (= quīntum) Kal(endās) Apr(īlēs) **3**
L. Pīsōne A. Gabīniō cōnsulibus. **1.4**

Ü

1 Geben Sie die Partizipien zu folgenden Verben an und bilden Sie dazu die Ablative Singular und Plural (zur Deklination der Partizipien Präsens Aktiv: 13 G 2): cōnfirmāre, movēre, dēfendere, accipere, mūnīre, ferre. [*]

2 Spielen Sie bei der Übersetzung der folgenden Sätze alle Möglichkeiten für die Wiedergabe der Partizipialkonstruktionen (G 1) durch:
a) Helvētiī omnibus oppidīs vīcīsque[1] suīs incēnsīs[2] ē patriā ēmigrāvērunt.
b) Plēbs coniūrātiōne patefactā Cicerōnem ad caelum tollēbat.
c) Pȳthagorās philosophus Tarquīniō Superbō[3] rēge in Italiam vēnit.
d) Amīcitiā sublātā vīta iūcunda esse nōn potest.
e) Mōns tam arduus erat, ut nūllō dēfendente mīlitēs ascendere[4] nōn possent.
f) Nūllō hoste prohibente Caesar legiōnem incolumem[5] ex hostium fīnibus redūxit.
g) *Das Ende des Verschwörers Catilina:*
Catilīna omnibus cōpiīs suīs pulsīs et fugātīs[6] ipse cum paucīs in hostēs incurrit[7] ibique pūgnāns interfectus est. Sed cōnfectō[8] proeliō cognōscī potuit, quanta vīs animī in exercitū Catilīnae fuisset. Nam eum locum, quem quisque[9] pūgnāns cēperat, āmissā[10] animā corpore tegēbat. Catilīna autem longē ā suīs inter hostium cadāvera[11] inventus est paulum etiam spīrāns[12] ferōciamque[13] animī, quam vīvus[14] habuerat, in vultū[15] retinēns.

Bestimmen Sie in a) – g) die Satzgliedfunktion der Partizipialkonstruktionen; beachten Sie, wie diese sich in der deutschen Übersetzung auswirkt. [*]

3 Analysieren Sie die Satzstrukturen von T (1) und (2).

---

1) vīcus,-ī *Dorf* 2) incendere,-cendō, incendī, incēnsum *anzünden* 3) Tarquīnius Superbus: *der Sage nach der letzte römische König, 510 v. Chr. gestürzt* 4) ascendere *hinaufsteigen* 5) incolumis,-e *unversehrt* 6) fugāre, fugō *in die Flucht schlagen* 7) incurrere,-currō,-currī,-cursum *hineinlaufen, hineinstürmen* 8) cōnficere,-ficiō,-fēcī,-fectum *beenden, vollenden* 9) quisque *ein jeder* 10) āmittere,-mittō,-mīsī,-missum *verlieren* 11) cadāver,-eris *n Leichnam* 12) spīrāre, spīrō *atmen* 13) ferōcia,-ae *Wildheit* 14) vīvus,-a,-um *lebend* 15) vultus,-ūs *m Gesichtsausdruck, Miene*

4 Wiederholen Sie die folgenden Vokabeln:
ac, agere, atque, autem, bonus, cēterī, dēsistere, deus, enim, epistula, ferre, gladiātor, hic, homō, iam, imperātor, improbus, īnsidiae, intrāre, invenīre, ipse, iste, ita, līberāre, littera, longus, lūdus, manus, meus, modus, multus, mūtāre, nihil, nōn iam, noster, nūllus, numquam, nunc, ōtium, perīculum, porta, prohibēre, pūblicus, quantus, quō (Adverb), quod (Subjunktion), res pūblica, retinēre, saepe, salūs, scelus, scīre, semper, servāre, sī, sinere, socius, sōlus, studium, tam, tamen, tuus, ūnus, urbs, uterque, velle, vērus, vester, viderī, vīlla, vir.

Die Catilinarische Verschwörung

L. Sergius Catilina (108–62 v. Chr.), ein verarmter Patrizier, plante nach mehreren gescheiterten Bewerbungen um das Konsulat einen gewaltsamen Umsturz, der Ende Oktober 63 mit der Ermordung des Konsuls Cicero und anderer führender Männer und mit Brandstiftung in Rom beginnen und durch den Angriff eines Aufständischenheeres auf die Stadt unterstützt werden sollte. Seine Pläne wurden jedoch Cicero verraten, der daraufhin durch den Senat den Ausnahmezustand ausrufen ließ *(Senātūs cōnsultum ultimum: Videant cōnsulēs, nē quid dētrīmentī rēs pūblica capiat).* Als Catilina, um seine Unschuld zu demonstrieren, im Senat erschien, griff ihn Cicero in einer Rede scharf an. Unter dem Eindruck dieser *1. Catilinarischen Rede* entschloss sich Catilina, Rom zu verlassen, was Cicero in der *2. Catilinarischen Rede* dem Volk mitteilte. Die in der Stadt zurückgebliebenen Verschwörer gingen in eine Falle und wurden verhaftet, worüber Cicero in der *3. Catilinarischen Rede* vor dem Volk berichtete. In der Senatsdebatte um die Bestrafung der Verschwörer warnte Caesar vor der Verhängung der Todesstrafe; auch der Konsul Cicero ergriff das Wort *(4. Catilinarische Rede);* schließlich setzte der Jüngere Cato (s. u.) die Todesstrafe durch, die auch sofort vollzogen wurde. Inzwischen hatte sich Catilina zu seinem Heer nach Etrurien begeben. Im Januar 62 fiel er bei Pistoria im Kampf gegen die Regierungstruppen.

Cicero veröffentlichte seine *Catilinarischen Reden* als Dokumentation. Die Verschwörung wurde von Sallust in einer Monographie dargestellt (s. S. 37f.).

M. Porcius Cato der Jüngere

M. Porcius Cato Minor, 95–46 v. Chr., der Urenkel des Älteren Cato (s. S. 43), war sittenstrenger Anhänger der stoischen Philosophie. Militärtribun war er 67/66, Quästor 64. Als designierter (d. h. bereits gewählter, aber noch nicht amtierender) Volkstribun stellte er den entscheidenden Antrag auf Todesstrafe gegen die Catilinarier (s. o.). Als konsequenter Verfechter der republikanischen Staatsidee stand er Cicero politisch nahe und war ein scharfer Gegner Caesars. 54 war er Prätor. Im Bürgerkrieg zwischen Caesar und Pompeius hatte er ein Kommando bei Pompeius in Griechenland; nach der Niederlage von Pharsalus ging er 47 nach Nordafrika. Als nach der Niederlage der Pompeianer bei Thapsus (46) auch die Stadt Utica, deren Kommandant er war, kapitulieren musste, beging er Selbstmord (daher auch *Cato Uticensis* genannt). Sein Neffe M. Brutus (der spätere Caesarmörder) und Cicero rühmten ihn in Schriften, auf die Caesar mit einer Gegenschrift *Anticato* antwortete.

20

F:	**Deponentien und Semideponentien**	1
S:	**Medium**	2
I:	**Die Catilinarische Verschwörung**	S. 79
	M. Porcius Cato der Jüngere	S. 79

T

(1) EPISTULA C. PLINII

C. Plīnius Paulīnō suō s(alūtem dīcit).
Irāscor, quod ā tē tam diū litterae nūllae. 1; 2
Exōrāre mē potes ūnō modō, sī nunc multās et longās mīseris.
Haec mihi sōla excūsātiō vēra, cēterae falsae vidēbuntur.
Ipse ad vīllam partim studiīs, partim dēsidiā fruor,
quōrum utrumque ex ōtiō nāscitur. Valē!

(2) CICERO IN CATILINAM

Quō ūsque tandem abūtēris, Catilīna, patientiā nostrā?
Mūtā istam mentem, oblīvīscere caedis atque incendiōrum! 1.2
Sed frūstrā haec loquor; numquam enim tē corrigēs.
Quotiēns tū mē interficere cōnātus es!
Semper compressī cōnātūs tuōs nefāriōs
nūllō tumultū pūblicō concitātō.
Proximā nocte venīre ad mē ausī sunt 1.3
ā tē missī duō hominēs armātī,
quī pollicitī erant sē in meō lectō mē interfectūrōs esse.
Quī domum meam intrāre cōnātī 1.2; 1.4
ā custōdibus iānuā prohibitī sunt.
Nihil agis, nihil assequeris,
neque tamen cōnārī ac velle dēsistis.
Quae cum ita sint, Catilīna, ēgredere ex urbe, 1.2
līberā rem pūblicam metū!
Portae patent: Proficīscere!
Nōbīscum versārī nōn iam potes;
nōn feram, nōn patiar, nōn sinam.
Nimis enim diū in hīs perīculīs īnsidiīsque versāmur.
Sī tū, quod tē iam dūdum hortor,
cum sociīs tuīs ēgressus eris,
dēlēbitur sēmen omnium scelerum et malōrum.
Nactus es ex perditīs et dēspērātīs cōnflātam improbōrum manum.
Sciō ā tē aquilam illam argenteam,
quam venerārī ad caedem proficīscēns solēbās, 1.3
ad exercitum esse praemissam.

Quīn illam sequeris?
Quantopere gaudēbis, laetāberis, voluptāte exsultābis, **1.3**
cum in castrīs tuīs nūllum virum bonum inveniēs!

(3) CATO SENATORES ADHORTATUR

Sī bona vestra retinēre vultis,
expergīsciminī aliquandō et capessite rem pūblicam! **1.2**
Vōs autem cūnctāminī, vidēlicet dīs immortālibus cōnfīsī, **1.3; 1.4**
quī hanc rem pūblicam saepe in perīculīs servāvērunt.

(4) DE GLADIATORIBUS

In lūdīs gladiātōrēs hōc modō imperātōrī acclāmāre solitī sunt: **1.3**
Avē, imperātor! Moritūrī tē salūtant.

Ü

1 Ersetzen Sie die folgenden Verbformen durch die entsprechenden Formen des Deponens [*]:
hortārī: monēmus, monuērunt, monērem, monēbitis, monueram, monuisse, moneat, monueris (2), monuissem.
pollicērī: prōmittis, prōmittitis, prōmittite!, prōmīsī, prōmittēbat, prōmitterēmus, prōmittant.

2 Bilden Sie zu den folgenden Formen des Ind. Präs. die entsprechenden Formen der anderen Tempora und Modi [*]:
gaudēmus, solent, cōnfīdis, audētis, loquor, patitur.

3 Bilden Sie zu den folgenden Verben die Infinitive und Partizipien. Achten Sie dabei auf Besonderheiten der Stammformenbildung [*].
dīcere, vocāre, movēre, accipere, audīre; facere, ferre, esse, velle, īre;
audēre, nāscī, proficīscī, patī, versārī.

4 Bilden Sie die Imperative Singular und Plural sowie die verneinte Befehlsform (2 Möglichkeiten: 9 G 4; 14 G 2.3) zu folgenden Verben [*]:
timēre, cōnārī, oblīvīscī, exspectāre, dūcere (6 G 2!), ferre (6 G 1!), venīre, loquī, cōnfīdere.

5 Übersetzen Sie die folgenden Sätze und erklären Sie die unterstrichenen Wörter:

a) Exōrāre mē potes, sī multās litterās mīseris. (T 3) – Bonī hominis est miserīs auxilium ferre.

b) Epistulam, ut solēs, exspectās. – Fulsēre quondam candidī tibī sōlēs. (9 T 36) – Saepe sōlī sumus. – Num tibi sōlī multa scelera impūnīta[1] erunt, Catilīna? – Vōbīs sōlīs cōnfīdimus. – Lūce[2] sōlis ūtimur.

c) Quō ūsque tandem abūtēris patientiā nostrā, Catilīna? (T 7) – Semper patientiā nostrā abūteris.

---

1) impūnītus,-a,-um *ungestraft, straflos* 2) lūx, lūcis *f Licht*

20 **6** Wiederholen Sie den „Relativischen Satzanschluss“ (15 G 3; 15 Ü 4!)

7 Wiederholen Sie die folgenden Vokabeln:
accūsāre, aliquis, alius, alter, animus, ante, avāritia, bellum, causa, cognōscere, compōnere, cōnscrībere, contrā, crūdēlis, cūr, dare, deinde, dum, exīstimāre, facere, facilis, gerere, īdem, īnferre, (in-)iūstus, inquit, iūcundus, Lacedaemonius, laudāre, legere, liber, locus, longē, magistrātus, māgnus, mōs, nam, pater, patria, petere, posteā, prīmō, propter, prōverbium, prūdēns, putāre, quam (Adv.), quidem, repellere, respondēre, sapiēns, scrībere, stāre, superior, timēre, trādere, ut, vīs.

Die Fabel

Die Fabel stellt in kritisch-belehrender Absicht menschliche Verhaltensweisen dar, indem sie sie verfremdet ins Tierreich (gelegentlich auch in die Pflanzenwelt oder in die unbelebte Natur) verlegt. Die den Tieren allgemein zugeteilten Charaktereigenschaften (der listige Fuchs, der gierige und ungerechte Wolf) erlauben die spontane Gleichsetzung mit entsprechenden menschlichen Eigenschaften oder Personen. Die Pointe der Fabel, obwohl meist unmittelbar einsichtig, wird häufig als Nutzanwendung (Moral) von den handelnden Figuren selbst ausgesprochen oder als Kommentar des Erzählers angefügt.

Die Fabel kommt aus dem Orient (Indien, Mesopotamien). Der aus Phrygien (in Kleinasien) stammende **Aisopos** (lat. **Aesōpus**) soll Mitte des 6. Jahrhunderts v. Chr. als Erster Fabeln in griechischer Sprache aufgezeichnet haben. Die unter seinem Namen überlieferte Sammlung wurde immer wieder überarbeitet, erweitert, zum Teil auch in Versform gebracht. Der Makedonier **Phaedrus**, ein Freigelassener des Kaisers Augustus, übertrug ‚äsopische‘ Fabeln ins Lateinische und dichtete selbst neue hinzu. Seine Sammlung (5 Bücher, in iambischen Senaren) war im Mittelalter und in der beginnenden Neuzeit sehr beliebt. An die Fabeln des Aesop und des Phaedrus knüpfte die neuzeitliche Fabeldichtung (z. B. La Fontaine, Gottsched, Lessing) an.

F:	**Adverb**	1
S:	**Adverb**	1
	Prädikativum	2
[M:	**Iambischer Senar**	29 G 2.2 c]
I:	**Die Fabel**	S. 82

T **(1) DE AESOPO**

Aesōpus ille ē Phrygiā fābulātor
meritō sapiēns exīstimātus est; **1.2a**
nam ea, quae ūtilia putābat, **10 G 5.1**
nōn sevērē neque imperiōsē praecēpit et cēnsuit, **1.1a**
ut philosophīs mōs est,
sed in mentēs animōsque hominum suāviter induit. **1.1b**
Velut haec eius fābula dē lupō et āgnō
lepidē ac iūcundē prōmonet
iniūstōs semper aliquās causās fingere, **1.2d**
ut innocentēs perdant.
Hanc Aesōpī fābulam Graecē cōnscrīptam posteā Phaedrus **1.2f**
prūdenter admodum et venustē **1.1; 1.2; 1.3**
versibus Latīnīs composuit:

Ad rị̄vum eụndem lụpus et ạ̄gnus vẹ̄nerạnt **[29 G 2.2 c]**
sitị̄ compụlsī; sụperiọr stābạt lupụs **10 G 5.2**
longẹ̄que īnfẹrior ạ̄gnus. Tụnc fauce ịmprobạ̄ **1.3**
latrō ịncitạ̄tus iụ̄rgiị̄ causam ịntulịt:
„Cūr“, ịnquit, „tụrbulẹntam fẹ̄cistị̄ mihị̄
aquạm bibẹntī?“ Lạ̄nigẹr contrạ̄ timẹ̄ns: **1.2g**
„Quī pọssum, quaẹsō, fạcere, quọd quererịs, lupẹ?
A tẹ̄ dēcụrrit ạd meọ̄s haustụ̄s liquọr.“
Repụlsus ịlle vẹ̄ritạ̄tis vị̄ribụs
„Ante họ̄s sex mẹ̄nsēs mạle“, ait, „dị̄xistị̄ mihị̄.“ **1.1a**
Respọndit ạ̄gnus: „Ẹquidem nạ̄tus nọ̄n erạm.“ –
„Pater hẹrcle tụus“, ille ịnquit, „mạle dīxịt mihị̄.“
Atque ịta corrẹptum lạcerat ịniūstạ̄ necẹ. –
Haec prọpter ịllōs scrị̄pta est họminēs fạ̄bulạ,
quī fịctīs caụsīs ịnnocẹntēs ọpprimụnt.

21 (2) DE LYSANDRO

Der spartanische Feldherr Lysander kämpfte (ca. 400 v. Chr.), unterstützt vom dortigen persischen Statthalter Pharnabazus, in Kleinasien. Durch sein herrisches und grausames Betragen machte er sich sogar die eigenen Bundesgenossen zu Feinden.

Lysander Lacedaemonius, cum praefectus classis in bellō
crūdēliter avārēque sē gessisset,
tamen ā Pharnabāzō petīvit,
ut ad Lacedaemoniōrum magistrātūs sibi testimōnium daret,
quam bene et iūstē bellum gessisset sociōsque tractāvisset. **1.1a**
Quod ille prīmō līberāliter pollicitus est, **2.2**
deinde longē aliter fēcit: **1.1b; 1.3**
Librum grandem cōnscrīpsit, in quō māgnopere eum laudāvit. **1.2e**
Quem cum Lysander lēgisset et probāvisset,
Pharnabāzus, dum sīgnātur, **12 G 6.2a**
alterum librum aequē māgnum et similiter cōnfectum **1.3**
subiēcit, quī nōn facile discernī poterat; **1.1c**
in quō accūrātē eius avāritiam perfidiamque accūsāvit.
Lysander, cum in patriam revertisset,
testimōniī locō librum ā Pharnabāzō datum trādidit.
Quem cum ephorī summōtō Lysandrō cognōvissent,
ipsī dedērunt, ut legeret.
Ita ille imprūdens ipse suus fuit accūsātor. **2.2**

Prōverbium: Festīnā lentē!

Ü

1 Schreiben Sie aus T (1) und (2) alle Adverbien heraus,
a) die von Adjektiven abgeleitet sind;
b) die von Pronomina abgeleitet sind (außer Fragewörtern und Subjunktionen);
c) die sonstigen Adverbien (außer den Subjunktionen).

Stellen Sie fest, auf welches Wort (Wortart) die Adverbien sich jeweils beziehen (auf ein Verb, ein Adjektiv, ein anderes Adverb).

2 Bilden Sie die Adverbien zu folgenden Adjektiven:
fēlīx, honestus, līber, miser, populāris, pulcher, sapiēns, superbus [*].

3 Suchen Sie die Grundform (Nom. Sg. *m* des Adjektivs) zu folgenden Adverbien:
aliter, beātē, bene, excellenter, fortiter, improbē, rārō, tūtō, prūdenter [*].

4 Schreiben Sie aus T (1) und (2) heraus:
a) die Prädikatsnomina (s. 10 G 5.1!);
b) die prädikativen Adjektive und Substantive (s. 10 G 5.2!);
c) die Partizipien; untersuchen Sie deren Funktion im Text.

5 Übersetzen Sie:
a) Nōn potest iūcundē vīvī, nisi sapienter, honestē iūstēque vīvitur, nec sapienter, honestē, iūstē [vīvī potest], nisi iūcundē [vīvitur]. b) *Cicero schickte Leute aus, um verdächtige Personen an der Milvischen Brücke – pōns Milvius – in Rom abzufangen.* Illī occultē[1] ad pontem Milvium pervēnērunt atque ibi in proximīs vīllīs ita bipertītō[2] fuērunt, ut Tiberis et pōns inter eōs interesset. c) Vērus et falsus amor nōn facile dīiūdicātur.[3] d) Catō adulēscēns habitāvit in Sabīnīs; praetor prōvinciam administrāvit Sardiniam; cēnsor luxuriam studuit reprimere; senex historiās scrīpsit. (vgl. 10 T 1ff.) e) Atticus adulēscēns senī Sullae fuit cārus, senex adulēscentī M. Brūtō; sed eum maximē dīlēxit Cicerō. f) *Cicero zum Ankläger Grattius:* Male facis, quod Archiam accūsās. Vīsne tū eum, qui līber in līberā patriā vīvere vult, Rōmā expellere et miserum ex beātō facere? (5 T 9ff.)
g) *Auf eine Statue des Diktators Caesar wurde folgender Spottvers geschrieben:*
Brụ̄tus,[4] quịa rēgẹ̄s ēiẹ̄cit, cọ̄nsul prị̄mus fạctus ẹst;
hịc, quia cọ̄nsulẹ̄s ēiẹ̄cit, rẹ̄x postrẹ̄mō fạctus ẹst. *[zum Versmaß s. 29 G 2.3]*
h) Caesar Germānīs, quī trāns Rhēnum habitābant, prīmus Rōmānōrum bellum intulit.[5] i) *Scīpiō:* „Prīmum nōmen reī pūblicae explicābō; deinde dē commūtātiōnibus rērum pūblicārum dīcam." (vgl. 16 T 28 ff.) j) Prīmō quīndecim mīlia (15000) Germānōrum Rhēnum trānsiērunt, posteā plūrēs[6] trāductī sunt. (vgl. 17 T 18f.)

Beachten Sie in den Sätzen g) – j) die in den verschiedenen Formen von *prīmus* liegenden Nuancierungen! (s. G 2.2)

6 Wo finden sich in T (2) „Relativische Satzanschlüsse"? [*]

7 Wiederholen Sie die folgenden Vokabeln:
accipere, agere, amīcitia, amor, annus, appārēre, arduus, aut, autem, cārus, cēdere, clārus, colere, coniungere, cum (Präp.), cūrāre, dēbēre, dēlēre, disciplīna, efficere, enim, etiam, ferre, fierī, fortis, genus, grātia, gravis, hūmānus, iacēre, iam, immānitās, īnstitūtum, invenīre, iste, iūstitia, lēx, loquī, magis, maximē, minimē, multus, nihil, noster, nūllus, omnis, ops, pār, parentēs, per, poēta, post, prīmus, prīnceps, pulcher, quam (Adv.), quantus, quasi, quis, quod (Subjunktion), quot, rēs, rēs publica, rēx, sānctus, sententia, studium, superior, tālis, tantus, tempus, ūnus, valēre, velle, vērō, vidērī, vir, virtūs, vīta.

---

1) occultē *Adv. verborgen, insgeheim* 2) bipertītō *Adv. in zwei Abteilungen* 3) dīiūdicāre,-iūdicō *unterscheiden* 4) M. Iūnius Brūtus *vertrieb 510 v. Chr. den letzten römischen König Tarquinius Superbus und errichtete die Republik* 5) bellum īnferre alicui *jemanden bekriegen, angreifen* 6) plūrēs *(Nom. Pl. m) mehr*

22

F:	Steigerung	1
S:	Vergleich: a) auf verschiedener Ebene:	
	quam nach Komparativ	2.1a
	Ablātīvus comparātiōnis	2.1b
	Komparativ ohne Vergleichsglied	2.1c
	b) auf gleicher Ebene	2.2
	Ablātīvus mēnsūrae/discrīminis (Ausmaß des Unterschiedes)	3
	quam beim Superlativ	4
W:	Steigerung durch Mittel der Wortbildung	5
I:	Das römische Recht	S. 107, 116
	Die griechische und römische Philosophie	S. 128 ff.

T

(1) DE SOCIETATIBUS HUMANIS

Omnium societātum hūmānārum nūlla est gravior, 1.1
nūlla cārior quam ea, quae nōbīs est cum rē pūblicā. 2.1a
Quō autem sānctior est haec societās, 3.1
eō pēior est istōrum immānitās, quī patriam dēlēre volunt. 1.3
Prīmī eōrum, quibus plūrimam pietātem dēbēmus, 1.3;1.4
sunt patria et parentēs.
Omnium autem societātum nūlla firmior est, nūlla melior, 1.3
quam cum virī bonī mōribus similēs 2.1a
familiāritāte coniūnctī sunt;
est enim ea iūcundissima pulcherrimaque amīcitia, 1.1;1.2
quam similitūdō mōrum coniūnxit.
Nihil est virtūte bonīsque mōribus amābilius, 2.1b
nihil pulchrius, nihil nōs magis adlicit ad amōrem.
In illīs enim, in quibus simillima studia sunt, 1.2b
efficitur, ut quasi ūnus fīat ē plūribus. 1.3

(2) DE FORTITUDINE ET IUSTITIA

Multī opēs petunt quam maximās [possunt] 4
voluntque vī potius superiōrēs esse quam parēs iūstitiā. 1.4
Fortis autem et bonus vir
māvult optimus et prīnceps esse quam vidērī; 2.1a
et ea, quae videntur acerbissima maximēque ardua, 1.2c
animō fert aequissimō.

Beachten Sie, dass der folgende Text fortlaufend, also nicht nach ‚Kola' unterteilt, geschrieben ist.

(3) M. TULLIUS CICERO DE ROMANIS ET GRAECIS

Omnia Rōmānī aut invēnērunt per sē sapientius quam Graecī 1.5
aut accepta ab illīs fēcērunt meliōra. Nam mōrēs et īnstitūta 1.3
vītae nōs profectō melius cūrāmus, rem vērō pūblicam nostrī
māiōrēs multō meliōribus temperāvērunt et īnstitūtīs et lēgibus. 3.1
Quid loquar dē rē mīlitārī? In quā Rōmānī virtūte multum
valuērunt, plūs etiam disciplīnā. Artem ōrātōriam celerrimē 1.2+5
facillimēque accēpimus, multīque et clārissimī fuērunt ōrātōrēs Rōmānī, ut clārissimē appāreat nōs in hōc genere Graecīs
minimē cēdere. 1.5

Philosophia autem ā māiōrum temporibus ūsque ad hanc
aetātem iacuit; quam ā nōbīs eō māiōre studiō colī oportet, 3.1
quod multī iam sunt librī Latīnī scrīptī incōnsīderātius ab 2.1c
optimīs quidem virīs, sed minus ērudītīs.

PROVERBIA

Quot hominēs, tot sententiae. 2.2
Quālis rēx, tālis grex.

Wappenspruch der Vereinigten Staaten von Amerika: E plūribus ūnum.

(4) CATULLUS IN CICERONEM*

Dịsertịssime Rọmulị nepọtum, [29 G 2.6 b]
quọt sunt quọtque fuẹre, Mạrce Tụllī,
quọtque pọst aliịs erụnt in ạnnīs,
grạtiạs tibi mạximạs Catụllus
agịt pẹssimus ọmniụm poẹta, – 1.3
tạntō pẹssimus ọmnium poẹta, 3.3
quạntō tū ọptimus ọmniụm (e)s patrọnus.

Ü **1** Steigern Sie folgende Adjektive: antīquus, celeber, cupidus, difficilis, fēlīx, hūmānus, necessārius, miser, māgnus, sapiēns.

2 Steigern Sie folgende Adjektive und bilden Sie zu jeder Steigerungsstufe das Adverb: bonus, facilis, longus, pulcher [*].

* Zusatztext. – Zum Inhalt s. S. 68

22

3 Setzen Sie in den folgenden Wortgruppen die **Adjektive** in die jeweils entsprechende Form der beiden anderen Steigerungsstufen [*]:
māiōre glōriā, gravissimum perīculum, ab optimō homine, poētae clārō, locōrum celebriōrum.

4 Übersetzen Sie:
a) Nūllum corporis vitium animī vitiīs gravius est.
b) Nihil est amābilius virtūte.
c) Nūllam terram magis amāre dēbēmus illā, cuius cīvēs sumus.
d) Linguam Latīnam locuplētiōrem[1] esse quam Graecam putō.
e) Cicerō ad Atticum: „Diūtius annō in prōvinciā esse nōluī."

5 Formen Sie die folgenden mit **quam** formulierten Vergleiche in den *Ablativus comparationis* um und umgekehrt. Achten Sie im letzteren Fall besonders auf die Satzgliedfunktion der Wortgruppe [*]:
a) Mulierum Rōmānārum nūlla clārior fuit quam Cornēlia, P. Scīpiōnis Africānī fīlia.
b) Terra multō minor est sōle.
c) Nihil melius habēmus amīcitiā.
d) Atticus dīxit sē nūllam cīvitātem Graecōrum magis admīrārī Athēnīs.
e) Cicerō dīxit nihil sibi cārius esse patriā.

6 Übersetzen Sie und geben Sie die jeweilige Bedeutung von **quam** an:
a) Nihil magis petis quam pecūniam.
b) Pecūniam, quam petis, tibi trādere nōn possum.
c) Quam pulchrum est ā poētīs laudibus efferrī! (6 T 15)
d) Vītam quam iūcundissimē agere volumus.
e) Nihil ōrātōrī tam necessārium est quam vōx.
f) Quam regiōnem Italiae peragrāvistī?[2]
g) Nesciō, quam regiōnem Italiae peragrāveris.[2]
h) Hominēs sēdem domiciliōrum causā cōnstituērunt; quam cum locīs manūque saepsissent, tālem locum oppidum vel urbem appellāvērunt. (vgl. 15 T 6ff.)

7 Übersetzen Sie:
a) Cuius auxiliō Archiās tam dīgnus est quam auxiliō meō? (vgl. 6 T 35f.)
b) Ut Rōmānī glōriā mīlitārī, ita Graecī scientiā litterārum cēterōs populōs superant.
c) Multī tālem amīcum habēre volunt, quālēs ipsī esse nōn possunt.

Suchen Sie Beispiele für vergleichende Korrelativa in T [*].

8 Übersetzen Sie und geben Sie die Bedeutung der Ablative [*] an:
a) Hominēs prīmum sēdem certō locō domiciliōrum causā cōnstituērunt; quam posteā locīs manūque saepsērunt. (vgl. 15 T 6 ff. und oben Ü 6 h)
b) Māchina locōmōtīva nōmen habet ex eō, quod rēs locō movet.

---

1) locuplēs, *Gen. Sg.* locuplēt-is *ausdrucksreich* 2) per-agrāre,-agrō *durchwandern*

c) Cum licet aliquamdiū Rōmā abesse, Athēnīs verba philosophōrum Graecōrum audiō.
d) Ennius Scīpiōnem exclūserat; paucīs diēbus post Ennius ad Scīpiōnem vēnit.
e) Paucīs annīs omnēs Gallī Galliā expulsī erunt.
f) Virī improbī iniūriīs nōn abstinent.
g) Rōmulus, vir excellentī prōvidentiā, perīcula maritimārum urbium vītāvit. (vgl. 13 T 9f. 18f.)
h) Nihil pulchrius artificiīs Graecōrum vīdī.
i) Caesare interfectō M. Antōnius dīxit hoc facinus Cicerōne auctōre commissum esse.
j) Fortī animō philosophus mōnstrum illud horribile secūtus est. (vgl. 12 T 22ff.)
k) Incolae maritimārum urbium nātūrā et mōribus mōbilēs sunt. (vgl. 13 T 12)

Zu den Ablativbedeutungen: 1 G 7.5; 3 G 9; 4 G 4; 5 G 4; 12 G 4 + 5; 13 G 5; 18 G 1; 19 G 1; 22 G 2.1b+3.

9 Wiederholen Sie die Konjugation von **velle** und **nōlle** (3 G 5; 9 G 3; 16 G 1) und konjugieren Sie daneben **mālle** (Ind. Präs.: s. Übersetzungshilfen; mālle hat keinen Imperativ und kein Partizip).

10 Wiederholen Sie die folgenden Vokabeln:
aciēs, alter, arma, atque, bellum, bibere, capere, castra, cāsus, causa, causā (Präp.), cēnsēre, circumvenīre, cīvīlis, claudere, cognōscere, colligere, committere, cōnsilium, cōnsistere, cōnspicere, dare, dēcurrere, dēlectāre, dīcere, fortūna, habēre, hostis, induere, īnstruere, interficere, ita, legiō, līber, locus, mīles, nātūra, nē, neque, nōn modo – sed etiam, nunc, officium, opprimere, opus, ōrātiō, parāre, pars, perīculum, pēs, postquam, postulāre, prīmō, probāre, proelium, proficīscī, pūgnāre, quaerere, quīdam, ratiō, relinquere, reliquus, resistere, subitō, summus, suus, tam, tamen, tēlum, ut, venīre, verbum, victōria, vincere, vix.

Die antike Rhetorik

1 Die öffentliche Rede wurde bei den **Griechen** seit ältester Zeit gepflegt (Feldherrnrede, Grabrede, politische Rede). In der griechischen Stadt Syrakus auf Sizilien wurden im 5. Jh. v. Chr. Regeln für eine wirkungsvolle Gestaltung der Gerichtsrede aufgestellt. Der Sizilianer **Gorgias** (ca. 485–380) erregte 427 v. Chr. in Athen Aufsehen durch seine mit künstlerischen Mitteln gestalteten Reden (‚Gorgianische Redefiguren', z. B. Antithesen, Parallelismen, Klangwirkungen), mit denen er auch bewusst auf die Erregung von Affekten abzielte. Er und andere seiner Zeitgenossen waren **‚Sophisten'**. Die Vertreter dieser großen geistigen Bewegung waren von der Macht des Wortes und der Lehrbarkeit allen Wissens überzeugt; sie erforschten daher die Sprache, um sie als Mittel zur Durchsetzung der Interessen des Einzelnen verfügbar zu machen. Die darin liegende Gefahr der Relativierung der Wahrheit und der Werte rief den Widerspruch der Philosophen Sokrates und Platon hervor. Ein Ausgleich von Philosophie und Rhetorik erfolgte durch **Aristoteles** (384–322), der das bedeutendste Lehrbuch der Rhetorik verfasste.

22 Mit dem Untergang der griechischen Stadtstaaten im 4. Jh. durch das Alexanderreich und seine Nachfolgestaaten verlor die Redekunst ihre politische Funktion. Die Rhetorik lebte aber weiter als Element der hellenistischen Bildung und erfuhr eine immer stärkere, zum Teil übertriebene, Systematisierung.

Vom 2. Jh. v. Chr. an fand die Rhetorik wie die übrige griechische Bildung Eingang in Rom und beeinflusste die bis dahin mehr an der praktischen Anwendung orientierte **Redekunst der Römer**. Trotz Widerständen (Vertreibung der griechischen Philosophen aus Rom, 161; Kritik des Älteren Cato und Ausweisung der athenischen Philosophengesandtschaft, 155; Verbot der lateinischen Rhetorenschulen, 92) behauptete die Rhetorik in griechischer wie lateinischer Form ihren Platz in der Ausbildung der jungen Römer. Ihren Höhepunkt erreichte die römische Rhetorik mit **Cicero**, der bereits in einer Jugendschrift ein Teilgebiet systematisch dargestellt hatte (s. S. 9). In der ihm eigenen Verbindung von rednerischer Begabung, politischer und juristischer Praxis und umfassender (griechischer!) Bildung formulierte er später in seinen rhetorischen Schriften, vor allem in *De oratore* und *Orator* (beide 55 v. Chr.), das Ideal des allseitig gebildeten und seine Mittel stets in angemessener Weise einsetzenden Redners *(ōrātor perfectus et sapiēns)*. Wie in der Philosophie setzte er auch in der Rhetorik die griechischen Fachbegriffe in lateinische Ausdrücke um.

Auch in Rom verlor mit dem Ende der Republik die Rhetorik ihre politische Funktion. An die Stelle der politischen und der Gerichtsrede traten Festreden und sog. ‚Deklamationen', Kunstreden über fingierte Probleme. Die Rhetorik behielt aber einen festen Platz im Schul- und Bildungswesen und gelangte so als eine der 7 Freien Künste *(artēs līberālēs)* in den Unterricht an Lateinschulen und Universitäten des Mittelalters und der frühen Neuzeit. Auch in der christlichen Predigt wurden – trotz z. T. starkem Widerspruch – sowohl im griechischen Osten wie im lateinischen Westen die Regeln der Rhetorik angewandt. Grundbegriffe und Regeln der antiken Rhetorik beeinflussen bis heute die abendländische Literatur und Redepraxis bis in die Sprache der Werbung.

2 Rhetorische Grundbegriffe (Auswahl)

1. Arten *(genera)* der Rede:
   Gerichtsrede *(genus iūdiciāle)*, politische Rede *(genus dēlīberātīvum)*, Gelegenheitsrede *(genus dēmōnstrātīvum;* u. a. Festrede*)*
2. Arbeitsschritte des Redners *(officia/opera ōrātōris)*:
   Materialfindung *(inventiō)*, Stoffgliederung *(dispositiō;* u. a. nach den Redeteilen: s. u.*)*, Formulierung *(ēlocūtiō;* zur Stilisierung s. u.*)*, Einprägung *(memoria)*, Vortrag *(prōnūntiātiō, āctiō)*
3. Redeteile *(partēs ōrātiōnis)*:
   Einleitung *(exōrdium)*, Hauptteil mit Darlegung des Sachverhalts *(nārrātiō)* und Beweisführung *(*positiv: *probātiō;* negativ: *refūtātiō*[1)]*)*, Schluss *(perōrātiō, conclūsiō)*
4. Stilistische Anforderungen *(virtūtēs dīcendī)*:
   Sprachliche Richtigkeit *(latīnitās, pūritās)*, Deutlichkeit *(perspicuitās)*, Angemessenheit *(aptum)*, Redeschmuck *(ōrnātus:* Stil- und Klangfiguren*)*, Kürze *(brevitās;* besonders von stoisch beeinflussten Rhetorikern gefordert*)*

5. Stilarten *(genera dīcendī)*:
   schlichter Stil *(genus subtīle)*, mittlerer/gemischter Stil *(genus medium)*, hoher Stil *(genus grande/sublīme)*
6. Aufgaben *(officia)* des Redners:
   Informieren und Argumentieren *(docēre, probāre)*; gefällige Gestaltung, um die Hörer zu gewinnen *(dēlectāre)*; gefühlsmäßige Beeinflussung der Hörer im vom Redner gewünschten Sinn *(commovēre, flectere)*

3 **Rhetorische Stilmittel** (Figuren und Tropen; Auswahl)

Die ***Alliteration*** (Stabreim), gleicher Anlaut mehrerer Wörter:
Līberā **l**inguā **l**oquēmur.[2)]
Das ***Homoioteleuton,*** Gleichklang der Wortausgänge:
Tū urbēs fundāvistī, tū hominēs convocāvistī, tū eōs inter sē iūnxistī, tū magistra mōrum fuistī.
Die ***Anaphora,*** Beginn mehrerer aufeinanderfolgender Sätze oder Sinnabschnitte mit dem gleichen Wort: s. voriges Beispiel.
Der ***Parallelismus,*** Paralleler Bau von Sätzen oder Sinnabschnitten (a b : a b);
Der ***Chiasmus,*** Umkehrung der Reihenfolge einander entsprechender Satzglieder (a b : b a; s. 7 G 5):
inventōrem multōrum artificiōrum, viārum atque itinerum ducem, adiūtōrem mercātōrum
Das ***Hyperbaton,*** Trennung zusammengehöriger Wortgruppen (3 G 10):
multa amīcōrum vestīgia
Die ***Klimax*** *(Leiter),* Ausdruckssteigerung durch Aufeinanderfolge bedeutungsähnlicher Wörter oder Ausdrücke mit zunehmender Intensität (Gegensatz: die ***Antiklimax***):
Quantopere gaudēbis, laetāberis, quibus gaudiīs exsultābis!
Der ***Pleonasmus,*** Verstärkung durch überschießenden Ausdruck:
Potius mālō.
Das ***Hendiadyoin*** *(eins durch zwei),* Ausdruck eines komplexen Sachverhalts durch zwei Wörter gleicher Wortart:
glōria fāmaque; expellere atque ēicere
Die ***Ellipse,*** Auslassung grammatisch notwendiger Satzteile, die aus der Situation heraus ergänzt werden können:
Plīnius Paulīnō suō salūtem [dīcit].
Die ***Metapher,*** übertragener, bildhafter Wortgebrauch:
ad caelum tollere *in den Himmel heben = aufs höchste loben*
Die ***Litotes*** *(Schlichtheit;* 9 G 5*)*, abschwächender Ausdruck im Sinne eines stärkeren; häufig doppelte Verneinung als starke Bejahung:
nōn īgnōrāre *genau wissen*; nōn inimīcus *sehr freundlich*
Das ***Oxymoron,*** Kombination sich scheinbar ausschließender Ausdrücke:
Aderō absēns. – Cum tacent, clāmant. – Festīnā lentē!
Die ***Ironie*** *(Verstellung),* Aussage des Gegenteils dessen, was gemeint ist:
Vōs cūnctāminī, vidēlicet dīs immortālibus cōnfīsī. (Der Grund des Zögerns ist aber nicht Gottvertrauen, sondern Bequemlichkeit und Ängstlichkeit.)

---

1) ‚Zurückweisung‘ (der Argumente des Gegners)
2) vgl. dt.: Roland der Ries’, am Rathaus zu Bremen steht er im Standbild standhaft und stark.

23

F:	-nd-Formen: Gerundium, Gerundīvum	1
S:	Infinitive als Subjekt und Objekt (Wiederholung)	Ü
	Substantivische -nd-Form (Gerundium)	2
	Adjektivische -nd-Form (Gerundīvum)	3
	– in der sog. -nd-Gruppe (Gerundiv-Konstruktion)	4
	– in der sog. -nd-esse-Gruppe (Gerundīvum als Prädikatsnomen); Datīvus auctōris	5
	– als -nd-Prädikativum	6
	Unterscheidung der -nd-Formen bei der Texterschließung	7
	Pronomen quisque	8
I:	Die antike Rhetorik	S. 89

T

(1) DE ELOQUENTIA

Erit ēloquēns is, quī in forō causīsque cīvīlibus
ita dīcet, ut probet, ut dēlectet, ut flectat.
Probāre necessitātis est, dēlectāre suāvitātis, flectere victōriae. **4 G 3.1**
Nam id ūnum ad vincendum in causīs potest plūrimum. **2**
Sed quot officia ōrātōris, tot sunt genera dīcendī:
subtīle in probandō, modicum in dēlectandō,
vehemēns in flectendō.

(2) DE BELLO BELGARUM

Die Belger haben Caesars Legionen, von denen ein Teil mit der Errichtung des Lagers beschäftigt war, überraschend mit ihrer gesamten Truppenmacht angegriffen. Die Lage ist für Caesar äußerst schwierig.

Caesarī omnia ūnō tempore erant agenda: **3; 5**
ab opere revocandī mīlitēs, aciēs īnstruenda,
mīlitēs cohortandī, sīgnum dandum.
Caesar necessāriīs rēbus imperātīs ad cohortandōs mīlitēs dēcurrit **3; 4**
et ad legiōnem decimam dēvēnit.
Mīlitēs cohortātus proeliī committendī sīgnum dedit. **4**
Atque in alteram partem item cohortandī causā profectus **2**
pūgnantibus occurrit.
Temporis tanta fuit exiguitās
hostiumque tam parātus ad dīmicandum animus, **2**
ut nōn modo ad īnsīgnia accommodanda, **4**
sed etiam ad galeās induendās tempus dēesset.
Pūgnandum erat magis, ut locī nātūra et necessitās temporis **5**
quam ut reī mīlitāris ratiō atque ōrdō postulābat.
Quam quisque in partem cāsū dēvēnit **8**
quaeque prīma sīgna cōnspexit, ad haec cōnstitit,
nē in quaerendīs suīs pūgnandī tempus dīmitteret. **4; 2**

(3) LEGIO QUAEDAM ROMANA A GALLIS OPPRIMITUR

Tam subitō hostēs appāruērunt,
ut Rōmānīs vix cōnsiliī habendī armaque capiendī 4; 2
spatium darētur.
Tamen prīmō fortiter resistēbant.
Postquam diū atque ācriter pūgnātum est,
paulātim nōn sōlum vīrēs, sed etiam tēla Rōmānōs dēficiēbant.
Cum rēs iam in summō perīculō esset, subitō ēruptiōne factā
Rōmānī neque cognōscendī, quid fieret, 2
neque suī colligendī hostibus facultātem relīquērunt. 4.2b
Ita commūtātā fortūnā eōs,
quī in spem potiundōrum castrōrum vēnerant, 4.2a
undique circumventōs intercēpērunt
et māgnā parte eōrum interfectā reliquōs in fugam coniēcērunt.

(4) DE M. PORCIO CATONE MAIORE

M. Porcius Catō omnēs ōrātiōnēs, quās in senātū habuit,
hīs verbīs clausisse dīcitur:
„Cēterum cēnseō Carthāginem esse dēlendam.“ 5

(5) SIEGESLIED

Nunc est bibendum, nunc pede līberō pulsanda tellūs! 5

Ü **1** Bilden Sie die -nd-Formen (substantivische -nd-Form im Genitiv, adjektivische im Nom.Sg. der drei Genera) zu den folgenden Verben:
[Beispiel: laudāre: laudandī; laudandus,-a,-um]
ōrnāre, vidēre, regere, accipere, ērudīre; admīrārī, oblīvīscī. [*]

2 Übersetzen Sie, wenn möglich, mit verschiedenen Ausdrucksweisen:
a) Cupidus sum tē videndī. b) Omnēs dūcimur cupiditāte beātē vīvendī. c) Parsimōnia[1] est ars vītandī sumptūs[2] supervacuōs[3] pecūniāque bene ūtendī. d) Nōn sōlum ad dīcendum prōpēnsī[4] sumus, sed etiam ad docendum. e) Hominis mēns dīcendō et cōgitandō alitur[5] videndīque et audiendī dēlectātiōne dūcitur. f) Lēx est rēcta[6] ratiō[7] in iubendō et vetandō.

3 Übersetzen Sie, wenn möglich, mit verschiedenen Ausdrucksweisen:
a) Cupidus sum tuī videndī. (Vgl. Ü 2a!) b) In epistulīs scrībendīs ad multam noctem[8] vigilāvī.[9] c) Vercingetorix Gallōs monuit, nē suī līberandī occāsiōnem[10] dīmitterent. d) Multī hominēs ad spectandōs lūdōs in amphitheātrum convēnerant. e) Multa sunt dicta ab antīquīs dē dēspiciendīs rēbus hūmānīs.

---

1) parsimōnia,-ae *Sparsamkeit* 2) sumptus,-ūs *m Aufwand, Ausgabe* 3) supervacuus,-a,-um *überflüssig* 4) prōpēnsus,-a,-um *geneigt, bereit* 5) alere, alō, aluī, altum *ernähren, fördern* 6) rēctus,-a,-um *richtig* 7) ratiō *vernunftgemäße Weise, Methode* 8) ad multam noctem *bis tief in die Nacht* 9) vigilāre, vigilō *wach sein, wachen* 10) occāsiō,- iōnis *f Gelegenheit, Chance*

23 **4** Übersetzen Sie, wenn möglich, mit verschiedenen Ausdrucksweisen:
a) Gerenda sunt bella ob eam causam, ut sine iniūriā in pāce vīvātur; partā autem victōriā parcendum est eīs, quī in bellō gerendō nōn crūdēlēs fuērunt. Neque vērō[11] audiendī sunt, qui gravibus suppliciīs inimīcōs afficiendōs esse putant; cavendum[12] enim est, nē māior poena[13] quam culpa[14] sit. b) Imprīmīs[15] cūrandum erit eī, quī reī pūblicae praeest, ut suum quisque teneat. c) Dīligentia[16] in omnibus rēbus plūrimum potest. Haec nōbīs colenda, haec semper adhibenda est. d) Senātus sociōs Catilīnae, quī dēprehēnsī[17] erant, quibusdam virīs nōbilibus custōdiendōs[18] trādidit. (s. G 4) e) Caesar lēgātīs legiōnum imperāvit, ut quam plūrimās nāvēs aedificandās[19] veterēsque reficiendās cūrārent. (s. G 4) f) Orandum[20] est, ut sit mēns sāna[21] in corpore sānō.

5 Übersetzen Sie und erklären Sie die Satzgliedfunktion (Subjekt, Objekt) der Infinitive bzw. AcI [*]:
a) Errāre hūmānum est, sed in errōre[22] persevērāre[23] maximae stultitiae[24] est. b) Sine virtūte nēmō beātus esse potest. c) Honōrēs petere omnibus licet, dummodo nē[25] per fraudem[26] et vim eōs assequī studeant. d) Sōcratēs nōn dēstitit cīvēs graviter monēre et ad virtūtem vocāre. e) Victōriā apud Cannās partā cum Hannibal Rōmam ipsam petere nōllet, Maharbal, dux equitum, „Vincere scīs", inquit, „Hannibal, victōriā ūtī nescīs."[27] f) Lēgem brevem esse oportet, ut facilius tenērī possit. g) Melius est iniūriam patī quam facere. h) Antīquīs temporibus fīnēs imperiī dēfendere magis quam prōferre mōs erat. (vgl. 9 T 4) i) Nunc tempus est mē abīre. – Mīlitibus tempus suī colligendī dēfuit. j) Cīvitātibus Germānōrum maxima laus est circum sē quam lātissimē[28] sōlitūdinēs habēre; ita sīgnificārī putant nēminem prope sē cōnsistere posse. (vgl. 8 T 30f.)

6 Analysieren Sie die Struktur von T (3) (s. 19 G 2).

7 Erklären Sie die folgenden Fremdwörter: Agenda, Dividende, Habilitand (*mlat.* habilitāre *befähigen*), Konfirmand, Legende, Memorandum, Proband, Promovend, Propaganda, (prōpāgāre *fortpflanzen, verbreiten*), Referendum, Remittenden; *engl.* Reverend. – Dividend, Multiplikand, Minuend, Radikand (rādīx *Wurzel*), Subtrahend, Summand. – horrend, stupend (stupēre *bestaunen*).

8 Wiederholen Sie die folgenden Vokabeln:
adventus, afferre, audīre, autem, bonus, cōnficere, continēre, contrā, crēdere, crūdēlis, cum (Präp.), dēsistere, docēre, enim, exercitus, exīstimāre, expūgnāre, exspectāre, facilis, ferre, gravis, homō, honestus, ille, impedīre, incola, ipse, itaque, iūstitia, labor, lēgātus, lēx, littera, māgnopere, mandāre, manus, nē, nēmō, nōnne, nūllus, odium, oppidum, patī, per, permovēre, pervenīre, porta, prohibēre, prōicere, putāre, quod (Subj.), rēs pūblica, retinēre, sapiēns, sī, sīn, societās, studium, tendere, timēre, tōtus, trādere, turris, tuus, ubi (Subj.), urbs, ūtilis, vidēre, vir, vīta.

---

11) neque vērō *aber nicht* 12) cavēre, caveō, cāvī, cautum *auf etw. achten* 13) poena,-ae *Strafe* 14) culpa,-ae *Schuld* 15) imprīmīs *Adv. vor allem* 16) dīligentia,-ae *Sorgfalt* 17) dēprehendere, -prehendō,-prehendī,-prehēnsum *ergreifen, verhaften* 18) custōdīre, custōdiō *bewachen* 19) aedificāre, aedificō *bauen* 20) ōrāre,-ō *beten, bitten* 21) sānus,-a,-um *gesund* 22) error, errōris *m Irrtum* 23) persevērāre,-sevērō *beharren* 24) stultitia,-ae *Dummheit* 25) dummodo nē *m. Konjunktiv wenn nur nicht* 26) fraus, fraudis *f Betrug* 27) nescīre,-sciō,-scīvī,-scītum *nicht wissen, nicht verstehen* 28) lātus,-a,-um *weit, breit*

S:	**Konjunktiv (Wiederholung und Fortsetzung): Potentialis**	**1**
	Gliedsätze nach Ausdrücken der Befürchtung und des Hinderns (nē, quōminus)	**2**
	Gliedsätze mit quīn	**3**
	Konjunktivische Relativsätze	**4**
	Erzählpräsens (Praesēns historicum)	**5**

Die folgenden Texte sind nicht mehr kolometrisch geschrieben. Die Vokallängen werden in der Regel nicht mehr bezeichnet.

(1) DE UTILITATE ET IUSTITIA (I)

In den philosophischen Diskussionen über das rechte Verhalten wurden häufig Grenzfälle diskutiert, z. B. ob man zum eigenen Nutzen – etwa zur Selbsterhaltung – einem anderen schaden dürfe, zumal wenn dieser für die Gemeinschaft unnütz oder gar schädlich sei. Der folgende Text behandelt zwei solcher Beispiele. Der den Anforderungen der Moral und der Vernunft genügende Idealtypus ist der *Weise (sapiēns)* oder der *Ehrenmann (vir bonus)*.

Forsitan quispiam dixerit: **1.1**
Nonne sapiens, si fame ipse conficiatur, abstulerit cibum **1.1**
alteri homini ad nullam rem utili? Quid? Si Phalarim, crude-
lissimum illum tyrannum, vir bonus, nē ipse frigore conficia-
tur, vestitu spoliare possit, nonne faciat? Haec ad iudi-
candum sunt facillima. Nam si quid ab homine ad nullam **17 G 7**
rem utili utilitatis tuae causā detraxeris, inhumane feceris
contraque naturae legem. Sin autem tu is es, qui multam uti- **4.2**
litatem rei publicae atque hominum societati, si in vita
remaneas, afferre possis, non sit reprehendendum, si quid **1.1**
ob eam causam alteri detraxeris.
Quod autem ad Phalarim attinet, perfacile iudicium est.
Nulla est enim societas nobis cum tyrannis, neque est contra
naturam spoliare eum, si possis, quem est honestum necare. **1.1**

(2) INCOLAE URBIS MASSILIAE SE CAESARIANIS TRADUNT

Im Bürgerkrieg zwischen Pompeius und Caesar (49–48 v. Chr.) hatte sich die Stadt Massilia (Marseille) auf die Seite des Pompeius geschlagen. Während Caesar in Spanien kämpfte, wurde Massilia von seinem Legaten Trebonius nach halbjähriger Belagerung zur Kapitulation gezwungen, nachdem es gelungen war, die Stadtmauern zu unterminieren und einen Befestigungsturm teilweise zum Einsturz zu bringen.

Hostes, qui timebant, nē urbs diriperetur, inermes se portā **2.1**
foras universi proripiunt, ad legatos atque exercitum sup- **5**
plices manūs tendunt. Crederes urbem iam captam esse. Qua **1.2**
nova re oblata omnis administratio belli consistit; milites
aversi a proelio ad studium audiendi et cognoscendi feruntur.

24 Ubi hostes ad legatos exercitumque pervenerunt, universi se
ad pedes proiciunt. Orant, ut adventus Caesaris exspectetur; 5
(se) captam suam urbem videre, itaque a defensione desi-
stere. Fieri non posse, quin, si imperata Caesaris non 3.4
facerent, statim diriperentur. Docent, si turris tota concidis- 5
set, non posse milites contineri, quin spe praedae in urbem 3.2
irrumperent. Non dubium esse, quin urbem deleturi essent. 3.1

Indutiis factis adventus Caesaris exspectatur. Caesar enim
per litteras Trebonio magnopere mandaverat, nē per vim
oppidum expugnari pateretur, nē gravius permoti milites et
defectionis odio et diutino labore omnes puberes interfice-
rent; quod se facturos (esse) minabantur aegreque sunt
retenti, quominus oppidum irrumperent, graviterque eam 2.2
rem tulerunt, quod existimabant Trebonium prohibuisse,
quominus oppido potirentur. Tamen nemo erat, quin puta- 3.4
ret Caesaris adventum exspectandum esse.

Ü 1 Übersetzen Sie die folgenden Sätze und erklären Sie die jeweilige Bedeutung der Konjunktive [*]:

a) Utinam nē praecepta[1] philosophōrum neglēxissem!

b) *Cicero aus der Verbannung an seine Frau:* Quid faciam? Rogem tē, ut veniās, mulierem aegram et corpore et animō cōnfectam? Nōn rogem?

c) *Ironische Beschreibung stoischer Strenge:* Nihil īgnōveris![2] Nihil grātiae causā fēceris! Nē misericordiā[3] commōtus sīs!

d) Nēmō philosophiae studēret, sī ea nihil prōdesset.

e) Nōn vīvimus, ut edāmus,[4] sed edimus, ut vīvāmus.

f) Metuō, nē sērō[5] veniam.

g) *Charakteristik einer Sympathisantin Catilinas:* Utrum pecūniae an fāmae minus parceret, haud[6] facile discernerēs. Libīdō[7] tanta erat, ut saepius peteret virōs quam peterētur.

h) *Ciceros Reaktion auf den bevorstehenden Ausbruch der Verschwörung:* Ea cum Cicerōnī nūntiārentur, rem ad senātum refert.[8] Senātus dēcrēvit, ut cōnsulēs vidērent, nē quid dētrīmentī[9] rēs pūblica caperet. *(Beurteilen Sie das Tempus von refert!)*

i) Sī quis gladium apud tē sānā[10] mente dēposuerit,[11] posteā repetat īnsāniēns,[12] reddere peccatum[13] sit, officium nōn reddere.

j) Rēs ita sē habet,[14] ut timendum sit, nē nōnnūllās prōvinciās āmīserimus.[15]

k) Ut dēsint vīrēs, tamen est laudanda voluntās.[16]

---

1) praeceptum,-ī *Vorschrift, Lehre* 2) īgnōscere, īgnōscō, īgnōvī, īgnōtum *verzeihen* 3) misericordia,-ae *Mitleid, Erbarmen* 4) edere, edō *essen* 5) sērō *Adv. zu spät* 6) haud = nōn 7) libīdō, libīdinis *f sexuelle Begierde* 8) referre ad senātum *dem Senat vortragen* 9) dētrīmentum,-ī *Schaden* 10) sānus,-a,-um *gesund* 11) dēpōnere,-pōnō,-posuī,-positum *niederlegen, in Verwahrung geben* 12) īnsānīre, īnsāniō *wahnsinnig sein* 13) peccātum,-ī *Verfehlung, Fehler* 14) sē habēre *sich verhalten* 15) āmittere,-mittō,-mīsī,-missum *verlieren* 16) voluntās,-tātis *f Wille*

2 Übersetzen Sie:
a) Nāvēs ventō[17] impediēbantur, quōminus in portum[18] venīre possent.
b) Nōn dubitārī dēbet, quīn etiam ante Homērum[19] poētae fuerint.
c) Facere nōn possum, quīn saepissimē ad tē mittam litterās.
d) Nihil tam difficile est, quīn quaerendō investigārī[20] possit.
e) *Eine ‚Dame' zu einem Betrunkenen, den sie ‚abschleppt':* Sī cadēs, nōn cadēs, quīn cadam tēcum.

3 Übersetzen Sie und erklären Sie den Konjunktiv in den Relativsätzen [*]:
a) Saepe movēmur memoriā virōrum clārōrum, quōs numquam vīderimus.
b) Facilius reperiuntur, quī sē ultrō[21] mortī offerant, quam quī dolōrem[22] fortiter ferant.
c) Quis eum dīligat, quem metuat?
d) Lacedaemoniī victīs Athēniēnsibus trīgintā[23] virōs imposuērunt,[24] quī rem pūblicam eōrum regerent.
e) Alexander Māgnus, cum ad Achillis[25] tumulum[26] adstitisset, „O fortūnāte"[27] inquit, „adulēscēns, quī virtūtis tuae praecōnem[28] Homērum[29] invēneris!"

4 Analysieren Sie die Struktur folgender Sätze:
a) T(1) Zeile 8–11 (Sīn autem – dētrāxeris) b) T(2) Zeile 24–26 (Docent – dēlētūrī essent) c) T(2) Zeile 27–34 (Caesar – interficerent; quod – potīrentur).

5 Wiederholen Sie die folgenden Vokabeln:
aciēs, aliquis, amāre, an, annus, ante, appellāre, apud, arma, bellum, cēterī, commodum, concēdere, cōnstituere, cornū, cum (Subj.), dare, decimus, dexter, domus, duō, etiam, frūmentum, habēre, īdem, īgnōrāre, iniūria, iniūstus, inopia, inquit, īnstituere, īnstruere, inter, iste, ita, legiō, licēre, locus, māgnus, medius, meus, mīlle, modus, multus *(mit Steigerung)*, nātūrālis, nātus, nāvis, -ne, nihil, nōnnūllī, nūllus, num, numerus, parvus *(mit Steigerung)*, petere, postulāre, prīmus, prīncipātus, propter, prōverbium, pūgna, quaerere, quam (Adv.), redīre, reperīre, requīrere, respondēre, sed, sentīre, singulī, sinister, summa, summus, tālis, tenēre, trēs, ūnus, versus, vērus, vitium.

---

17) ventus,-ī *Wind* 18) portus,-ūs *m Hafen* 19) Homērus,-ī *Homer, Dichter der Ilias und der Odyssee, der ältesten überlieferten Werke der abendländischen Literatur* 20) investigāre, investigō *aufspüren, erforschen* 21) ultrō *Adv. freiwillig* 22) dolor,-ōris *m Schmerz* 23) trīgintā *dreißig* 24) impōnere,-pōnō,-posuī,-positum *auferlegen, aufzwingen* 25) Achillēs,-is *Achilleus, berühmter Held der griechischen Sage* 26) tumulus,-ī *Grabhügel* 27) fortūnātus,-a,-um *glücklich* 28) praecō,-ōnis *m Ausrufer, Verkünder* 29) *s. Anm. 19*

Römische Maße, Gewichte und Münzen

1 Längen- und Flächenmaße:

1 pēs (‚Fuß‘) = ca. 30 cm
1 passus (‚Doppelschritt‘) = 5 pedēs = ca. 1,50 m
mīlle passūs (1 röm. ‚Meile‘) = ca. 1,5 km

1 iūgerum (1 ‚Morgen‘) = ca. $^{1}/_{4}$ ha

2 Hohlmaße
für Flüssigkeiten:

1 sextārius = ca. $^{1}/_{2}$ l
1 amphora = 48 sextāriī = ca. 26 l

für trockene Güter (z. B. Getreide):

1 modius (‚Scheffel‘) = ca. 9 l

3 Gewichte:

1 ūncia (‚Unze‘) = 27,3 g
1 lībra (od. pondō) (‚Pfund‘) = 12 ūnciae = 327 g

4 Münzen:

Das Wort pecūnia ‚Geld‘ spiegelt noch die Zeit des Tauschhandels mit Vieh (pecus) wider. Später wurde mit abgewogenem Kupfer bzw. Bronze (aes, aeris; aes aliēnum, ‚fremdes Kupfer‘ = ‚Schulden‘) bezahlt (daher pendere ‚zahlen‘, urspr. ‚an die Waage hängen‘). Seit etwa 300 v. Chr. gibt es Münzprägung.

1 as (Gen.: assis, *m*), ursprünglich 1 röm. Pfund Bronze, dann immer mehr verkleinert; zur Zeit Caesars noch $^{1}/_{36}$ Pfund.

1 sēstertius (Gen. Pl.: sēstertium; ‚$2^{1}/_{2}$ as‘), Silbermünze, ab 130 v. Chr. = 4 as; seit Augustus Messingmünze. Der Sesterz ist die Grundlage der römischen Geldrechnung.

1 dēnārius (Silber) = 4 sēstertiī = 10 assēs, später = 16 assēs

1 aureus (Golddenar, seit 216 v. Chr.) = 25 dēnāriī

Eine Umrechnung in moderne Währung ist wegen der Unterschiede des Wirtschaftssystems und der Kaufkraft nicht sinnvoll. Als Anhaltspunkt kann dienen, dass um Christi Geburt der Durchschnittslohn eines Tagelöhners 1 Denar betrug, was nicht zur Deckung des Bedarfs einer Familie reichte.

5 Römische Maß- und Münzbezeichnungen leben in mittelalterlichen und neuzeitlichen Einheiten und ihren Abkürzungen fort:

Fuß, engl. foot; Meile, engl. mile; Unze, engl. ounce; Pfund (alte Abkürzung £= lb), engl. pound; d (= dēnārius) bis 1971 in England Abkürzung für ‚penny‘, in Deutschland ₰ altes Zeichen für ‚Pfennig‘.

25

F:	**Zahlwörter; Zahlzeichen**	1
	Perfektopräsentien	2
S:	**Genitīvus und Ablātīvus pretiī**	3
I:	**Römische Maße, Gewichte und Münzen**	S. 98
	Das römische Heerwesen	S. 102
	Cn. Pompeius Magnus	S. 103

T

(1) DE UTILITATE ET IUSTITIA (II)

Si quis Alexandriā Rhodum magnum frumenti numerum
advexerit in Rhodiorum inopiā et fame summāque annonae
caritate, si īdem complures naves in cursu frumento onustas
Rhodum petentes viderit – dicetne id Rhodiis an silentio
suum frumentum quam plurimo vendet? Dicetne: „Vendo
meum frumentum non pluris quam ceteri mercatores, for- 3
tasse etiam minoris. Cui fit iniuria?“ Respondebit fortasse
quispiam philosophus: „Nonne meministi esse inter homines 2
naturalem societatem?“ „Memini“, dicet ille, „sed num
ista societas talis est, ut nihil mei commodi causā facere liceat?“

Vendat aliquis aedes propter aliqua vitia, quae ipse nove- 2
rit, ceteri ignorent; quaero, si haec emptoribus vendi-
tor non dixerit aedesque vendiderit multo pluris quam fu- 3
erint, num id iniuste fecerit.

Si quis, qui orichalcum se putet vendere, rē verā aurum ven-
dat, indicetne ei vir bonus aurum illud esse an emet denario, 3
quod sit mille denariis? 3

Quintus Scaevola, cum postulavisset, ut sibi fundus, quem
empturus erat, semel indicaretur, idque venditor ita fe- 1
cisset, dixit se pluris aestimare; addidit centum milia sester- 1; 3
tium. Nemo est, quin hoc viri boni fuisse concedat; sapientis
esse negant.

(2) VERSUS CATULLI [29 G 2.4]

Ọdi et amọ. Quare ịd faciạm, fortạsse requịris. 2
Nẹscio. Sẹd fierị sẹntio et ẹxcruciọr.

25

(3) DE NUMERO HELVETIORUM

Nach Caesars Sieg über die Helvetier (58 v. Chr.) fand man Listen mit Angaben über die Teilnehmerzahl ihres Auswanderungsversuchs:

Erant ducenta sexaginta tria (CCLXIII) milia Helvetiorum, 1
Tulingorum triginta sex (XXXVI) milia, Latobrigorum quattuordecim (XIV) milia, Rauracorum viginti tria (XXIII) milia, Boiorum triginta duo (XXXII) milia; ex his erant, qui arma ferre possent, ad milia nonaginta duo (XCII). Summa omnium fuerunt ad milia trecenta duodeseptuaginta (CCCLXVIII). Eorum, qui bello confecto domum redierunt, censu habito repertus est numerus centum et decem (CX) milium.

(4) DE PUGNA APUD PHARSALUM FACTA

Anno a(nte) Chr(istum) n(atum) duodequinquagesimo 1
(XLVIII) Pompeius et Caesar apud Pharsalum de principatu decertaverunt. Pompeius ad hunc modum aciem instruxerat:

Erant in sinistro cornu legiones duae, quarum una prima, altera tertia appellabatur; in eo loco ipse erat Pompeius. Mediam aciem Scipio cum duabus legionibus tenebat. Una legio et nonnullae cohortes in dextro cornu erant collocatae.

Caesar decimam legionem in dextro cornu, nonam in sinistro collocaverat, et huic adiunxit octavam. Cohortes in acie octoginta (LXXX) constituerat, quae summa erat milium viginti duorum (XXII). Ex tertia acie singulas cohortes detraxit atque ex his quartam aciem (sex cohortium numero) instituit.

PROVERBIUM

Bis dat, qui cito dat. 1

Ü **1** Übersetzen Sie:

a) Urbs Rōma annō a. Chr. n. septingentēsimō quīnquāgēsimō tertiō condita est. b) Caesar annō a. Chr. n. quadrāgēsimō quartō interfectus est. c) *Aus einer mittelalterlichen Chronik:* Annō p. Chr. n. octingentēsimō, ab urbe conditā[1)]

---

1) ab urbe conditā *nach Gründung der Stadt Rom*

mīllēsimō quīngentēsimō quīnquāgēsimō alterō, Károlus, rēx Francōrum, trīcēsimō tertiō rēgnī suī annō, ā summō pontifice[2)] corōnātus[3)] et ā populō Rōmānō Imperātor et Augustus appellātus est. d) Annō p. Chr. n. mīllēsimō nōngentēsimō quadrāgēsimō quīntō alterum illud totīus orbis terrārum bellum fīnītum est. e) *Caesars Kalenderreform:* Caesar annum ad cursum sōlis accomodāvit, ut trecentōrum sexāgintā quīnque diērum esset et ūnus diēs quartō quōque annō intercalārētur.[4)] Grēgorius pāpa[5)] tertius decimus (XIII) annō p. Chr. n. mīllēsimo quīngentēsimō octōgēsimō alterō (MDLXXXII) fāstōs[6)] iterum[7)] corrēxit. f) *Kaiser Augustus:* Ter cēnsum fēcī omnium cīvium Rōmānōrum. g) Caesar ā lacū Lemannō[8)] ad montem Iūram[9)] ūndēvīgintī (XIX) mīlia passuum mūrum in altitūdinem pedum sēdecim (XVI) perdūxit.

2 Übersetzen Sie:
a) Imperātor Caligula[10)] saevitiam[11)] ingeniī[12)] hīs verbīs ostendit:[13)] „Oderint, dum[14)] metuant" et „Mementō mihi omnia et in omnēs licēre". b) C. Verrēs[15)] multa scelera in Siciliā commīserat; itaque omnibus Siculīs[16)] odiō erat. c) Multī in rēbus hūmānīs nihil bonum nōvērunt nisi quod frūctuōsum[17)] sit.

3 Übersetzen Sie:
a) *Frage eines besorgten Vaters:* Quantī fīlius meus istam puellam ēmit? – *Die Antwort:* Vīgintī minīs.[18)] b) Spectandum est, quantī artificia iūdiciō eōrum, quī hārum rērum studiōsī[19)] sint, aestimentur, quantī vēneant. Nōnne in auctiōne[20)] vīdimus sīgnum aēneum[21)] nōn maximum quadrāgintā mīlibus sēstertium vēnīre? Sed hominēs nōmināre[22)] possum, quī aut nōn minōris aut etiam plūris ēmerint. c) Caesar mīlitēs docuit, quantō dētrīmentō[23)] et quot virōrum fortium morte victōria cōnstāret.

4 Wiederholen Sie die folgenden Vokabeln:
abesse, ac, addūcere, adhibēre, adiuvāre, aequus, aliēnus, alius, amīcus, aut, autem, causa, colere, cōnferre, coniungere, cōpia, cupiditās, cūra, dēbēre, deinde, dīligere, discere, disputāre, docēre, dum, enim, ēripere, facultās, fortitūdō, glōria, grātia, honor, iam, īgnōtus, iūdicāre, longus, metus, nātūra, nec, nē, neque, noster, nunc, officium, ōrātiō, ōrnāre, patī, praebēre, prō, prōdesse, prope, proximus, quālis, quīdam, quisque, quod (Subj.), ratiō, reddere, relinquere, saepe, servāre, sine, spēs, tam, ūllus, ut, utrum – an, vel, velle, vidērī, virtūs.

---

2) pontifex,-ficis *m Oberpriester;* summus p.: *Papst* 3) corōnāre, corōnō *krönen* 4) intercalāre,-calō *einfügen* 5) pāpa,-ae *m Papst* 6) fāstī,-ōrum *m der Kalender* 7) iterum *Adv. wiederum* 8) lacus Lemannus *der Genfer See* 9) mōns Iūra *das Juragebirge* 10) Caligula *(‚Soldatenstiefelchen'), Spitzname des Kaisers C. Caesar Germānicus (37–41 n. Chr.)* 11) saevitia,-ae *Wildheit, Strenge* 12) ingenium,-ī *Charakter* 13) ostendere, ostendō, ostendī *zeigen* 14) dum *m. Konjunktiv wenn nur, wofern nur* 15) C. Verrēs *tyrannisierte während seiner dreijährigen Statthalterschaft (73–71) die Provinz Sizilien; aufgrund der Anklage Ciceros wurde er verurteilt* 16) Siculī *Sikuler, Bewohner Siziliens* 17) frūctuōsus,-a,-um *frucht-, gewinnbringend* 18) mina,-ae *Mine, attische Geldrecheneinheit = 100 Drachmen (1 Drachme = 3/4 röm. Denare; 20 Minen sind also eine gewaltige Summe)* 19) studiōsus,-a,-um *m. Gen. sehr an etw. interessiert* 20) auctiō,-tiōnis *f Versteigerung* 21) sīgnum aēneum *Bronzefigur* 22) nōmināre, nōminō *nennen, namhaft machen* 23) dētrīmentum,-ī *Schaden, Verlust*

Das römische Heerwesen

Die **Legion** *(legiō)*, ursprünglich das Gesamtaufgebot der römischen Bürger schaft, wurde in der ersten Zeit der Republik in zwei Legionen gegliedert, die jeweils einem der beiden Konsuln unterstanden. Die Aufstellung der Truppen erfolgte durch das Aufgebot *(dīlēctus)* aus den drei *Stämmen (tribūs)*, später nach Vermögensklassen. In der Reiterei *(equitēs)* dienten anfangs nur Patrizier, beim Fußvolk *(peditēs)* Patrizier und Plebejer.

Die Legion war ursprünglich in Hundertschaften *(centūriae, Zenturien)* gegliedert, von denen später zwei (zu je 60–80 Mann) zu einem **Manipel** *(manipulus)* zusammengefasst wurden. Eine Legion bestand aus 30 Manipeln (= 60 Zenturien) Fußvolk; hinzu kamen Leichtbewaffnete (1200) und Reiter (1800), ursprünglich Römer, später italische Bundesgenossen *(sociī)*, ferner in zunehmendem Maß auch Hilfstruppen *(auxilia)* anderer Völker. Die Mannschaftsstärke einer Legion war unterschiedlich; der höchste Stand ist aus dem 2. Punischen Krieg (204 v. Chr.) mit 6500 überliefert.

Das römische Heer entwickelte sich immer mehr von einer Bürgerarmee zum stehenden Heer. C. Marius (156–86 v. Chr.), der Sieger über Iugurtha (105), die Teutonen (102) und Kimbern (101), zog aus dieser Entwicklung die Konsequenz und führte eine Heeresreform durch. Von nun an bestand die Legion aus 10 **Kohorten** *(cohors, Pl. cohortēs)* zu je 3 Manipeln. Ihre Sollstärke betrug 6000 Mann, wurde jedoch häufig unterschritten. Die Dienstzeit der Soldaten betrug 16 Jahre, konnte aber auf 20 verlängert werden. Die Versorgung der ausscheidenden Soldaten *(veterānī)* durch Landzuweisung führte in der Folgezeit oft zu innenpolitischen Spannungen. Marius verbesserte die Bewaffnung und normierte das von den Soldaten zu tragende Marschgepäck (*sarcinae:* Getreideration für 3 Tage, Schanzpfähle, Werkzeuge, Koch- und Essgeschirr; Gesamtgewicht ca. 20 kg ohne die Waffen). Zur Legion gehörte eine Reitertruppe und eine mit Schleudergeschützen ausgerüstete Artillerieabteilung.

Caesar ging im Gallischen Krieg (58–51) dazu über, die Ausfälle an Legionssoldaten nicht mehr zu ersetzen, sondern aus neuausgehobenen Soldaten neue Legionen zu bilden, sodass die Iststärke der alten Legionen erheblich unter das Soll absank. Seine Reiterei rekrutierte er aus verbündeten gallischen Stämmen und aus Germanen.

Zum Stab des **Befehlshabers** *(imperātor)* gehörten die **Militärtribunen** *(tribūnī mīlitum)*, die ursprünglich vom Volk gewählt, später zunehmend vom Feldherrn selbst ernannt wurden; es waren meist junge Leute aus dem Ritterstand, die nach etwa einjähriger Militärdienstzeit sich einem Befehlshaber anschlossen (s. Artikel „Ämterlaufbahn", S. 43). Jede Legion hatte 6 Tribunen, von denen jeweils 2 einen Monat lang den Dienstbetrieb leiteten; im Kampf erhielten sie auch Kommandoaufgaben. Caesar stellte jedoch im Gallischen Krieg an die Spitze jeder Legion einen **Legaten** *(lēgātus)*.

Die Zenturien wurden von **Zenturionen** *(centūriōnēs)* befehligt, bewährten Soldaten, die sich vom Führer der 2. Zenturie des 3. Manipels der 10. Kohorte (Rang 60) bis zum Führer der 1. Zenturie des 1. Manipels der 1. Kohorte (Rang 1, *prīmipīlus*) hochdienen konnten; doch gab es auch Sprungbeförderung. Die Zenturionen erhielten den doppelten Sold eines Soldaten; ihr Rangabzeichen war ein Stock aus Rebholz *(vītis)* und der quergestellte Helmbusch.

Jeder Manipel hatte ein **Feldzeichen** *(sīgnum)*, an dem sich die Position der Einheit im Kampf erkennen ließ. Die Legion hatte seit Marius als Feldzeichen den **Adler** *(aquila)*. Die Feldzeichen waren heilig; ihr Verlust bedeutete Schande und konnte Strafen für die Feldzeichenträger *(sīgnifer, aquilifer)* nach sich ziehen. Im Lager *(castra)* wurden sie in der Nähe des Feldherrnzeltes *(praetōrium)* in einem besonderen Heiligtum aufbewahrt.

Kaiser Augustus führte im Zusammenhang mit der Neuorganisation des Reiches auch eine Heeresreform durch (25 Legionen). Weitere Reformen erfolgten, u. a. wegen veränderter Kriegstechniken, unter den Kaisern Trajan (Regierungszeit 97–117), Hadrian (117–138), Diokletian (284–305) und Konstantin (306–337).

Cn. Pompeius Magnus

Cn. Pompeius, geb. 106 v. Chr., unterstützte im Jahr 83 Sulla im Bürgerkrieg gegen die Anhänger des Diktators Cinna. 77–71 schlug er in Spanien den Aufstand des Sertorius, eines Anhängers des Marius, nieder. Er war Konsul im Jahr 70; danach säuberte er als Oberbefehlshaber innerhalb von 3 Monaten das gesamte Mittelmeer von den kilikischen Seeräubern, die sogar die Küsten Italiens bedrohten. 66 war er Oberbefehlshaber im Krieg gegen die Könige Mithridates von Pontus und Tigranes von Armenien, 63 eroberte er Judäa und Jerusalem; er organisierte die römische Provinzverwaltung in Kleinasien und Syrien. Da der Senat die Bestätigung seiner Anordnungen verweigerte, schloss Pompeius mit C. Iulius Caesar und M. Licinius Crassus ein politisches Bündnis; 59 heiratete er (in 3. Ehe) Caesars Tochter Iulia (gestorben 54). 55 war er zum zweiten Mal Konsul (zusammen mit Crassus), 52 *cōnsul sine collēgā* (da die regulären Wahlen wegen politischer Unruhen ausfielen). Als es Anfang 49 zum Bruch zwischen Caesar und der Senatsmehrheit kam, übernahm Pompeius das Kommando über die Senatstruppen, musste sich jedoch aus Italien nach Griechenland zurückziehen. Im folgenden Jahr von Caesar bei Dyrrhachion (heute Durres in Albanien) eingeschlossen, konnte Pompeius sich zwar befreien, wurde aber in der Schlacht bei Pharsalos (in Thessalien, 9. 8. 48) vernichtend geschlagen. Beim Versuch, nach Ägypten zu fliehen, wurde er vor Alexandria von Anhängern des ägyptischen Königs Ptolemaios XIII. ermordet.

26

F:	Verallgemeinerndes Relativpronomen	1.1
S:	Verallgemeinernde Relativsätze	1.2
	Relativische Verschränkung	2
	Faktisches quod	3.1
	quod sī (quodsī)	3.2
	dum mit Konjunktiv	4
	Konstruktion und Wortbedeutung	5

T

DE BENEFICENTIA

Nunc de beneficentia ac de liberalitate dicamus, qua nihil **2.4**
est naturae hominis accommodatius. Sed videndum est, ne **5.2**
cui obsit benignitas. Sunt enim multi, qui eripiunt aliis, quod
aliis largiantur, iique arbitrantur se beneficos in suos
amicos visum iri, si adiuvent eos quacumque ratione. **1.1**
Deinde cavendum est, ne benignitas maior sit quam faculta- **5.2**
tes, quod ii, qui benigniores volunt esse quam res patitur,
imprimis in eo peccant, quod iniuriosi sunt in proximos; **3.1**
quas enim copias his et praeberi aequius est et relinqui, **2.2**
eas transferunt ad alienos. Quod multi non tam liberali- **3.1**
tate quam cupiditate gloriae benefici videri volunt, talis
simulatio vanitati propior est quam honestati.
Videndum est etiam, ut in beneficentia pro dignitate cuique **5.2**
tribuatur. Quaecumque enim homines homini tribuunt ad **1**
eum augendum atque honestandum, aut benevolentiae
gratiā faciunt, cum aliqua de causa quempiam diligunt, aut
honoris aut fidei causā, aut metu aut spe adducti. Colendus
autem est ita quisque maxime, ut quisque maxime his virtu-
tibus erit ornatus: modestiā, temperantiā, iustitiā.
De benevolentia autem primum illud est in officio, ut ei plu-
rimum tribuamus, a quo plurimum diligamur. Maxima
autem cura adhibenda est in referenda gratia. Quod si in **3.2**
eos, quos speramus nobis profuturos (esse), non dubitamus **2.2; 5.2**
officia conferre, quales in eos esse debemus, qui iam pro-
fuerunt? Utrum demus beneficium necne, in nostra potes-
tate est; non reddere autem beneficium viro bono non licet,
dum(modo) id facere possit sine iniuria. **4.2**
Optime autem societas hominum coniunctioque servabitur,
si, ut quisque erit coniunctissimus, ita in eum benignitatis
plurimum conferetur. Huius societatis vinculum est ratio
atque oratio, quae docendo, discendo, communicando,
disputando, iudicando coniungit inter se homines naturali

quadam societate; neque ulla re longius absumus a natura
ferarum, in quibus inesse fortitudinem saepe dicimus (ut in 2.2
equis, in leonibus), iustitiam autem et bonitatem inesse non
dicimus; sunt enim rationis et orationis expertes. In hac
hominum societate communitas omnium rerum, quas ad
communem hominum usum natura genuit, servanda est ita,
ut, quidquid sine detrimento praeberi possit, id tribuatur 1.2
vel ignoto. 5.3

Ü

> *Von jetzt an unterbleibt auch in den Übungen in der Regel die Bezeichnung der Vokallängen.*

1 Übersetzen Sie:
a) Quidquid ortum est[1], aliquando interit.
b) Quidquid animo cernimus, id omne oritur[1] a sensibus.[2]
c) Amicitia res plurimas continet; quoquo te verteris, adest.
d) Quidquid agis, prudenter agas, et respice finem!
e) Quaecumque sanari[3] poterunt, quacumque ratione sanabo.

2 Übersetzen Sie:
a) Cicero, quem celeberrimum oratorem fuisse constat, Antonio auctore (19 G 1.4!) necatus est.
b) Memini Catonis, quem cum multi odissent, tamen adversarios[4] non timuit.
c) Mitto tibi librum, quem nisi lēgeris, philosophiae peritus[5] non eris.
d) Solem e mundo tollere videntur, qui amicitiam e vita tollunt, quā nihil a deis melius habemus.
e) Quis non colat pietatem, quā sublātā omnis tollatur humanitas?[6]
Welche Bedeutung haben die Konjunktive in diesem Satz? [*]

3 Der folgende Text ist Caesars Bericht über seine Verhandlungen mit dem Germanenkönig Ariovist entnommen. Er steht in *Indirekter Rede* (Regeln: 17 G 4 und 5). Übersetzen Sie und achten Sie auf die Bedeutungen des Wortes *quod.* [*]

Caesar initio orationis sua senatūsque in Ariovistum beneficia commemoravit,[7] quod rex et amicus appellatus esset a senatu, quod munera[8] amplissime[9] missa essent. Deinde postulavit, ne Haeduis, sociis atque amicis populi Romani, bellum inferret,[10] ut obsides redderet, ne quos Germanos amplius Rhenum transire pateretur.
Ad haec Ariovistus respondit: Quod multitudinem Germanorum in Galliam traducat, id se sui muniendi, non Galliae oppugnandae causā facere; eius rei

---

1) orīrī, orior, ortus sum *entstehen* 2) sēnsus,-ūs *m Wahrnehmungsvermögen, Sinn* 3) sānāre, sānō *heilen* 4) adversārius,-ī *Gegner* 5) perītus,-a,-um *(m. Gen.) (einer Sache) kundig, (in etw.) erfahren* 6) hūmānitās,-tātis *f Menschlichkeit, ‚Humanität'* 7) commemorāre, -memorō *erwähnen* 8) mūnus,-eris *n Geschenk* 9) amplus,-a,-um *weit, bedeutend, reichlich* 10) bellum īnferre (alicuī) *(mit jem.) Krieg anfangen, (jemanden) angreifen*

testimonium[11] esse, quod bellum non intulerit, sed defenderit.[12] Romanos iniuste facere, quod e sua Gallia, quam bello vicisset, se expellere conarentur. Haeduis se bellum non illaturum esse, si in eo manerent, quod promisissent; quod si non fecissent, amicitiam populi Romani illis nihil profuturam esse. Quod Caesar diceret Haeduos amicos populi Romani esse, debere se suspicari[13] Caesarem simulatā[14] amicitiā, quem exercitum in Gallia habeat,[15] sui opprimendi causā habere. Qui nisi decedat ex his regionibus, se illum pro hoste habiturum esse. Quod si Caesarem interfecerit, se multis nobilibus principibusque populi Romani gratum facturum esse.[16] Quod si Caesar decessisset, magnam se illi gratiam relaturum esse et, quaecumque bella geri vellet, sine ullo eius labore et periculo confecturum.

4 Wiederholen Sie die Bedeutungen der Subjunktion *dum* (12 G 6.2; 26 G 4) und übersetzen Sie [*]:

a) Apud Saguntum[17] Hannibal, dum incaute[18] murum subit,[19] tragulā[20] graviter vulneratus est.[21]

b) *Cicero über seine Haltung zu Beginn des Bürgerkrieges zwischen Caesar und Pompeius:* Ut aegroto,[22] dum anima est, spes esse dicitur, sic ego, quoad Pompeius in Italia fuit, sperare non destiti.

c) Hostes se silvis[23] continebant,[24] dum legiones Romanae flumen transirent.

d) *Nach dem Mordanschlag auf Caesar:* Caesar tribus et viginti plagis[25] confossus[26] exanimis[27] aliquando iacuit, dum tres servi eum lecticae[28] impositum[29] domum rettulerunt.

e) Egredere ex urbe, Catilina! Magno metu me liberabis, dum inter me atque te murus intersit.

5 Übersetzen Sie und achten Sie auf die unterschiedlichen Bedeutungen von cavēre, persuadēre, interesse, dubitāre, adesse:

a) Cave canem![30] – Cave, ne cadas! – Melius ei cavere volo quam ipse aliis cavere solet.

b) Themistocles Atheniensibus persuasit, ut classis centum navium aedificaretur.[31] – Druides hominibus volunt persuadere animas non interire, sed ab aliis post mortem transire ad alios. (vgl. 8 T 9–11)

c) Druides rebus divinis intersunt, sacrificia[32] procurant,[33] magnoque sunt apud Gallos honore. – Inter Gallos et Germanos multum interest. – Caesar dicere solebat non tam suā quam rei publicae interesse, ut salvus[34] esset.

d) Caesar non dubitavit, quin Ariovistus totam Galliam occupaturus esset. Itaque non dubitavit cum illo armis decertare.

e) Adsunt omnes amici, ut mihi in hac re adsint.

---

11) testimōnium,-ī *Zeugnis, Beweis* 12) bellum dēfendere *einen Krieg abwehren* 13) suspicārī, suspicor *vermuten, argwöhnen* 14) simulāre, simulō *vortäuschen, heucheln* 15) quem exercitum habeat = eum exercitum, quem ... (G 2.5) 16) grātum facere *einen Gefallen tun* 17) Saguntum,-ī *Sagunt (Stadt in Spanien)* 18) incautus,-a,-um *unvorsichtig* 19) mūrum subīre *nahe an die (Stadt-) Mauer herangehen* 20) trāgula,-ae *Wurfspeer* 21) vulnerāre, vulnerō *verwunden* 22) aegrōtus,-a,-um *krank* 23) silva,-ae *Wald* 24) sē continēre *sich zurückhalten, sich verborgen halten* 25) plāga,-ae *Schlag, Wunde* 26) cōnfodere,-fodiō,-fōdī,-fossum *durchbohren* 27) exanimis,-e *leblos* 28) lectīca,-ae *Tragbahre* 29) impōnere,-pōnō,-posuī,-positum *hinein-, darauflegen* 30) canis,-is *m/f Hund/Hündin* 31) aedificāre, aedificō *bauen* 32) sacrificium,-ī *Opfer* 33) prōcūrāre,-cūrō *besorgen, durchführen* 34) salvus,-a,-um *heil, unversehrt*

6 Wiederholen Sie die folgenden Vokabeln:
adventus, aedificium, ager, alter, amīcitia, animus, annus, aperīre, apud, arma, audīre, auxilium, bellum, capere, centum, certus, cēterī, cibus, circiter, cis, cīvitās, cōgere, cognōscere, committere, comparāre, complūrēs, cōnārī, concēdere, cōnficere, cōnfirmāre, cōnsīdere, cōnsilium, cōnsistere, cōnstituere, cōnsuētūdō, cōnsul, contendere, contrā, corpus, cultura, cum (Präp.), dēligere, dēsīderāre, deus, diēs, disciplīna, domī, domus, efficere, ēicere, eō (Adv.), eques, equitātus, exercitus, exīstimāre, expellere, fierī, fingere, fīnis, flūmen, frīgidus, frūmentum, genus, gerere, gravis, habēre, hiems, hūmānus, ibi, īdem, imperāre, incipere, īnferre, īnfluere, inīre, inopia, interficere, invītāre, invītus, ipse, itaque, item, iter, laus, lēgātus, lībertās, locus, longē, magis, māgnitūdō, māiōrēs, manēre, mare, mīlle, mittere, mōbilis, mōs, multitūdō, nāvis, nec, nēmō, nōnnūllī, novus, nox, nūllus, numerus, occupāre, occurrere, omnīnō, oppidum, opprimere, parāre, pars, paucī, pecus, per, permovēre, pervenīre, petere, populus, post, postulāre, praesidium, premere, prīnceps, privātus, proficīscī, prohibēre, propter, propterea, puer, putāre, quaerere, quartus, querī, quidem, quīn, quō (Adv.), recūsāre, regiō, reliquus, resistere, respondēre, rēs frūmentāria, rēs pūblīca, revertī, rūmor, sēdēs, sēparātus, sequī, servīre, sīc, singulī, studēre, succēdere, summus, superāre, tamen, tantus, tenēre, terra, trādere, trānsīre, ūnus, uterque, ūtilis, vacāre, vēndere, venīre, vērus, vestītus, via, vīs, vīta, vīvere.

Das römische Recht

Eine erste Kodifizierung römischer Rechtsvorschriften erfolgte um 450 v. Chr. im **Zwölftafelgesetz**, so genannt nach den zunächst 10, dann 12 Tafeln, auf denen es aufgezeichnet war. Obwohl in vielen Punkten im Laufe der Zeit überholt, bestimmte es die gesamte weitere Entwicklung des römischen Rechts.

Zu unterscheiden ist einerseits das ***ius publicum***, d. h. Verfassungs-, Sakral- und Staatsrecht, vom ***ius privatum***, das z. B. Eigentumsfragen regelte, andererseits das ***ius civile***, das in Gesetzen und Volksbeschlüssen niedergelegt war und nur für römische Bürger galt, und das ***ius honorarium***, das Amtsrecht, das sich in den Rechtsformeln der Amtsträger entwickelte, besonders in den jährlichen *edicta* der Prätoren, in denen diese die rechtlichen Verfahrensgrundsätze ihrer Amtsperiode darlegten. Das amtliche Recht trat neben das bürgerliche Recht und setzte dessen Bestimmungen, obwohl sie formal weiterbestanden, zum Teil außer Kraft. Es galt auch für Nichtrömer ***(ius gentium)***, für deren Angelegenheiten seit 242 v. Chr. ein *praetor peregrinus* zuständig war. Im *ius gentium* finden sich auch Grundsätze eines allgemeinen Naturrechts und Völkerrechts.

Die Prozesse fanden öffentlich auf dem Forum statt. In der Kaiserzeit trat der Kaiser bzw. seine Beauftragten an die Stelle der republikanischen Amtsträger; die Verfahren wurden nichtöffentlich vor kaiserlichen ‚Kammergerichten' geführt.

Schon früh setzten Versuche einer wissenschaftlichen Durchdringung und Systematisierung der Rechtsbestimmungen ein. Das erste systematische Lehrbuch verfasste **P. Mucius Scaevola** (gest. ca. 115 v. Chr.). Es gab zunächst keine schulmäßige Juristenausbildung; die jungen Römer lernten durch Zuhören bei den Gerichtsverhandlungen und durch persönlichen Anschluss an bekannte Rechtspraktiker, so z. B. Cicero und Atticus bei Q. Mucius Scaevola (170 – 87 v. Chr.). **Cicero** behandelte das Problem der idealen Gesetzgebung in seinem Werk *De legibus* anhand der römischen Gesetze, arbeitete aber auch griechisches Material ein.

Fortsetzung S. 116

27

F:	**Besonderheiten der Deklination**	1
	Besonderheiten der Konjugation (Nebenformen)	2
S:	**Verben mit besonderer Kasusrektion**	3
	Präpositionen (Zusammenfassung)	4
	antequam, priusquam	5
	nōn quod, nōn quō mit Konjunktiv	6
	sī mit Konjunktiv nach Verben des Erwartens und Versuchens	7
W:	**Abgeleitete Verben (u. a.: Intēnsīva, Iterātīva, Incohātīva)**	8
	Wortfamilien (Etymologische Gruppen)	9

T E CAESARIS DE BELLO GALLICO COMMENTARIIS

In den Jahren 58–56 v. Chr. hatte Caesar ganz Gallien militärisch unterworfen. Zu Beginn des Jahres 55 überschritten zwei germanische Stämme, die Usipeter und Tenkterer, die von den kriegerischen Sueben aus ihren Siedlungsgebieten verdrängt worden waren, den Rhein im heutigen niederländischen Gebiet. Caesar befürchtete, dass die Gallier sich mithilfe dieser Germanen gegen die römische Herrschaft auflehnen könnten, und beschloss, ein weiteres Vordringen oder eine Ansiedlung der Germanen in Gallien militärisch zu verhindern. Als Hintergrundinformation gibt er einen Bericht über die Lebensweise der Sueben, das Verhalten der heimatlos gewordenen Germanenstämme und über die Art, wie in Gallien politische Entscheidungen zustande kommen – Faktoren, die in ihrem Zusammenwirken dem römischen Leser den Eindruck einer möglichen Bedrohung vermitteln und so Caesars Vorgehen, das in Rom nicht unumstritten war, rechtfertigen sollen.

Ea, quae secuta est, hieme, qui fuit annus Cn. Pompeio
M. Crasso consulibus, Usipetes Germani et item Tencteri
magna multitudine hominum Rhenum transierunt non
longe a mari, quo Rhenus influit. Causa transeundi fuit,
quod ab Suebis complures annos exagitati bello premebantur 8.2
et agri cultura prohibebantur.
Sueborum gens est longe maxima et bellicosissima Germa-
norum omnium. Hi centum pagos habere dicuntur, ex qui-
bus quotannis singula milia armatorum bellandi causa 8.1
educunt. Reliqui, qui domi manserunt, se atque illos alunt;
hi rursus invicem anno post in armis sunt, illi domi rema-
nent. Sic neque agri cultura nec ratio atque usus belli inter-
mittitur. Sed privati ac separati agri apud eos nihil est, ne-
que longius anno remanere uno loco colendi causā licet.
Neque multum frumento, sed maximam partem lacte atque
pecore vivunt multumque sunt in venationibus; quae res et
cibi genere et cottidiana exercitatione et libertate vitae, cum
a pueris nullo officio aut disciplina assuefacti nihil omnino 3.3
contra voluntatem faciant, et vires alit et immani corporum

magnitudine homines efficit. Atque in eam se consuetudinem adduxerunt, ut locis frigidissimis neque vestitūs praeter pelles habeant quicquam, quarum propter exiguitatem magna est corporis pars aperta, et laventur in fluminibus. Mercatoribus est aditus magis eo, ut, quae bello ceperint, quibus vendant, habeant, quam quo ullam rem ad se impor- 6
tari desiderent.

Rei publicae maximam putant esse laudem quam latissime a suis finibus vacare agros; hac re significari magnum numerum civitatum suam vim sustinere non potuisse. Itaque una ex parte a Suebis circiter milia passuum centum agri vacare dicuntur. Ad alteram partem succedunt Ubii, quorum fuit civitas ampla atque florens, ut est captus Germanorum. Hi paulo sunt eiusdem generis ceteris humaniores propterea, quod Rhenum attingunt multumque ad eos mercatores ventitant et ipsi propter propinquitatem Gallicis 8.2
sunt moribus assueti. Hos cum Suebi multis saepe bellis 3.3
experti propter amplitudinem gravitatemque civitatis finibus expellere non potuissent, tamen vectigales sibi fecerunt ac multo humiliores infirmioresque redegerunt.

In eadem causa fuerunt Usipetes et Tencteri, quos supra diximus; qui complures annos Sueborum vim sustinuerunt, ad extremum tamen agris expulsi et multis locis Germaniae triennium vagati ad Rhenum pervenerunt, quas regiones Menapii incolebant. Hi ad utramque ripam fluminis agros, aedificia vicosque habebant; sed tantae multitudinis adventu perterriti ex iis aedificiis, quae trans flumen habuerant, demigraverant et cis Rhenum dispositis praesidiis Germanos transire prohibebant. Illi complures dies frustra, si 7
Rhenum transire possent, conati, cum neque vi contendere propter inopiam navium neque clam transire propter custodias Menapiorum possent, reverti se in suas sedes regionesque simulārunt et tridui viam progressi rursus 2.2
reverterunt atque omni hōc itinere una nocte confecto inscios inopinantesque Menapios oppresserunt, qui de Germanorum discessu per exploratores certiores facti sine metu trans Rhenum in suos vicos remigraverant. His interfectis navibusque eorum occupatis, priusquam ea pars Mena- 5
piorum, quae citra Rhenum erat, certior fieret, flumen transierunt atque omnibus eorum aedificiis occupatis reliquam partem hiemis se eorum copiis aluerunt.

27 His de rebus Caesar certior factus et infirmitatem Gallorum
veritus, quod sunt in consiliis capiendis mobiles et novis ple-
rumque rebus student, nihil his committendum existimavit. **3.2**
Est autem hoc Gallicae consuetudinis, uti et viatores etiam
invitos consistere cogant et, quid quisque eorum de quaque
re audierit aut cognoverit, quaerant et mercatores in oppidis **2.2**
vulgus circumsistat, quibusque ex regionibus veniant quas- **1.1**
que ibi res cognoverint, pronuntiare cogat. His rebus atque **8.1**
auditionibus permoti de summis saepe rebus consilia ineunt,
quorum eos in vestigio paenitere necesse est, cum incertis **3.5**
rumoribus serviant et plerique ad voluntatem eorum ficta **8.1**
respondeant. Qua consuetudine cognita Caesar, ne graviori
bello occurreret, maturius quam consuērat ad exercitum **2.2; 8.3**
proficiscitur. Eo cum venisset, ea quae fore suspicatus erat, **2.3**
facta cognovit: missas legationes ab nonnullis civitatibus ad
Germanos invitatosque eos, uti ab Rheno discederent;
omnia, quae postulāssent, ab se fore parata. Qua spe **2.2+3**
adducti Germani latius iam vagabantur et in fines Ebu-
ronum et Condrusorum, qui sunt Treverorum clientes, per-
venerant. Principibus Galliae evocatis Caesar ea, quae
cognoverat, dissimulanda sibi existimavit eorumque animis
permulsis et confirmatis equitatuque imperato bellum cum **8.1**
Germanis gerere constituit.

Re frumentaria comparata equitibusque delectis iter in ea
loca facere coepit, quibus in locis esse Germanos audiebat. **1.2**
A quibus cum paucorum dierum iter abesset, legati ab his
venerunt, quorum haec fuit oratio: Germanos neque prio-
res populo Romano bellum inferre neque tamen recusare, si
lacessantur, quin armis contendant, quod Germanorum **8.4**
consuetudo sit a maioribus tradita, quicumque bellum infe-
rant, resistere neque deprecari. Haec tamen dicere: Venisse
se invitos, eiectos domo. Si suam gratiam Romani velint,
posse iis utiles esse amicos; vel sibi agros attribuant vel pati-
antur eos tenere, quos armis possederint. Se unis Sue-
bis concedere, quibus ne dii quidem immortales pares esse **1.3**
possint; reliquum quidem in terris esse neminem, quem non
superare possint.

Ad haec Caesar, quae visum est, respondit; sed exitus fuit
orationis: Sibi nullam cum iis amicitiam esse posse, si in
Gallia remanerent. Neque verum esse, qui suos fines tueri
non potuerint, alienos occupare; neque ullos in Gallia
vacare agros, qui dari tantae praesertim multitudini sine

iniuria possint. Sed licere, si velint, in Ubiorum finibus considere, quorum sint legati apud se et de Sueborum iniuriis querantur et a se auxilium petant. Hoc se ab Ubiis impetraturum. Legati haec se ad suos relaturos dixerunt et re deliberata post diem tertium ad Caesarem reversuros.

Ü **1** Übersetzen Sie und ersetzen Sie dann die Nebenformen durch die normalen Formen [*]:

a) *Schlussworte einer Denkschrift an Caesar:* Quae mihi utilissima factu visa sunt quaeque tibi usui fore[1] credidi, ea quam paucissimis verbis potui perscripsi. Reliquum est optare,[2] uti (= ut) quae tibi placuerint, ea di immortales approbent beneque evenire[3] sinant.

b) Urbem Romam condidēre atque habuēre initio Troiani.[4]

c) Coniuratione Catilinae patefacta senatus Ciceroni gratias egit, quod patriam incendiis,[5] caede, bello līberāsset.

d) *Catilina hatte, um den Verdacht der Verschwörung zu entkräften, angeboten, sich in freiwilligen Hausarrest bei vornehmen Römern, u. a. bei Cicero, zu begeben. Dies kommentiert Cicero so:* Etiam ad me venire ausus es atque, ut domi meae[6] te adservarem,[7] rogāstī. Quam longe videtur a carcere[8] et a vinculis abesse debere, qui se ipse iam dignum custodiā iūdicārit!

e) *Cicero malt sich ironisch aus, wie wohl sich Catilina bei seinen Genossen im Revolutionsheer fühlen wird:* Hīc tu quā laetitiā perfruēre,[9] quibus gaudiis exsultabis,[10] quanta in voluptate[11] bacchabere,[12] cum in tanto numero tuorum neque audies virum bonum quemquam neque videbis!

2 Übersetzen Sie:

a) *Cicero rühmt Ser(vius) Sulpicius, der trotz schwerer Krankheit an einer Vermittlungsgesandtschaft zur Verhinderung des Bürgerkriegs teilgenommen hatte und dabei gestorben war:* Ser. Sulpicius non recusavit, quominus vel extremo spiritu[13] experiretur, si quam opem rei publicae ferre posset.

b) Hannibal cum quinque navibus Africam accessit,[14] si Carthaginienses ad bellum inducere[15] posset.

c) Caesar omnes copias castris eduxit et celeriter itinere confecto prius ad hostium castra pervenit, quam illi, quid ageretur, sentire possent.

d) Hostes non prius fugere destiterunt, quam ad flumen Rhenum pervenerunt.

e) *Lob für einen mutigen Politiker:* Dixit vehementer, egit acriter – non quo periculum non videret, sed rem publicam servare cogitabat.

---

1) ūsuī esse alicuī *jem. zum Nutzen gereichen, nützlich sein* 2) optāre, optō *wünschen* 3) ē-venīre, ēvenit, ēvēnit *seinen Ausgang nehmen, sich ereignen* 4) Troiānī,-ōrum *Trojaner (Der Sage nach wurde Rom von Nachfahren des Trojaners Aeneas gegründet)* 5) incendium,-ī *Brandstiftung, Brand* 6) domī meae: *Lokativ!* 7) adservāre,-servō *aufbewahren, in Gewahrsam halten* 8) carcer, carceris *m Kerker, Gefängnis* 9) perfruī = *(verstärktes)* fruī 10) exsultāre,-sultō *jubeln, frohlocken* 11) voluptās, -tātis *f Vergnügen, Lust* 12) bacchārī, bacchor, bacchātus sum *schwelgen* 13) spīritus,-ūs *m Hauch, Atem(zug)* 14) accēdere *m. Akk. sich jem./einem Ort nähern, hinkommen* 15) indūcere, -dūcō, -dūxī, -ductum *veranlassen, verleiten*

3 Versuchen Sie, die Bedeutung der folgenden nach Wortfamilien geordneten Vokabeln zu erschließen. Kontrollieren Sie anhand eines Lexikons!
a) causa, causā, accūsāre, excūsāre, recūsāre b) iūs, iniūria, iūstus, iūstitia, iūrāre, iūs iūrandum, coniūrātiō, iūdex, iūdicium, iūdicāre c) petere, appetere, expetere, repetere, suppetere, impetus, perpetuus d) minor/minimus, minuere, nimius/nimis, minister, ministerium, administrāre e) meminisse, reminīscī, mēns, āmēns/dēmēns, mentīrī, monēre, admonēre, monumentum, mōnstrāre, dēmōnstrāre, mōnstrum.

4 In der nächsten Lektion werden folgende Lernvokabeln benötigt:
agitāre, aliēnus, aliquis, alius, animus, caelum, cīvis, coniūrātiō, crēdere, dēclārāre, dētrīmentum, diffīdere, ēripere, facilis, gaudium, gerere, igitur, imperium, incipere, inquit, iste, ita, item, līberī, loquī, magis, manus, mēns, metus, mūtāre, neque enim, omnīnō, oportēre, parere, parvus, patefacere, pater, patria, pāx, perdere, perīculum, permovēre, plēbs, pōnere, probāre, quasi, quisque, scīre, sēdēs, semper, senātus, sentīre, sermō, spectāre, spēs, studēre, studium, summus, tendere, tollere, tōtus, trahere, tuus, urbs, vērus, vidēre, vidērī, vincere, virtūs.

Die römische Kunst

Rom stand in seinen Anfängen unter etruskischer Herrschaft. Ebenso war auch die römische ein Teil der etruskischen Kunst, die ihrerseits stark von der griechischen Kunst beeinflusst war. Auch nach dem Selbständigwerden Roms und der Überwindung der Etrusker blieben die etruskischen Elemente in der römischen Kunst bestehen (Tempelbau, Porträtkunst). Durch die Nachbarschaft mit dem griechischen Kulturraum Unteritaliens und durch das Ausgreifen Roms auf Sizilien und Griechenland während und nach den Punischen Kriegen wurde der Einfluss der griechischen Kunst bestimmend. Aus den eroberten Gebieten wurden zahlreiche Kunstwerke nach Rom gebracht und dort auf öffentlichen Plätzen und in Privathäusern aufgestellt. Griechische Künstler arbeiteten für römische Auftraggeber. Von berühmten griechischen Kunstwerken wurden Kopien angefertigt, die für uns vielfach die einzigen Zeugnisse der verlorenen Originale sind.

Architektur und Kunst stehen bei den Römern immer im Dienste privater und staatlicher Repräsentation. Dies gilt vor allem für die Baukunst der Kaiserzeit, in der sich oft das politische Programm des jeweiligen Herrschers ausdrückt (Beispiel: Die *Ara Pacis* des Augustus).

Bemerkenswerte Leistungen vollbrachten die Römer im Bau repräsentativer Gebäude und im Ingenieurbau, wovon heute noch die Reste der Paläste, Theater, Thermen, Grabmäler, Wasserleitungen und Stadtbefestigungen Zeugnis geben. Das System der Warmluftheizung, aus Griechenland übernommen, wurde von den Römern vervollkommnet: Heiße Luft strömte durch Hohlräume unter den Zementfußböden, die auf kleinen Pfeilern lagen (daher *Hypocaustum, Heizung unter dem Fußboden,* genannt); später konnte man auch Heißluft durch Hohlziegel in den Wänden leiten. Dieses sehr wirkungsvolle Heizsystem wurde in den Thermen, in öffentlichen Gebäuden und – vor allem in den nördlichen Gebieten – auch in Privathäusern verwendet.

Die frühesten römischen **Tempel** waren, wie die etruskischen, Holzbauten, deren Balkenkonstruktionen nach außen mit Plastiken aus gebranntem Ton (Terrakotta) verkleidet waren. Später wurden die Tempel in Stein errichtet und näherten sich griechischen Bauformen an.

In der **Bildhauerkunst** zeichnen sich die römischen Werke besonders durch die Gestaltung der Porträtstatuen und Büsten aus, bei deren Köpfen das Streben nach Ausdruck der Individualität erkennbar ist, wenn auch, besonders bei den Kaiserbildnissen, verbunden mit idealisierenden Elementen. Eine besondere Rolle spielen, vor allem in spätantiker und christlicher Zeit, die Sarkophage mit ihrem reichen figürlichen Schmuck.

Vor allem durch die Ausgrabungen in Pompeji sind eindrucksvolle Beispiele der **Wandmalerei** erhalten. Neben stilisierten Formen (Girlanden, Kandelaber) zur Gliederung der farbigen Wandflächen gibt es Malerei, die den Raum durch gemalte Architektur (Scheinarchitektur) oder durch Landschaftsdarstellungen illusionistisch erweitert. Ferner finden sich Darstellungen häuslicher und kultischer Szenen.

Zu den bedeutendsten Werken der römischen Kunst gehören die **Mosaiken**. Die Technik und anfangs auch die Künstler kamen aus Griechenland. Die Gestaltung reicht von einfachen Schwarzweiß-Mustern über farbige Ornamente bis zu reichen Bildszenen. Vielfach sind die Mosaikbilder nach Gemälden gestaltet, deren Motive und Formen uns auf diese Weise überliefert wurden. Besonders beliebt war die Darstellung von Zirkusspielen und Gladiatorenkämpfen. Ursprünglich waren nur die Fußböden mit Mosaiken gestaltet; seit der Kaiserzeit werden auch Wandflächen und Deckengewölbe einbezogen. Diese Tradition nahm die christliche Kunst auf; Apsiden, Kuppeln und Wände der Kirchen wurden mit prächtigen Mosaiken geschmückt (Ravenna). Über Konstantinopel und Sizilien (Palermo) wirkte diese Tradition bis ins Mittelalter fort.

Von der Gebrauchskunst (Gefäße, Geschirr, Geräte) ist besonders die **Töpferei** zu erwähnen, unter der als spezifisch römisches Erzeugnis die Gefäße aus hartgebranntem feinem Ton *(Terra sigillata)* hervorragen. Ausgehend von Arretium (Arezzo) in Italien, verbreitete sich diese Kunst auch nach Gallien und Germanien, wo hervorragende Töpferwerkstätten entstanden. In der Kaiserzeit erreichte die künstlerische Gestaltung von **Glasgefäßen** ein hohes Niveau. Das gleiche gilt von der **Steinschneidekunst**, die sehr schöne und wertvolle geschnittene Steine (Gemmen und Kameen) hervorbrachte. Ein hohes Niveau erreichte die bildliche Gestaltung der **Münzen**, die bereits in republikanischer Zeit auch zum Ausdruck politischer Programme diente.

Trotz großer Einheitlichkeit, die sich vor allem an den staatlichen und repräsentativen Bauten zeigt, entwickelte sich in den verschiedenen Provinzen des römischen Reiches unter dem Einfluss einheimischer Traditionen eine eigenständige ‚provinzialrömische' Kunst; dies gilt besonders für die westlichen Provinzen Gallien und Germanien (Zentren u.a. Köln, Trier) und den Donauraum.

28

F:	**Sog. Imperativ Futur (Imperativ II)**	**1**
S:	**Skizzierender Infinitiv (Infīnītīvus adumbrātīvus/historicus)**	**2**
	Kondizionale Vergleichssätze: quasi, tamquam sī, velutsī mit Konjunktiv	**3**
W:	**Wortfelder und Sachgruppen; Synonyma**	**4**

T

(1) DE CONIURATIONE CATILINAE

Aufgrund zunehmender Anzeichen für den Ausbruch der Catilinarischen Verschwörung wurde vom Senat der Ausnahmezustand ausgerufen. In der Bevölkerung machte sich Panikstimmung bemerkbar; doch gab es auch viele Sympathisanten Catilinas.

Senatus decrevit, darent operam consules, ne quid res publi-
ca detrimenti caperet. Itemque patres dēcrēvēre, uti Romae **27 G 2**
per totam urbem vigiliae haberentur. Quibus rebus permota
civitas atque immutata urbis facies erat.
Ex summa laetitia et lascivia, quae diuturna quies peper- **4**
erat, repente omnes tristitia invasit: festinare, trepidare, **2**
neque loco neque homini cuiquam satis credere, neque bel-
lum gerere neque pacem habere, suo quisque metu pericula
metiri. Ad hoc mulieres, quibus belli timor insolitus
incesserat, adflictare sese, manus ad caelum tendere, mise-
rari parvos liberos, rogitare omnia, pavere superbiā atque
deliciis omissis, sibi patriaeque diffidere. Fuēre tamen cives,
qui seque remque publicam obstinatis animis perdere stude-
rent. Neque solum iis aliena mens erat, qui conscii coniu-
rationis fuerant, sed omnino cuncta plebs novarum rerum
studio Catilinae incepta probabat.
Patefacta autem coniuratione plebs mutata mente Catilinae
consilia exsecrari, Ciceronem ad caelum tollere; velut si **3**
ex servitute erepta esset, gaudium atque laetitiam agitabat. **4**

(2) DE HOMINE

Cicero beschließt sein Werk *De re publica (Über den Staat)* mit einer Traumvision. Der Jüngere Scipio berichtet, wie ihm sein Großvater, der Ältere Scipio, im Traum erschien und ihm sein weiteres Schicksal prophezeite. Von der Milchstraße aus zeigte er ihm den harmonisch gefügten Bau der Himmelssphären und verhieß ihm und allen, die nach Tugend streben, als Lohn die Unsterblichkeit am Wohnort der Seligen im Himmel.

Ex hoc loco excelso omnia mihi contemplanti praeclara **4**
cetera et mirabilia videbantur. Stellarum autem globi terrae
magnitudinem facile vincebant. Iam ipsa terra ita mihi parva
visa est, ut me imperii nostri, quo quasi punctum eius
attingimus, paeniteret. Quam cum magis intuerer, „Sentio“,

inquit Africanus, „te sedem hominum ac domum contem- 4
plari; quae si tibi parva, ut est, videtur, haec caelestia sem-
per spectato, illa humana contemnito! Igitur alte spectare si 1
voles atque hanc sedem et aeternam domum deorum con-
tueri, neque te sermonibus vulgi dederis nec in praemiis
humanis spem posueris rerum tuarum! Quid de te alii
loquantur, ipsi videant! Tu autem enitere et sic habeto non 1
esse te mortalem, sed corpus hoc; neque enim tu is es, quem
forma ista declarat, sed mens cuiusque is est quisque, non ea
figura, quae digito monstrari potest. Deum te igitur scito esse! 1

Ü

1 Übersetzen Sie: a) *Ein Gesetz über die Behörden:* Iusta imperia sunto, iisque cives modeste[1)] ac sine recusatione[2)] parento. Magistratibus salus populi summa lex esto. Donum ne capiunto neve[3)] danto. b) Impius[4)] ne audeto placare[5)] donis iram deorum! c) *Der Ältere zum Jüngeren Scipio Africanus:* Ut sis, Africane, alacrior[6)] ad tutandam[7)] rem publicam, sic habeto: omnibus, qui patriam conservaverint, adiuverint, auxerint, certum esse in caelo definitum[8)] locum, ubi beati aevo[9)] sempiterno[10)] fruantur. d) *Die historische Aufgabe Roms:* Tu regere imperio populos, Romane, memento! e) *Cicero warnt vor den außenpolitischen Folgen des Freispruchs eines Angeklagten, der gegen das Völkerrecht verstoßen hatte:* Scitote, iudices,[11)] nomen vestrum populique Romani odio atque acerbitati[12)] nationibus exteris[13)] futurum esse,[14)] si istius haec tanta iniuria impunita[15)] discesserit![16)]

2 a) Übersetzen Sie den folgenden Originaltext von 9 T (1) 9ff. und vergleichen Sie ihn mit dem Text in Lektion 9:
Postquam res publica Romana civibus, moribus, agris aucta satis prospera[17)] satisque pollens[18)] videbatur, invidia ex opulentia[19)] orta est.[20)] Igitur reges populique finitimi (Romanos) bello temptare, pauci ex amicis auxilio esse;[14)] nam ceteri metu perculsi[21)] a periculis aberant. At Romani domi militiaeque intenti[22)] festinare, parare, alius alium hortari, hostibus obviam ire, libertatem, patriam parentesque armis tegere. Post, ubi pericula virtute propulerant,[23)] sociis atque amicis auxilia portabant...
b) *Catilinas letztes Gefecht:* Maxima vi certatur.[24)] Catilina in prima acie versari, laborantibus[25)] succurrere,[26)] integros pro sauciis[27)] arcessere, omnia providere, multum ipse pugnare, saepe hostem ferire.[28)] Strenui[29)] militis et boni imperatoris officia simul exsequebatur.[30)]

---

1) modestus,-a,-um *bescheiden* 2) recūsātiō: *abzuleiten von* recūsāre 3) nēve *(in Aufforderungs- und Finalsätzen)* = neque 4) impius,-a,-um *gottlos, ruchlos, verbrecherisch* 5) plācāre, plācō *besänftigen* 6) alacer, alacris, alacre *lebhaft, eifrig, freudig* 7) tūtārī, tūtor *bewahren, schützen* 8) dēfinīre, dēfiniō *festlegen, bestimmen* 9) aevum,-ī *Zeit, Leben(szeit)* 10) sempiternus,-a,-um *immerwährend, ewig* 11) iūdex, iūdicis *Richter* 12) acerbitās,-tātis *f Bitterkeit, Verbitterung* 13) exterus,-a,-um *auswärtig, ausländisch, fremd* 14) *Zum doppelten Dativ bei esse: 17 G 6* 15) impūnītus,-a,-um *ungestraft, straflos* 16) dis-cēdere,-cēdō,-cessī,-cessum *weggehen; hier: davonkommen* 17) prosper, prospera,-um *zuträglich, günstig* 18) pollēns, *Gen. Sg.* pollent-is *stark, mächtig* 19) opulentia,-ae *Reichtum* 20) orīrī, orior, ortus sum *sich erheben, entstehen* 21) per-cellere,-cellō,-culī,-culsum *niederschmettern, erschrecken, bestürzt machen* 22) intentus,-a,-um *angespannt, aufmerksam* 23) prō-pellere,-pellō,-pulī,-pulsum *vorwärtstreiben, wegtreiben, abwehren* 24) certātur: *Praes. historicum (s. 24 G 5)* 25) labōrāre, labōrō *in Bedrängnis sein; sich anstrengen, arbeiten* 26) suc-currere,-currō,-currī,-cursum *zu Hilfe eilen* 27) saucius,-a,-um *verwundet* 28) ferīre, feriō *schlagen, stoßen, töten* 29) strēnuus,-a,-um *tatkräftig, wacker* 30) ex-sequī,-sequor,-secūtus sum *verfolgen, ausführen*

28 **3** a) Stellen Sie aus T (1) die Wörter der **Sachgruppen** ‚Freude' und ‚Angst, Panik' zusammen. b) Stellen Sie aus T (2) das **Wortfeld** ‚wahrnehmen' zusammen. c) Stellen Sie aus 27 T zusammen: das Wortfeld ‚Bewegung' (Verben); die Sachgruppe ‚Krieg, Kampf, Militär'; Synonyma im ‚Hendiadyoin' (G 4.4 Ende). d) Stellen Sie aus 26 T die Sachgruppe ‚Kauf, Verkauf, Handel' zusammen. e) Beurteilen Sie die Synonymenhäufung in Ü 1c und in 11 T (4).

4 In der nächsten Lektion kommen folgende Lernvokabeln aus 1 – 28 vor:
abesse, ācer, acerbus, admovēre, aes, aetās, aeternus, ager, agere, agitāre, alius, altus, amāre, amor, an, annus, ante, arma, ars, at, atque, auctor, audīre, auris, aurum, aut, bellum, bene, benīgnus, bonus, brevis, caedere, caedēs, caelestis, caelum, candidus, causa, cēterī, colere, compōnere, condere, cōnfīdere, cōnsistere, cornū, crās, crēdere, cōr, dare, dēbēre, dēscendere, deus, dexter, dīcere, diēs, digitus, diū, diūturnus, dīves, dōnec, dūcere, dum, ēripere, etiam, ferre, fidēs, fīlius, fīnis, flectere, fluere, flūmen, fossa, frāter, frīgus, fugere, fundere, gēns, grātia, grātus, gravis, habēre, hic, hīc, hiems, hōra, hospes, iacere, iacēre, iam, ignōtus, ille, imperāre, imperium, īnsidiae, ipse, īre, irrumpere, Iuppiter, legere, lēx, locus, longus, loquī, magis, malus, manus, mare, meminisse, mēns, metus, meus, mīles, minārī, miser, mittere, mōns, monumentum, mortālis, mōs, mundus, nam, nāscī, -ne, nē, nec, nepōs, neque, nihil, nocēre, nōmen, nōvisse, nox, nūllus, numerus, nunc, omnis, oppidum, oppōnere, ops, ōrāre, orbis, ōs, ōtium, pār, parcere, patī, pāx, peragere, perīre, permittere, pietās, poēta, populus, poscere, post, postquam, praeter, prīmus, puella, puer, pūgnāre, quaerere, quattuor, quīcumque, quisquis, quā (Adv.), quoque, rapere, regere, relinquere, repetere, sanguis, satis, scelestus, scelus, scīre, sēcūrus, sed, sedēre, sī, sīc, simul, simulatque, sine, spatium, spectāre, spēs, stāre, sub, subicere, subīre, succēdere, superāre, supplex, sustinēre, suus, tamen, tantum, tegere, temptāre, tempus, terra, tertius, timēre, trānsīre, tribuere, turba, tūtus, ūllus, ūniversus, ūsus, ut, uterque, verbum, vērus, vetus, vidēre, vidēri, vincere, vīnum, vir, vīs, vīvere, vōx.

Das römische Recht (Fortsetzung von S. 107)

Im 1. und 2. Jahrhundert n. Chr. bildeten sich in Rom zwei Rechtsschulen, in denen angesehene Juristen Lehrvorträge hielten; einige von ihnen verfassten Lehrbücher *(Institutiones)*. Wegen der Qualität der Rechtstheorie und der sprachlichen Gestaltung bezeichnet man das 1. bis 4. Jahrhundert n. Chr. als **Klassische Periode der römischen Jurisprudenz**. Im 5. und 6. Jahrhundert verlagerte sich der Schwerpunkt in den Osten; in **Beirut** (Berytos) und **Konstantinopel** bestanden staatliche Hochschulen für die Juristenausbildung. Kaiser Iustinianus (527 – 565) veranlasste eine Sammlung des römischen Rechts im ***Corpus iuris civilis***; es umfasst: *Codex Iustinianus* (kaiserliche Gesetze; 529/534), *Digesten* oder *Pandekten* (Auszüge aus der juristischen Fachliteratur; 533), *Institutiones* (systematische Darstellung; 533) und *Novellen* (Nachträge; ab 535).

Das römische Recht beeinflusste die abendländischen, besonders die kontinentaleuropäischen Rechtssysteme. Die Wiederentdeckung der Digesten im 11. Jahrhundert begründete einen Aufschwung der Rechtswissenschaften. Unter dem Einfluss italienischer Rechtsschulen (z. B. Bologna) wurde seit dem 15. Jahrhundert das römische Recht als *Gemeines Recht* des Deutschen Reiches rezipiert. Es galt in großen Teilen Deutschlands bis zum Inkrafttreten des *Bürgerlichen Gesetzbuches (BGB)* am 1. 1. 1900. Auch die Gesetzbücher, die das römische Recht ablösten (z. B. *Code Napoléon, BGB*), zeigen in der Systematik und in Einzelbestimmungen seinen Einfluss. Im internationalen Recht, in der Rechtsphilosophie und der Rechtstheorie, z. B. in den Begriffen des *Naturrechts* und des *Völkerrechts*, wirken die Prinzipien des römischen Rechts weiter.

Die römische Dichtung

1 Vorliterarische Zeit

Über die Anfänge der römischen Dichtung weiß man so gut wie nichts. Es gab Kultgesänge, Heldenlieder, Totenklage *(nēniae)*, scherzhafte kurze Lieder (besonders bei der Hochzeitsfeier) und Vorformen des Dramas. Die ältesten uns bekannten Verse sind Grabinschriften der Scipionenfamilie (ab der 2. Hälfte des 3. Jh. v. Chr.); sie sind in Saturniern abgefasst, einem Versmaß, das die Römer selbst für original römisch hielten, während alle anderen Versmaße Nachahmungen oder Übernahmen aus der griechischen Poesie sind.

2 Vorklassische Periode

L. Līvius Andronīcus, ein Grieche aus Tarent, kam als kriegsgefangener Sklave nach Rom, war dort Hauslehrer bei einem Livius und wurde von diesem freigelassen. Er übertrug die homerische Odyssee aus dem Griechischen in lateinische Saturnier und verfasste auch Dramen, bei deren Aufführung er selbst Schauspieler und Regisseur war (bezeugt ist eine Aufführung aus dem Jahr 240 v. Chr.); 207 dichtete er ein Prozessionslied auf die Iuno Regina. Er benutzte griechische Versmaße (Iamben, Trochäen und andere), die von da an für die römische dramatische Dichtung verbindlich wurden.

Cn. Naevius aus Kampanien (ca. 275 – 201?) beschrieb den Ersten Punischen Krieg (264–241) in Saturniern; außerdem verfasste er Tragödien und Komödien und behandelte als Erster in der Tragödie neben Stoffen aus dem griechischen Mythos nationalrömische und zeitgenössische Stoffe *(fābula praetexta)*.[1)]

T. Maccius Plautus aus Sarsina in Umbrien (ca. 250 – 184) spezialisierte sich als Erster auf das Schreiben von Komödien nach griechischen Vorlagen, von denen er z.T. mehrere ineinanderarbeitete (Kontamination). Typisch sind die zahlreichen, in den griechischen Stücken nicht enthaltenen Gesangseinlagen *(cantica)*, Freude an drastischer Gestaltung (Schimpf- und Prügelszenen) und am Wortwitz. Plautuskomödien wurden auch später noch, z. T. in Überarbeitung, aufgeführt, zahlreiche neue Stücke unter seinem Namen herausgebracht. Durch die veränderte Kunstauffassung der augusteischen Klassik ging das Interesse an Plautus zurück, doch wurde er bis in die Spätantike gelesen und aufgeführt. Von der auf den antiken Dichter und Philologen M. Terentius Varro (116–27 v. Chr.) zurückgehenden Plautusausgabe, die 21 allgemein als echt anerkannte Stücke enthielt (von 130 Plautus zugeschriebenen) und die bis in die karolingische Zeit überliefert wurde, blieben danach nur die ersten 8 Stücke bekannt; erst 1429 entdeckte der Philosoph und Theologe Nikolaus von Cues (Cusanus) die übrigen 12 wieder (eine weitere ist nur fragmentarisch erhalten). Seitdem beeinflusste die plautinische Komödie die Dichter der Renaissance, der italienischen Commedia dell'arte und der Neuzeit (Shakespeare, Molière, Lessing, Giraudoux).

---

1) Eigentlich *praetextāta*, da die Schauspieler hier im Gewand der römischen Senatoren, der mit dem Purpursaum versehenen Toga *(toga praetexta)*, auftraten.

P. Terentius Afer, ein Libyer aus Karthago, geb. 195 oder 185, kam als Sklave nach Rom. Sein Herr, der seine Begabung erkannte, ließ ihn sorgfältig ausbilden und gab ihm die Freiheit. Terenz hatte Beziehungen zu hochgestellten Persönlichkeiten, wahrscheinlich auch zum Kreis um den Jüngeren Scipio Africanus (s.S. 47). Er starb 159 während einer Griechenlandreise. Seine 6 Komödien, nach griechischen Vorlagen, sind alle erhalten. Gegenüber Plautus ist die Vielfalt der metrischen Formen reduziert. Terenz bemühte sich um größere Nähe zu den griechischen Vorbildern und um Verfeinerung in Sprache und Stil. Auch die Komödien des Terenz wurden bis ins 1. Jh. v. Chr. wiederaufgeführt. In der Kaiserzeit wurden sie, nicht zuletzt wegen des in ihnen gesehenen ‚humanistischen' Gehaltes, zur vielgelesenen und häufig kommentierten Schullektüre und blieben es auch im Mittelalter. Die deutsche Dichterin Hrotsvith von Gandersheim (935–1000) versuchte, ein christliches Gegenstück zu schaffen. Seit dem 15. Jh. gab es zahlreiche Aufführungen von Terenzkomödien an Schulen und neue Stücke nach ihrem Vorbild. Neben den Komödien des Plautus beeinflussten die des Terenz nachhaltig die Komödie der Neuzeit (Machiavelli, La Fontaine, Molière, Lessing).

Neben der auf griechischen Vorbildern beruhenden und in griechischem Milieu spielenden Komödie *(fābula palliāta)* entwickelte sich eine nationalrömische *(fābula togāta)*,[2)] die jedoch bis auf geringe Reste verloren ist.

Q. Ennius aus Rudiae (Kalabrien), 239–169, ist der bedeutendste Dichter der vorklassischen Periode. M. Porcius Cato (s.S. 43) brachte ihn 204 aus Sardinien nach Rom. Er stand in freundschaftlichen Beziehungen zu bedeutenden Politikern, u.a. zum Älteren Scipio Africanus und zu Scipio Nasica (vgl. 11 T 17ff.); 184 erhielt er das römische Bürgerrecht. Seine Produktion umfasst alle poetischen Gattungen: Er schrieb zahlreiche Tragödien (Vorbild: Euripides), einige Komödien, Lehrgedichte philosophischen Inhalts; mit einer Sammlung vermischter Gedichte, *satura (Potpourri)* genannt, wurde er zum Vorläufer der Satire. Mit seinem großen historischen Werk, den 18 Büchern *Annales*, schuf er das erste römische Nationalepos und führte den homerischen Hexameter in die römische Literatur ein, ebenso in seinen Epigrammen das Elegische Distichon. An dem von Ennius geschaffenen Bestand metrischer Formen hielt man bis zum Beginn der klassischen Literaturepoche fest. Er war auch ein kühner Sprachgestalter, der Altertümlichkeiten neben Neubildungen und Fremdwörtern verwendete und so die lateinische Dichtersprache entscheidend prägte.

C. Lūcīlius (gestorben 103) dichtete in der formalen Tradition des Ennius Satiren *(saturae)*, mit denen er zum eigentlichen Begründer dieser Literaturgattung und ihrer Merkmale wurde: Darstellung des eigenen Lebens und des Stadtlebens, erzieherische Absicht, literarische Polemik und Parodie, scherzhafter oder spöttischer Gesprächston.

T. Lucrētius Cārus (ca. 95–55) stellte in einem großen Epos in ennianischen Hexametern die Lehre des griechischen Philosophen Epikur (342–271) dar. Sein Ziel war es, die Menschen durch Aufklärung über das Wesen der Dinge

---

2) In der *fābula palliāta* traten die Personen im *Pallium* auf, dem von Griechen und Griechenfreunden getragenen Obergewand, in der *togāta* in der römischen *Toga*.

(De rerum natura, Titel des Werkes) von Angst und abergläubischer Religiosität zu befreien. Das Werk wurde nach dem Tod des Dichters von Cicero herausgegeben, der, obwohl selbst ein scharfer Gegner der epikureischen Philosophie, seine literarische Qualität erkannte. Mit seinem materialistischen Weltbild hat Lukrez die neuzeitliche Philosophie beeinflusst.

Die **Neoteriker** (so von Cicero spöttisch genannt) vertraten ein völlig anderes Kunstverständnis: Ablehnung der literarischen Großformen, Pflege kleiner, ausgefeilter Gedichte nach dem Vorbild des griechischen Dichters Kallimachos (3. Jh. v. Chr.) und der hellenistischen Dichter. Der bedeutendste unter ihnen und einzige, dessen Werk überliefert ist, ist **C. Valerius Catullus** aus Verona, 84–54 (s. S. 68). Die Neoteriker bereiteten den Boden für den Höhepunkt der lateinischen Dichtung, die augusteische Klassik. Dichter wie Vergil und Horaz (s. u.) verdanken ihnen ihre sprachliche und metrische Schulung.

3 Klassische Periode

P. Vergilius Marō aus Mantua (70–19) begann als Neoteriker. Berühmt wurde er durch seine *Bucolica*, Hirtengedichte im Stil des griechischen Dichters Theokrit (3. Jh. v. Chr.); die 10 Gedichte *(Eklogen)* spiegeln in einer Hirtenwelt (Sizilien, Arkadien) Erlebnisse des Dichters und Ereignisse ihrer Entstehungszeit (42–39), u.a. den Verlust von Vergils väterlichem Gut infolge der Landverteilung an Soldaten und seine Rückgabe bzw. Ersatz durch Caesar Octavianus, den späteren Kaiser Augustus, den Vergil als den Garanten künftigen Friedens ansah. Mindestens seit dem Erscheinen der *Bucolica* gehörte Vergil zum Literatenkreis um C. Cilnius Maecēnās, den Freund des Augustus und Förderer der Dichter, in den er auch Horaz (s.u.) einführte. Das Lehrgedicht über das Landleben *(Georgica)*, entstanden 37–30, ist Vergils künstlerisch vollendetstes Werk; es schildert in der von dem griechischen Dichter Hesiod (um 700 v.Chr.) begründeten und in Rom vor allem von Lukrez (s.o.) vertretenen Tradition das Leben und die Arbeitswelt des Bauern, verbunden mit dem Lob Italiens und der Hoffnung, dass dem vom Bürgerkrieg zerrütteten Land eine neue Heilszeit geschenkt werden kann.

Vergils monumentalstes Werk, die **Aeneis**, an der er seit dem Jahr 30 arbeitete, blieb unvollendet und sollte deshalb nach dem letzten Willen des Dichters verbrannt werden, was Kaiser Augustus verhinderte. In Anknüpfung an die homerischen Epen Ilias und Odyssee, unter Einbeziehung hellenistischer Epen und der römisch-italischen Tradition, schuf Vergil das römische Nationalepos, das die Vorgängerwerke, z.B. des Naevius und Ennius, aufnahm und zugleich ersetzte. Durch Einblendungen, z.B. Erzählungen und Weissagungen, stellt er die römische Geschichte als zielgerichtete Entwicklung seit der Ankunft des mythischen Ahnherrn Aeneas in Italien bis zur Herrschaft des Kaisers Augustus dar. Die Römer haben sich mit dem von Vergil ausgedrückten Geschichts- und Sendungsbewusstsein identifiziert.

Die Vollkommenheit seines Stils, der Sprache und des Versbaus, die Schönheit und Menschlichkeit seiner Darstellung machten Vergil für das Altertum und das Mittelalter zum größten aller Dichter; die mittelalterliche Epik ist durch

Vergils Aeneis angeregt (lateinisch: Waltharius-Epos; mittelhochdeutsch: Heinrich von Veldeke, Eneide). Aufgrund einer Interpretation Kaiser Konstantins, der im Thema der *4.Ekloge* der *Bucolica*, der Geburt eines Kindes als Zeichen für die Wiederkehr des Goldenen Zeitalters, einen Hinweis auf die Geburt Jesu sah, galt Vergil für die Christen als eine Art Prophet; andererseits versuchten die Anhänger der alten römischen Religion, Vergil als ihre ‚Bibel' gegen die der Christen zu setzen. Dante wählte ihn in der *Divina Commedia* als Führer durch die Unterwelt. Groß ist Vergils Wirkung auf die Renaissance und die französische Klassik (Racine); das portugiesische Nationalepos *Lusiadas* von Camões hat in vielem die Aeneis als Vorbild; die *Bucolica* beeinflussten die Hirtendichtung der Barockzeit. Vergils Hochschätzung und Nachwirkung dauert, besonders in den romanischen Ländern und in England, bis ins 20. Jahrhundert an.

Q. Horātius Flaccus (65–8 v. Chr.), Sohn eines Freigelassenen aus Venusia in Nord-Apulien, erhielt eine sorgfältige Ausbildung, studierte seit 45 in Athen. Er schloss sich dem Heer der Cäsarmörder Brutus und Cassius an und war in der Schlacht bei Philippi (42) Militärtribun; Niederlage und Flucht erschütterten ihn tief. Nach der Begnadigung lebte er in Rom als Staatsschreiber. Durch Vermittlung Vergils wurde er in den Maecenaskreis aufgenommen und gewann auch die Freundschaft des Augustus, der ihn zu seinem Privatsekretär machen wollte, was Horaz aber ablehnte. Maecenas schenkte ihm 32 ein Landgut im Sabinerland; später kaufte sich Horaz noch eine Villa in Tibur (Tivoli).
Als erstes veröffentlichte Horaz das Buch der *Epoden* (von ihm selbst *Iambi* genannt), 17 zwischen 41 und 31 entstandene Gedichte mit zweizeiligen Strophen aus daktylischen und iambischen Versen bzw. Versteilen in der Art des griechischen Dichters Archilochos (7. Jh. v. Chr.), der in seinen *Iamben* politische und persönliche Gegner scharf angegriffen hatte. In die Jahre 35–30 fallen die *Saturae*, Gedichte in daktylischen Hexametern nach dem Vorbild des Lucilius (s.o.), die in heiterer, z. T. ironischer Weise allgemein menschliche Probleme behandeln. In seinen lyrischen Gedichten (von ihm *Carmina* genannt) übertrug Horaz, nach Anfängen bei Catull, Metren und Motive der griechischen äolischen Lyrik in die römische Dichtung. Seine Vorbilder waren vor allem die äolischen Dichter Sappho und Alkaios (von der Insel Lesbos, um 600 v. Chr.), daneben Pindar und Bakchylides (1. Hälfte des 5. Jh. v. Chr.). Themen der sorgfältig ausgefeilten Gedichte sind politische Ereignisse, religiöse Fragen, Liebe, Freundschaft, Lebensgenuss und Vergänglichkeit. Die ersten drei Bücher entstanden 30–23, ein viertes 17–13, nachdem Horaz mit dem Festlied zur Säkularfeier des Jahres 17 einen großen Erfolg erzielt hatte. In der Zeit zwischen den beiden lyrischen Schaffensperioden begann Horaz die poetischen *Briefe (Epistulae)*, in denen er philosophische und vor allem literarische Fragen poetisch behandelt. Die letzte dieser Episteln, die *Ars poetica*, gewann eine bis in die Neuzeit anhaltende Bedeutung als Standardwerk der Dichtungstheorie.

Die Gedichte des Horaz bilden den Höhepunkt der klassischen lateinischen Dichtung; mit ihnen ist die Übernahme griechischer Metren ins Lateinische praktisch abgeschlossen. Im Altertum wurde Horaz bald Schulautor und fand viele Nachahmer. Am Hof Karls des Großen schätzte ihn Alkuin sehr. Seit der

Renaissance (Petrarca) wurde er Vorbild für zahlreiche Gedichte in Latein und den europäischen Nationalsprachen. Erst seit der Romantik wurde Horaz als angeblicher ‚Hofpoet' des Augustus und Nachahmer der Griechen abgewertet, wobei man jedoch die Zeitsituation, seine Selbständigkeit, sein Selbstbewusstsein als Dichter und seine Originalität, mit der er aus der Tradition Neues formte, nicht genügend beachtete.

Albius Tibullus (ca. 50–19) und sein Zeitgenosse **Sextus Propertius** (aus Assisi, Freund des Vergil und Mitglied des Maecenaskreises) sind die bedeutendsten elegischen Dichter. Sie vollendeten die ‚subjektiv-erotische' Elegie. Ihr Dichten entstand aus der Abwehrhaltung gegen die Zerrüttung der politischen Verhältnisse; Properz wandte sich später, unter dem Einfluss des Maecenas, der Politik des Augustus zu.

P. Ovidius Nāsō aus Sulmo (heute Sulmona) in Umbrien, 43 v. bis 18 n. Chr., ist der vielseitigste römische Elegiker. Mit ihm erreichte die Elegie ihre höchste technische Vollendung; ausgehend von der ‚subjektiv-erotischen' Elegie in der Tradition von Catull bis Properz (mit dem er befreundet war), durchbrach Ovid die Grenzen der literarischen Gattung und bezog andere mit ein: Lehrgedicht, poetischer Brief, Epos. Seine Werke, etwa ab 20 v. Chr. erschienen, hatten sofort großen Erfolg: *Amores* (Liebeselegien), *Heroides* (fingierte Briefe von Frauen des Mythos an ihre Gatten oder Geliebten, ein Brief der Dichterin Sappho), *Ars amatoria (Lehrbuch der Liebeskunst), Remedia amoris (Heilmittel gegen die Liebe)*, ferner eine Tragödie *Medea*.
Ovid war der berühmteste Dichter Roms, als er im Jahre 8 n. Chr. auf Befehl des Kaisers Augustus nach Tomi am Schwarzen Meer (heute Konstanza/Rumänien) verbannt wurde. Ursache dieser Maßnahme war der Groll des Augustus über die verderbliche Wirkung der *Ars amatoria* (sie wurde aus den öffentlichen Bibliotheken entfernt), Anlass die Verwicklung des Dichters in einen Sittenskandal im Kaiserhaus. Die *Metamorphosen*, ein Werk in daktylischen Hexametern, das etwa 250 Verwandlungssagen in kunstvoller Verknüpfung teils ausführlich, teils kurz referierend erzählt, waren zum Zeitpunkt der Verbannung gerade abgeschlossen; die *Fasti*, die (in elegischen Distichen) mythologische, kultische und astronomische Erläuterungen zu den Daten des römischen Kalenders geben, waren erst zur Hälfte vollendet (6 Bücher von geplanten 12, eines für jeden Monat).
Aus dem Exil wirkte Ovid weiter, indem er die Elegie nun zur Form des Redens über sein Schicksal und der Bemühung um Rückkehr machte, zunächst in den *Tristien (Klagegedichte)*, dann in den *Epistulae ex Ponto (Briefe vom Schwarzen Meer)*. Alle Bemühungen um Aufhebung oder Milderung der Verbannung blieben aber erfolglos.
Die Werke Ovids wurden in der gesamten römischen Kaiserzeit und im Mittelalter gelesen und regten zahlreiche Nachahmungen an; sie waren (besonders die *Metamorphosen*) das Handbuch der antiken Mythologie und lieferten Motive für viele Werke der bildenden Kunst. Die Elegien aus der Verbannung prägten die Vorstellung späterer Zeiten vom Charakter elegischer Dichtung (vgl. Goethe). Allerdings fand Ovid zu allen Zeiten auch scharfe Kritik.

4 Kaiserzeit

In der Kaiserzeit wurden die bis dahin eingeführten metrischen Formen und Literaturgattungen weiter gepflegt. Von wenigen Ausnahmen abgesehen, wurde aber die Höhe der Klassik nicht mehr erreicht.

Der Philosoph **Seneca** (s. S. 47) verfasste Tragödien, in denen er die Wirkung der menschlichen Leidenschaften darstellte. Wegen des Verlustes der altrömischen Tragödie und der ovidischen *Medea* sind die Tragödien Senecas die einzigen, die uns einen Eindruck von dieser Gattung der römischen Literatur vermitteln. In einer Satire verspottete Seneca den 54 verstorbenen und zum Gott erhobenen Kaiser Claudius (*Apocolocynthōsis, Verkürbissung,* statt *Apotheōsis, Vergöttlichung*).

Weitere bedeutende Dichter:

M. Annaeus **Lūcānus,** Neffe Senecas, 39–65 (von Kaiser Nero zum Selbstmord gezwungen), schrieb (mit republikanischer Gesinnung) ein Epos *Pharsalia* über den Bürgerkrieg zwischen Caesar und Pompeius.

C. **Valerius Flaccus** schrieb zur Zeit Vespasians (69–79) ein Epos *Argonautica* über die Fahrt der Argonauten zum Goldenen Vlies; seine Vorbilder waren der Grieche Apollonios von Rhodos (3. Jh. v. Chr.), Vergil und Ovid.

P. Pāpinius **Stātius** (45–96) verfasste Epen über den thebanischen Sagenkreis *(Thebaïs)* und Achill *(Achilleïs)* sowie eine Sammlung von Gelegenheitsgedichten *(Silvae)*.

Aulus **Persius** Flaccus (34–62) dichtete Satiren mit moralphilosophischem, Decius Iūnius **Iuvenālis** (ca. 60–140) mit gesellschaftskritischem Inhalt. Satirisch ist auch der Roman des T. **Petrōnius** Arbiter, eines engen Vertrauten Neros, von dem er jedoch (wie Seneca und Lukan) 66 wegen angeblicher Beteiligung an einer Verschwörung zum Selbstmord gezwungen wurde. Der in Prosa geschriebene Roman *(Satyricon)* enthält Verseinlagen. Da er das Verhalten ungebildeter Emporkömmlinge schildert, ist er eine wichtige Quelle für das in diesen Kreisen damals gesprochene Latein.

M. Valerius **Mārtiālis** (ca.40–104) aus Spanien ist der bedeutendste römische Epigrammdichter (Epigramme sind kurze, meist mit einer Pointe schließende Gedichte in elegischen Distichen; längere Epigramme nähern sich der Elegie). Er lebte von 64 bis etwa 98 in Rom, wo er Beziehungen zu Seneca, dem Jüngeren Plinius (s. S. 50), Juvenal und anderen Persönlichkeiten des Geisteslebens hatte; er wurde von den Kaisern Titus (79–81) und Domitian (81–96) gefördert. Auf die Einweihung des Kolosseums in Rom (80) verfasste er ein Buch mit 35 Epigrammen; 85–103 publizierte er weitere 12 Bücher, in denen das gesellschaftliche Leben Roms, aktuelle Ereignisse und bekannte Persönlichkeiten (unter Decknamen) witzig kommentiert oder kritisiert werden; daneben stehen Gedichte zu verschiedenen Anlässen (Glückwünsche, Trauer und Klage, Preislieder). Martial fand bis in die Neuzeit Anerkennung und Nachahmung, in Deutschland u.a. durch Lessing; Martials *Xenia (Gastgeschenke)*, witzige Begleitgedichte zu Geschenken an Freunde, regten Goethe und Schiller zu ihren *Xenien* an.

5 Spätzeit und christliche Dichtung

Decimus Māgnus **Ausonius** (310–394) aus Burdigala (Bordeaux) war zunächst Rhetorikprofessor in seiner Heimatstadt, etwa 365 wurde er als Erzieher des Prinzen Gratian in die Kaiserresidenz Trier berufen; unter Gratians Regierung (375–383) hatte er hohe Ämter inne (u.a. Konsul 379). In Deutschland ist er vor allem durch sein Gedicht *Mosella* bekannt, in dem er eine Reise von Bingen nach Trier beschreibt und den Fluss und die Kaiserstadt preist.

Claudius **Claudiānus** (um 400), der letzte bedeutende heidnische römische Dichter, stammt aus Alexandria und dichtete ursprünglich in griechischer Sprache. In Rom, wo er 395 zum ersten Mal öffentlich auftrat, verherrlichte er in Epen die Taten und Feldzüge der Kaiser Arcadius (383–408) und Honorius (393–423) und ihres Feldherrn Stilicho; ein mythologisches Epos behandelt den Raub der Proserpina.

Aurēlius **Prūdentius** Clēmēns (348–410), der bedeutendste christliche Dichter der Antike, verfasste Hymnen, Lehrgedichte und Epigramme in der Tradition der alten und klassischen Dichter, z.B. Lukrez, Horaz, Vergil und Ovid. Seine Hymnen werden z.T. bis heute in der christlichen Liturgie verwendet, sein Lehrgedicht *Psychomachia* über den Kampf der Laster und Tugenden in der Seele hatte im Mittelalter eine große Nachwirkung.

Ambrosius (339–397) aus Trier, zunächst hoher Verwaltungsbeamter (Gouverneur), seit 374 Bischof von Mailand, dichtete für den von ihm dort nach dem Vorbild der syrischen Kirche eingeführten Kirchengesang Hymnen und wurde so zum Begründer des abendländischen Kirchenlieds. Seine bis heute gesungenen Hymnen bilden den Übergang von der antiken, auf dem Wechsel von langen und kurzen Silben beruhenden (quantitierenden) Metrik zum akzentuierenden, vom Wechsel betonter und unbetonter Silben bestimmten Versbau.

29

T	**Lesetexte aus der römischen Dichtung**	
F S W	**Besonderheiten der Dichtersprache**	**1**
M:	**Römische Metrik**	**2**
I:	**Die römische Dichtung**	**S. 117ff.**

T (1) DE QUATTUOR MUNDI AETATIBUS **2.4 a**

Zu Beginn der *Metamorphosen* stellt Ovid den Weltaltermythos dar, der die Entwicklung der Welt und der Menschheit von einem, hier nach Art des ‚Schlaraffenlandes' geschilderten, glücklichen Urzustand des ‚Goldenen Zeitalters' zu den bösen Zuständen des ‚Eisernen Zeitalters' beschreibt (Deszendenz-Modell; s. S. 39).

Aurea prima sata est aetas, quae vindice nullo
sponte sua sine lege fidem rectumque colebat.
Poena metusque aberant, nec verba minantia fixo
aere legebantur, nec supplex turba timebat
iudicis ora sui, sed erant sine vindice tuti. **1.2 a**
Nondum caesa suis, peregrinum ut viseret orbem, **1.2 g**
montibus in liquidas pinus descenderat undas,
nullaque mortales praeter sua litora norant. **1.3 c**
Nondum praecipites cingebant oppida fossae;
non tuba directi, non aeris cornua flexi,
non galeae, non ensis erant; sine militis usu
mollia securae peragebant otia gentes. **1.2 g**
Ipsa quoque immunis rastroque intacta nec ullis
saucia vomeribus per se dabat omnia tellus.
Ver erat aeternum, placidique tepentibus auris
mulcebant zephyri natos sine semine flores.
Mox etiam fruges tellūs inarata ferebat,
nec renovatus ager gravidis canebat aristis.
Flumina iam lactis, iam flumina nectaris ibant,
flavaque de viridi stillabant ilice mella.
Postquam Saturno tenebrosa in Tartara misso
sub Iove mundus erat, subiit argentea proles,
auro deterior, fulvo pretiosior aere.

In diesem Zeitalter entstehen die Jahreszeiten mit ihrer wechselnden Witterung. Die Menschen suchen sich primitive Wohnungen in Höhlen und Laubhütten; der Ackerbau kommt auf.

Tertia post illam successit aēnea proles,
saevior ingeniis et ad horrida promptior arma,
non scelerata tamen. – De duro est ultima ferro.
Protinus irrupit venae peioris in aevum
omne nefas, fūgēre pudor verumque fidesque; **1.1**
in quorum subiēre locum fraudesque dolique
insidiaeque et vis et amor sceleratus habendi.
Vela dabant ventis – nec adhuc bene noverat illos
navita – quaeque diu steterant in montibus altis, **1.1**
fluctibus ignotis insultavēre carinae.
Nec tantum segetes alimentaque debita dives **1.2 b**
poscebatur humus, sed itum est in viscera terrae,
quasque recondiderat Stygiisque admoverat umbris, **1.2 b**
effodiuntur opes, irritamenta malorum.
Iamque nocens ferrum ferroque nocentius aurum
prodierat; prodit bellum, quod pugnat utroque
sanguineaque manu crepitantia concutit arma.
Vivitur ex rapto; non hospes ab hospite tutus,
non socer a genero; fratrum quoque gratia rara est.
Imminet exitio vir coniugis, illa mariti;
lurida terribiles miscent aconita novercae; **1.2 g**
filius ante diem patrios inquirit in annos. **1.2 e**
Victa iacet pietas, et virgo caede madentes
ultima caelestum terras Astraea reliquit.

(2) „ROMANORUM EST IMPERARE ORBI UNIVERSO“ **2.4 a**

In Vergils Epos *Aeneis* erfährt der Held Aeneas in der Unterwelt von seinem Vater Anchises die künftigen Schicksale Roms; die Schlussworte der Prophezeiung sind ein Bild des Selbstverständnisses der Römer zur Zeit des Kaisers Augustus:

Excudent alii spirantia mollius aera **1**
(credo equidem), vivos ducent de marmore vultūs,
orabunt causas melius, caelique meatūs
describent radio et surgentia sidera dicent;
tu regere imperio populos, Romane, memento
(hae tibi erunt artes) pacique imponere morem,
parcere subiectis et debellare superbos!

29

(3) DE VI AMORIS 2.6 d

Das folgende Gedicht Catulls – Nachbildung eines Gedichts der griechischen Dichterin Sappho (um 600 v. Chr.) – beschreibt die überwältigende Wirkung, die der Anblick der Geliebten, Lesbia, auf den Dichter ausübt. (In der hier nicht abgedruckten Schlussstrophe versucht der Dichter, sich aus diesem Bann zu lösen.)

Ille mi par esse deo videtur,
ille, si fas est, superare divos, 1.3 c
qui sedens adversus identidem te spectat et audit

dulce ridentem, misero quod omnes 1.2 c
eripit sensūs mihi. Nam simul te,
Lesbia, aspexi, nihil est super mi vocis in ore. 1.3 a

Lingua sed torpet, tenuis sub artūs
flamma demanat, sonitu suopte
tintinnant aures, gemina teguntur lumina nocte. 1.2 f

(4) WINTERLICHES TRINKLIED 2.6 e

Vides, ut alta stet nive candidum
Soracte, nec iam sustineant onus
silvae laborantes, geluque
flumina constiterint acuto?

Dissolve frigus, ligna super foco
large reponens atque benignius
deprome quadrimum Sabinā,
o Thaliarche, merum diotā!

Permitte divis cetera, qui simul
stravēre ventos aequore fervido 1.1
deproeliantes, nec cupressi
nec veteres agitantur orni.

Quid sit futurum cras, fuge quaerere, et
quem fors dierum cumque dabit, lucro
adpone, nec dulces amores
sperne, puer, neque tu choreas,

donec viventi canities abest
morosa! Nunc et campus et areae
lenesque sub noctem susurri
compositā repetantur horā,

nunc et latentis proditor intimo 1.2 g
gratus puellae risus ab angulo,
pignusque dereptum lacertis
aut digito male pertinaci!

(5) CARPE DIEM! 2.6 c

Tu ne quaesieris – scire nefas –, quem mihi, quem tibi
finem di dederint, Leuconoē, nec Babylonios
temptaris numeros! Ut melius, quidquid erit, pati!
Seu plures hiemes seu tribuit Iuppiter ultimam,
quae nunc oppositis debilitat pumicibus mare
Tyrrhenum – sapias, vina liques, et spatio brevi
spem longam reseces! Dum loquimur, fugerit invida
aetas. Carpe diem, quam minimum credula postero!

(6) BÜRGERKRIEG 2.5

Quo, quo, scelesti, ruitis, aut cur dexteris
aptantur enses conditi?
Parumne campis atque Neptuno super 1.3 a+c
fusum est Latini sanguinis?
Furorne caecus an rapit vis acrior
an culpa? Responsum date!

Tacent, et albus ora pallor inficit
mentesque perculsae stupent.
Sic est: Acerba fata Romanos agunt
scelusque fraternae necis, 1.2 e
ut immerentis fluxit in terram Remi
sacer nepotibus cruor.

(7) DES DICHTERS RUHM BEI DER NACHWELT 2.4 b

Aus den Versen, in denen der in der Verbannung schwererkrankte Ovid sich die Inschrift für sein Grab in Rom wünscht, spricht der Stolz des Dichters auf sein Werk.

„Hic ego qui iaceo, tenerorum lusor amorum,
ingenio perii Naso poeta meo. 1.2 g
At tibi, qui transis, ne sit grave, quisquis amāsti,
dicere: Nasonis molliter ossa cubent!“ 1.1
Hoc satis in titulo est. Etenim maiora libelli
et diuturna magis sunt monumenta mihi;
quos ego confido, quamvis nocuēre, daturos 1.1
nomen et auctori tempora longa suo.

Die griechische und römische Philosophie

Die römische Philosophie steht in der Tradition der griechischen, insbesondere der hellenistischen Philosophie.

1 Die griechische Philosophie bis Sokrates

1.1 Für die ersten griechischen Philosophen im 6. Jh. v. Chr. stand die Frage nach dem Urstoff oder Urprinzip, aus dem alles entstanden ist, im Mittelpunkt. Sie verbanden Naturbeobachtung mit Kenntnis der ägyptischen, babylonischen und griechischen Astronomie und Kosmogonie (mythische Weltentstehungslehre). So war für den Milesier **Thales** das *Wasser* der Ursprung, für **Anaximander** das *Unbestimmte* (*Apeiron*, d.h. das noch nicht Begrenzte und Gestaltete), für **Anaximenes** die *Luft*. Fragestellungen und Methoden dieser frühen **Ionischen Naturphilosophie** bilden auch den Anfang der Naturwissenschaften und der Medizin, die sich erst allmählich von der Philosophie ablösten.

1.2 **Pythagoras** wanderte um 530 v. Chr. wegen der Tyrannenherrschaft des Polykrates aus seiner ionischen Heimat Samos nach Kroton in Unteritalien aus. Er begründete dort eine philosophisch-religiöse Geheimlehre, die sich vor allem um Reinheit der Lebensführung bemühte, um der Seele die Wiedergeburt in einem höheren Wesen zu ermöglichen. Da Pythagoras die Harmonie und Gesetzmäßigkeit des Weltganzen aus mathematischen und musikalischen Gesetzmäßigkeiten erschloss, spielte deren Erforschung und die Zahlensymbolik bei ihm und seinen Anhängern eine wichtige Rolle. Von den Pythagoreern gingen zahlreiche Einflüsse auf andere philosophische Richtungen, u.a. auf Platon, aus.

1.3 Die von **Xenophanes**, einem Ionier aus Kolophon, und **Parmenides** begründete Philosophenschule von **Elea** (in Unteritalien) sah als Grundprinzip der sichtbaren Dinge das eine, ewige, unbewegliche und unveränderliche *Seiende*, das jenseits der Dinge ist und nur durch das Denken erkannt wird. Demgegenüber gewann **Heraklit** (Hērákleitos) von Ephesos aus der Beobachtung des ständigen Werdens und Vergehens der Dinge die Erkenntnis, dass das Grundprinzip der Welt (der *Logos*) gerade im Zusammenspiel der Gegensätze bestehe. Das Wesen der Welt bezeichnete er als *Feuer*, aus dem alle Dinge hervorgehen und in das sie sich zurückverwandeln; dieses *Feuer* ist vernunftbegabt und Gott zu eigen; auch die menschliche Seele hat an ihm teil. Auf die Lehren Heraklits, die in oft schwer verständlichen Sinnsprüchen niedergelegt waren, beriefen sich später gern die stoischen Philosophen (2.3).

1.4 **Empedokles** aus Akragas (Agrigent in Sizilien; ca. 483–423) vertrat eine Welterklärung, die das unveränderliche *Seiende* der Eleaten und das sich ständig ändernde *Werdende* Heraklits vereinigt: Die Dinge entstehen durch ständige Mischung und Trennung der vier unveränderlichen Elemente Feuer, Wasser, Luft, Erde; die Welt wird beherrscht von den Kräften der Anziehung *(Liebe)* und Abstoßung *(Streit)*. Wie die Pythagoreer vertrat Empedokles die Idee der Wiedergeburt. Sein angeblicher Sprung in den Ätna ist wohl Legende.

Anaxagoras aus dem ionischen Klazomenai (ca. 500–430) wirkte 30 Jahre lang in Athen und war mit dem großen athenischen Staatsmann Perikles befreundet. Er nahm an, dass sich die Dinge infolge einer Wirbelbewegung aus einer Urmasse aussondern und wieder mischen, wobei auch im kleinsten Teil, wie in einem Samen, jeweils das Ganze angelegt sei. Ursache dieser Bewegung ist eine geistige Macht, die er *Nūs (Denken, Geist)* nannte. Seine Philosophie beeinflusste Sokrates und den Dichter Euripides.

1.5 Die Atomisten **Leukippos** und **Demokritos** erklärten als Bausteine der Welt die *Atome*, kleinste, unteilbare (griech. *átoma*), unveränderliche Teilchen verschiedener Größe und Gestalt, die sich mit verschiedener Geschwindigkeit durch den leeren Raum bewegen und sich zu Gruppen formieren, die sich in Zahlenverhältnissen ausdrücken lassen. Die menschliche Seele besteht aus feurigen Atomen, die mit der Atemluft aufgenommen werden und sie zum Denken und Fühlen befähigen. Diese Lehre, die die Atomphysik gedanklich vorweggenommen und angeregt hat, beeinflusste über Epikur (2.4) und Lukrez (3.1) auch die moderne materialistische Philosophie.

1.6 Während die Philosophen Entstehung und Beschaffenheit der Welt zu erklären versuchten, konzentrierten die **Sophisten** ihre Bemühungen darauf, den Menschen zum Leben in der Gesellschaft tüchtig zu machen. Hierzu boten sie die Vermittlung von Wissen und die geistige und rhetorische Schulung an; für ihren Unterricht ließen sie sich bezahlen. Der Begründer dieser mächtigen geistigen Bewegung, die in ihrer Wirkung der Aufklärung des 18. Jahrhunderts vergleichbar ist, war der Ionier **Protagoras** aus Abdera (geb. ca. 485). Er besuchte mehrmals Athen und war, wie Anaxagoras, mit Perikles befreundet; er soll auch Vorlesungen im Haus des Euripides gehalten haben. Von ihm stammt der berühmte *Homō-mēnsūra*-Satz: „Der Mensch ist das Maß aller Dinge, der seienden, dass sie sind, der nichtseienden, dass sie nicht sind." Obwohl dieser Satz sich zunächst auf die Möglichkeit der Erkenntnis bezog, lag eine Übertragung auf die Maßstäbe sittlichen Verhaltens nahe, die schließlich zur Infragestellung und Erschütterung der tradierten Wertvorstellungen und Verhaltensnormen führte. Da die Sophisten von der Lehrbarkeit des richtigen Verhaltens und der Macht der Rede, „die schwächere Sache zur stärkeren zu machen", überzeugt waren, legten sie großen Wert auf die Untersuchung und Handhabung der Sprache und wurden so zu Begründern der Sprachwissenschaft und der Rhetorik. Dies gilt vor allem von **Prodikos** (geb. ca. 470 auf der ionischen Insel Keos) und dem Sizilianer **Gorgias** (s. S. 89). Sophist war auch **Kritias**, der Onkel Platons und Führer der oligarchischen Schreckensherrschaft in Athen, bei deren Sturz im Jahre 403 er umkam.

1.7 Die beherrschende Gestalt der griechischen Philosophie ist der Athener **Sokrates** (geb. ca. 470). Obwohl er selbst seine Lehren nicht schriftlich niedergelegt hat, ergibt sich aus den Werken seiner direkten und indirekten Schüler (Platon, Aristoteles, Xenophon) und anderen Zeugnissen, dass gemäß seiner Überzeugung „Ich weiß, dass ich nichts weiß" der Ausgangspunkt und die Methode seines Philosophierens das suchende Fragen nach verlässlichen Definitionen war.

Ziel seines Wirkens war es, die Menschen zu sittlich gutem Handeln aufzurufen und zu befähigen. Dies brachte ihn in scheinbare Nähe zu den Sophisten, deren schärfster Kritiker er in Wirklichkeit war. Die daraus resultierenden Vorurteile und die Abneigung derer, die sich durch ihn provoziert fühlten, waren Ursache des 399 gegen ihn verhängten Todesurteils.

2 Die philosophischen Schulen nach Sokrates und im Zeitalter des Hellenismus

2.1 Platon und die Akademie

Platon (427–347), der bedeutendste Schüler des Sokrates, gründete um 385 v. Chr. im Hain des Heros *Akádēmos* in Athen seine Philosophenschule. Sie war als Kultverein mit gemeinsamem Leben und Forschen der ihr Angehörenden organisiert. Hier entwickelte Platon die Ideenlehre, nach der die Dinge der realen Welt nur Abbilder von Urbildern *(Ideen)* sind, an deren Spitze die *Idee des Guten* steht wie die Sonne im Bereich der sichtbaren Welt. Alle Erkenntnis ist für Platon ein Wiedererinnern der Seele an die Wahrheit, die sie in einer vorgeburtlichen Existenz geschaut und beim Eintritt in den Körper vergessen hat. Aufgabe des Philosophen ist es, seine Seele durch die Erkenntnis der Wahrheit zu läutern und seine Mitmenschen aus der „Höhle" der Unwissenheit herauszuführen. Lohn ist der Eintritt der Seele in das Reich der Seligen, während die unvollkommenen Seelen bestraft werden und sich in Wiedergeburten neu bewähren müssen. Die höchstmögliche Verwirklichung der Gerechtigkeit hat Platon in der *Politeia* am Modell eines Idealstaates durchgespielt, dessen Realisierbarkeit er nicht ausschloss und das in Zustimmung, Missbrauch und Widerspruch die staatsphilosophische Diskussion bis heute beeinflusst; ein eigener Versuch Platons, in Syrakus einen Staat nach seinen philosophischen Grundsätzen zu gestalten, scheiterte völlig. In Platons Philosophie sind Ansätze des Sokrates und Einflüsse anderer philosophischer Richtungen, so Heraklits (1.3), vor allem aber der Eleatischen Philosophie (Parmenides; 1.3) und der Pythagoreer (1.2) eingearbeitet.

Von der Akademie gingen starke Einflüsse auf andere Wissenschaften aus, vor allem auf die Mathematik, die im Rahmen der Lehre von den Ideen und ihrer Beziehung zu den Zahlen intensiv betrieben wurde.

Nachdem die Nachfolger Platons in der Leitung der Akademie zunächst dessen Erbe tradiert und systematisiert hatten, begann in Auseinandersetzung mit der Stoa (s. 2.3) eine Hinwendung zur sog. ‚skeptischen' Philosophie, die die Erkennbarkeit der Dinge und die Beweisbarkeit von Aussagen infrage stellte. Als radikalster Vertreter dieser Richtung trug **Karneades** im Jahre 155 während der Philosophengesandtschaft (s. 3.1) in Rom an zwei aufeinanderfolgenden Tagen zwei entgegengesetzte Standpunkte über die Gerechtigkeit vor. Im 1. Mithridatischen Krieg floh der Leiter der Akademie, **Philon**, nach Rom, wo er großes Ansehen erlangte und u.a. Ciceros Lehrer wurde (um 88). 86 wurde die Akademie bei der Belagerung Athens durch Sulla völlig zerstört, wobei alle Originalunterlagen vernichtet wurden. Der Begründer der *Neuen Akademie*, **Antiochos** von Askalon, versuchte eine Rekonstruktion der Lehre Platons aus den Lehrsätzen der verschiedenen Philosophenschulen (Eklektizismus); Cicero hörte ihn während seiner Studienreise 79 in Athen.

Auch in der römischen Kaiserzeit blieb die Akademie eine angesehene Bildungsstätte, bis sie 529 n. Chr. durch Verfügung Kaiser Justinians geschlossen wurde. Ihr Name und ihre Tradition leben in den neuzeitlichen Begriffen „Akademie“ und „akademisch“ fort.

2.2 Aristoteles und der Peripatos

Aristoteles (384–322, aus Stageira auf der Chalkidike) wurde mit 17 Jahren Schüler Platons in der Akademie. Nach Platons Tod ging er zunächst nach Kleinasien, dann nach Lesbos. 343 wurde er von König Philipp II. als Erzieher des Prinzen Alexander (des Großen) nach Makedonien berufen; dieses Amt übte er etwa drei Jahre aus. 334 gründete er im Lykeion (davon: Lyzeum) in Athen seine eigene philosophische Schule, die nach der Wandelhalle, in der die Lehrgespräche stattfanden, *Perípatos* genannt wurde. Nach dem Tod Alexanders (323) musste Aristoteles, da er als Makedonenfreund galt, Athen verlassen und ging nach Euböa, wo er im Jahr darauf starb.

Von den Werken des Aristoteles sind die für die Öffentlichkeit bestimmten seit dem 3. Jh. n. Chr. verloren; erhalten sind nur die Schriften, die Grundlage des Lehrbetriebs waren und erst um 70 v. Chr. veröffentlicht wurden.

Aristoteles entfernte sich in seiner Philosophie allmählich von der Ideenlehre Platons, ohne ihre Grundgedanken aufzugeben. An die Stelle des Vorbild-Abbild-Verhältnisses trat die Vorstellung der *Form (eîdos, fōrma)*, die sich im *Stoff (hȳlē, māteria)* verwirklicht, indem sie durch *Bewegung (kínēsis, mōtus)* vom *Möglichsein (dýnamis, potentia)* zum *Wirklichsein (enérgeia, āctus)* kommt, gesteuert durch das von der *Natur (phýsis)* gegebene *Ziel (entelécheia, causa fīnālis, Zweckursache)*, so wie der Same sich zur Pflanze, der Keim zum Lebewesen entwickelt. Alle Bewegungen streben letztlich ihrer obersten Zweckursache zu, Gott als dem ersten Beweger, der selbst unbewegt als reine *Form* und sich selbst denkendes Denken existiert. Als Mittelpunkt des Kosmos erklärte Aristoteles die kugelförmige Erde, um die die Planetensphären kreisen; seine Autorität trug erheblich dazu bei, dass sich das geozentrische Weltbild gegenüber dem heliozentrischen bis ins Mittelalter durchsetzte.

In der Ethik definierte Aristoteles das richtige Verhalten als Mitte zwischen zwei Extremen. In der Staatsphilosophie wies er neben der Veranlagung des Menschen als denkendes Wesen auf dessen Angelegtsein auf die Gesellschaft hin *(zôon politikón)*; für die Gestaltung des Staates empfahl er eine aus Monarchie, Aristokratie und Demokratie gemischte Verfassung. Zur Vorbereitung auf die Philosophie diente das Studium der Logik, wofür Aristoteles ein System von logischen Schlüssen und Definitionen schuf, das ebenso wie seine Seinslehre (Ontologie) für die mittelalterliche Theologie und Philosophie bestimmend wurde (Scholastik, Thomas von Aquin) und auch heute noch Bedeutung hat. Die Dichtungstheorie des Aristoteles beeinflusste die Literaturtheorie, besonders für das Drama. Große Nachwirkung hatten die Werke des Aristoteles in der arabisch-islamischen Philosophie (Avicenna, Averroës), durch die – über Spanien – ein inzwischen verlorengegangener Teil seiner Werke auch dem Abendland wieder zugänglich wurde.

Da Aristoteles methodisch von der Beobachtung der Wirklichkeit ausging, entwickelte sich in seiner Schule eine umfangreiche Sammlungs- und Forschungstätigkeit. Die Entwicklung der Fachwissenschaften von der Zoologie über die Charakterkunde bis zur Geschichtsschreibung und Wissenschaftsgeschichte wurde so gerade von den Peripatetikern (z.B. Aristoteles' Schüler und Nachfolger **Theophrastos**) sehr gefördert und beeinflusst. 155 war der damalige Leiter der Schule, Kritolaos, Mitglied der Philosophengesandtschaft in Rom (3.1).

2.3 Die Stoa

Zenon von Kition (auf Zypern, 333–262) kam 312 nach Athen und begann etwa 300 seinen philosophischen Unterricht in der *Stoá poikílē (Ausgemalte Halle* an der Agorá*)*, woher die Schule ihren Namen bekam. Die stoische Philosophie enthält Elemente aus der Lehre Heraklits (1.3) wie aus der akademischen und kynischen Philosophie (Die Kyniker betrieben eine starke Erkenntnis-, Kultur- und Gesellschaftskritik; ihr bekanntester Vertreter ist Diogenes von Sinope). Nach stoischer Lehre ist alles Materie, auch der *Logos, die Weltvernunft*, der zugleich Gott, Ursache und Erhalter allen Seins, ist; er ist die feinste Form der Materie von der Qualität der *feurigen Himmelsluft (Aether)*; als warmer *Lebenshauch (pneûma)* durchdringt und bewegt er alles. Der gesamte Kosmos ist ein vernunftbegabtes Lebewesen, in ihm herrschen die Gesetze lückenloser Kausalität, alle seine Teile stehen miteinander in Sympathie. Der Mensch hat in besonderem Maße an dem göttlichen Feuer der Vernunft teil. Daraus erwächst die Forderung nach Gleichheit aller Menschen und die Verpflichtung zu sozialer Verantwortung. Aufgabe der Menschen ist es, durch Unterdrückung der irrationalen Leidenschaften sich in möglichst große Übereinstimmung mit der Weltvernunft (= Natur) zu begeben und so den Zustand der Gemütsruhe *(ataraxía)* zu erreichen. – Viele stoische Lehren stehen dem Christentum nahe, was zu geistigem Austausch zwischen beiden führte und zur (falschen) Annahme von Beziehungen stoischer Philosophen (z.B. Senecas) zum Christentum.

Im Bereich der Logik legten die Stoiker großen Wert auf die Sprachtheorie. Sie schufen die Kategorien der Sprachbeschreibung, die nach Übertragung vom Griechischen aufs Lateinische noch heute angewendet werden.

Chrysippos (ca. 280–205), ein ehemaliger Akademiker, gab der Stoa eine neue Grundlage durch logische Beweise und Systematisierung, was jedoch nach ihm zu dogmatischer Erstarrung führte. **Panaitios** von Rhodos (185– ca. 100) orientierte sie stärker an der Lebenswirklichkeit. Er war Schüler des Antiochos von Babylon, eines der Teilnehmer der Philosophengesandtschaft von 155. In Rom gewann er die Freundschaft des Jüngeren Scipio und seines Freundeskreises, einer der Gründe, dass die stoische Philosophie, deren politische Grundsätze der römischen Auffassung sehr entgegenkamen, in Rom heimisch wurde. Das Werk des Panaitios *Über die Pflichten* wurde Vorlage für Ciceros Werk *De officiis*.

Schüler des Panaitios war **Poseidonios** aus Apameia (Syrien, 135–51). Er unternahm ausgedehnte Forschungsreisen (Nordafrika, Spanien, Gallien) und hatte Beziehungen zu den führenden Männern Roms, u.a. zu Cicero, der 77 in Rhodos bei ihm studierte, und zu Pompeius.

2.4 Der Epikureismus

Epikur (Epíkūros, 341–270), geboren auf der Insel Samos, machte den Atomismus Demokrits (1.5) zur Grundlage seiner Philosophie. Er begann 310 mit dem Unterricht in Mytilene (Lesbos), 306 ging er nach Athen, wo er ein Gartengrundstück erwarb, nach dem seine Schule benannt wurde *(Kēpos = ‚Garten')*.

Von Epikurs zahlreichen Schriften ist keine erhalten. Unsere Kenntnis beruht auf von ihm und seinen Schülern verfassten Merksätzen sowie auf Zitaten und Referaten in den Schriften seiner Gegner und Schüler, u.a. der Bibliothek des Epikureers **Philódēmos** von Gadara, die in Herculaneum bei Pompeji in starkverkohltem Zustand ausgegraben und zum Teil wieder lesbar gemacht wurde. Der Fundort ist wohl die Villa von Caesars Schwiegervater L.Calpurnius Piso, in dessen Haus Philodem lebte; auch Cicero kannte und schätzte Philodem.

Ziel der Philosophie Epikurs ist es, dem Menschen zu einem Glückszustand *(eudaimonía)* zu verhelfen durch Überwindung aller negativen Affekte, besonders der Furcht, der ungezügelten Begierde und des Schmerzes. Daher wird die traditionelle Religion und aller Aberglaube abgelehnt; die Götter, die ebenso Atomverbindungen sind wie alle Dinge der Welt und die menschliche Seele, allerdings unsterblich, leben in ungestörter Glückseligkeit in Zwischenwelten *(intermundia)*, ohne sich um den Kosmos und die Menschen zu kümmern. Positiv bewertet wird die Lust, allerdings nicht als rein sinnliche Befriedigung *(Hedonismus)*, wie sie von Gegnern und zum Teil auch von Anhängern missverstanden wurde. Abgelehnt wird die Teilnahme am politischen Leben, da es Unannehmlichkeiten und Unruhe bringt. Dagegen spielt, schon bei Epikur selbst, die Freundschaft eine zentrale Rolle. Von seinen Anhängern wurde Epikur als „Befreier" fast religiös verehrt. Die atomistische Welterklärung Epikurs wurde vom französischen Philosophen Pierre Gassendi (17. Jh.) wieder aufgenommen und gehört so zur Vorgeschichte der modernen Atomphysik.

3 Die Philosophie in Rom

3.1 Mit der griechischen Kultur wurde auch die griechische Philosophie in Rom bekannt. Insbesondere nach den Makedonischen Kriegen (Schlacht bei Pydna, 168 v. Chr.) kamen griechische Philosophen in die Stadt; es wurde üblich, dass die Kinder der vornehmen Familien von Griechen (z. T. Sklaven) unterrichtet wurden. 155 erregte die Athener Philosophengesandtschaft, der die Vorsteher der drei großen Schulen (Akademie, Peripatos, Stoa) angehörten, großes Aufsehen; dass der Akademiker Karneades an zwei aufeinanderfolgenden Tagen zwei entgegengesetzte Standpunkte über die Gerechtigkeit vertrat, veranlasste Cato, die Entfernung der Gesandtschaft aus Rom zu betreiben.

Der Stoiker Panaitios (2.3) kam um 145 nach Rom und wurde in den Freundeskreis des Jüngeren Scipio aufgenommen; so wie er, lebten viele Griechen in Rom und Italien vorübergehend oder dauernd bei den Vornehmen als Freunde und Hausphilosophen, z.B. der Stoiker Diodotos bei Cicero, der Epikureer Philodem (2.4) bei Caesars Schwiegervater L.Calpurnius Piso; Kaiser Augustus hatte einen Stoiker als Hofphilosoph. In Neapel gab es einen Kreis von

Epikureern, zu dem u.a. die Dichter Vergil und Horaz Beziehungen hatten. Vornehme Römer studierten an den Zentren der griechischen Philosophie in Athen und Rhodos. Der römische Dichter T. **Lucrētius** Cārus (s. S. 118) stellte die Lehre Epikurs in dem berühmten Lehrgedicht *De rerum natura* dar.

3.2 M. Tullius **Cicero** hörte in seiner Jugendzeit den Akademiker Philon (2.1) und den Stoiker Diodotos. Während seiner zweijährigen Studienreise (79–77) hörte er in Athen den Leiter der Akademie, Antiochos von Askalon (2.1), aber auch epikureische Philosophen. Auf Rhodos, wo er sich vor allem der Rhetorik widmete, hörte er den Stoiker Poseidonios (2.3). Auf der Hin- und Rückreise anlässlich seiner Statthalterschaft in Kilikien (51/50) diskutierte er in Athen mit den Vertretern der Philosophenschulen; in Ephesos besuchte ihn der Peripatetiker Kratippos.

Als seinen eigenen philosophischen Standpunkt wählte Cicero den eines skeptischen Eklektizismus, wie ihn sein Lehrer Philon vertrat und der es ihm erlaubte, auf der Grundlage der akademischen Philosophie undogmatisch das von anderen Philosophen zu übernehmen, was ihm richtig erschien, vor allem von der Stoa. Er schätzte die konsequente stoische Haltung seines politischen Freundes Cato (Uticensis; s. S. 79), auch wenn er dessen Starrheit zuweilen kritisierte. Die epikureische Philosophie lehnte er allerdings grundsätzlich ab, weil sie sich dem politischen Engagement verschloss. Dies beeinträchtigte jedoch nicht seine Toleranz: Sein Freund Atticus war Epikureer; Cicero selbst gab nach dem Tod des Lukrez dessen Werk heraus; bei einem Besuch in Athen (51) setzte er sich für die Erhaltung des Epikur-Hauses ein. Von Anfang an erstrebte er die Verbindung von Philosophie und Rhetorik, die er als für den guten Staatsmann unerlässlich ansah.

Philosophischer Schriftstellerei wandte sich Cicero zu, als ihm die politischen Verhältnisse eigenes aktives Handeln im Staat erschwerten oder unmöglich machten; schließlich fasste er den Plan, die gesamte griechische Philosophie in lateinischer Sprache darzustellen.

Cicero war zwar kein eigenständiger Philosoph, doch darf man seine Leistung nicht unterschätzen. Dank seiner umfassenden Bildung, der ihm zur Verfügung stehenden Literatur, seiner eigenen Erfahrung und sprachlichen Meisterschaft war er imstande, den Ertrag der griechischen Philosophie wiederzugeben und dabei die lateinische Sprache so zu formen, dass sie fortan als Ausdrucksmittel anspruchsvoller philosophischer Erörterung geeignet war. Durch Zitate, Referate und Diskussion in seinen Schriften wurden große Teile der hellenistischen Philosophie der Nachwelt erhalten.

Ciceros philosophische Schriften fanden bei seinen Zeitgenossen große Beachtung und wurden auch später viel gelesen und zitiert. In der Auseinandersetzung zwischen Heidentum und Christentum dienten sie beiden Seiten zur Argumentation und zur sprachlichen Gestaltung. Augustinus wurde durch Ciceros *Hortensius* für die Philosophie gewonnen, mit seinem *Gottesstaat (De civitate Dei)* schuf er ein christliches Gegenstück zu Ciceros *De re publica*; ebenso verfasste Ambrosius eine christliche Pflichtenlehre auf der Grundlage von Ciceros *De officiis*.

3.3 L. Annaeus **Seneca** (4 v. – 65 n.Chr.; s. S. 47) ist der bedeutendste römische Vertreter der stoischen Philosophie. In seinen Schriften behandelte er vor allem Fragen der Lebensgestaltung, wobei er sich von Dogmatismus frei hielt und sogar Gedanken Epikurs aufnahm; er beschäftigte sich auch mit naturwissenschaftlichen Fragen. Als Erzieher des Prinzen Nero und Leiter der römischen Politik in dessen ersten Regierungsjahren versuchte er die Umsetzung seiner philosophischen Anschauungen in die Praxis, womit er aber scheiterte.

Epiktet (Epíktētos; 55 – ca.135, aus Hierapolis in Phrygien) kam als Sklave des Epaphroditos, eines Freigelassenen und Vertrauten Neros, nach Rom. Nachdem er bei einem römischen Stoiker studiert hatte, lehrte er selbst in Rom Philosophie. Bei der Philosophenvertreibung durch Kaiser Domitian (89) ging er nach Westgriechenland. Seine Philosophie, die naturwissenschaftliche Interessen zurückstellt und das Ziel hat, den Menschen zur Erkenntnis seiner Bestimmung im Kosmos zu führen, nimmt teilweise religiöse Züge an.

Kaiser **Mārcus Aurēlius** (121–180; Kaiser seit 161) wurde durch die Lektüre Epiktets zur stoischen Philosophie geführt. Seine *Selbstbetrachtungen (Eis heautón)*, die er in griechischer Sprache, meist während seiner Feldzüge, niederschrieb, zeigen das Bemühen, aus der Philosophie seelischen Halt zu gewinnen, lassen aber auch ein gewisse Resignation erkennen.

Plōtīnos (205–270) lebte und lehrte seit 244 in Rom. Er ist der Begründer des sog. **Neuplatonismus**, des letzten großen philosophischen Systems der Antike. Auf der Grundlage der ursprünglichen Philosophie Platons (2.1) und eines erneuerten Pythagoreismus (1.2), in Verbindung mit Elementen der aristotelischen und stoischen Philosophie, entwarf er eine Stufung des Seienden: Über der Vielheit der Welt steht die *Weltseele*, die alles durchwaltet und ihrerseits von einem Wesen bestimmt ist, in dem *Denken (Nūs)* und *Sein (Usía)* vereinigt sind; über diesem aber steht *das Eine, Göttliche*, das letztlich nicht mehr denkend erkannt werden kann, sondern in das sich der Philosoph nur in mystischer Vereinigung hineingeben kann. Auf diese Weise wird Philosophie fast zur Religion. So stand der Neuplatonismus in Konkurrenz zum Christentum, doch gingen von ihm zugleich Einflüsse auf dieses aus (z.B. bei Augustinus), ebenso wie im Mittelalter auf die christliche und islamische Mystik. In Deutschland wirkte er im 18. und 19. Jahrhundert auf Dichter und Philosophen, z.B. Herder, Goethe, Hegel, Schelling.

Anicius Manlius Torquātus Sevērīnus **Boēthius** (480–524, Kanzler des Ostgotenkönigs Theoderich d.Gr., jedoch auf dessen Befehl wegen Hochverratsverdacht hingerichtet) plante eine Übersetzung und Kommentierung aller Schriften von Platon und Aristoteles, die er jedoch nur zu einem kleinen Teil ausführte. In seinem Werk *Consolatio philosophiae*, das er im Gefängnis schrieb, um sich in seiner verzweifelten Lage Trost zu geben, vereinigte er platonische, aristotelische, neuplatonische und christliche Lehren. Vor allem dieses vielgelesene Werk, der Endpunkt der antiken lateinischen Literatur, bildete eine der wichtigsten Grundlagen der mittelalterlichen Philosophie.

Auflösungen

1

3 multōs, **multās,** multa *Akk. Pl.*
1) **clārī,** clārae, **clārī** *Gen. Sg.; 2)* **clārī,** clārae, clāra *Nom. Pl.*
Rōmānus, Rōmāna, Rōmānum *Nom. Sg.*
1) situs, sita, **situm** *Nom. Sg.; 2)* **situm,** sitam, **situm** *Akk. Sg.*
1) clārus, **clāra,** clārum *Nom. Sg.; 2)* clārī, clārae, **clāra** *Nom. Pl.;*
3) clārōs, clārās, **clāra** *Akk. Pl.*
māgnō, **māgnā,** māgnō *Abl. Sg.*
1) **amoenō,** amoenae, **amoenō** *Dat. Sg.; 2)* **amoenō,** amoenā, **amoenō** *Abl. Sg.*
grātōrum, grātārum, **grātōrum** *Gen. Pl.*
Graecīs *(alle Genusformen gleich) 1) Dat. Pl.; 2) Abl. Pl.*
nātōs, nātās, nāta *Akk. Pl.*

4 *a)* **vīsitat,** vīsitant, vīsitāre; **adest,** adsunt, adesse; movet, **movent,** movēre; **movētur,** moventur, movērī; **audit,** audiunt, audīre; **redit,** redeunt, redīre; dēlectātur, **dēlectantur,** dēlectārī; **vult,** volunt, velle; potest, **possunt,** posse; it, **eunt,** īre.
b) laudantur, adiuvātur, praebērī, moventur, audītur, dēlectārī, retinētur, ērudīrī.

6

	Subjekt (S)	Akk.-Objekt (AO)	Präd. (Vollverb) (P[V])
a)	Atticus	Mārcum Tullium	vīsitat.

	S	DO	AO	P[V]
b)	Amīcī	Atticō	īnsulam amoenam	mōnstrant;
			Adj. Attr.	

AO	P[V]
fluvium	trānseunt;

Adv. Angabe		Adv. Angabe	P[V]
multās	hōrās	in īnsulā	manent.
Adj. Attr.			

	S	Adv. Ang.	Adj. Attr.	P[PN + HV]
c)	Insula	in fluviō	sita	amoena est.

	S	Adv.	Adv. Ang.	P[V]
d)	Atticus	saepe	Athēnās	it;

AO	Adv. Ang.	P[V]
incolās	pecūniā	adiuvat.

	AO	Gen.-Attr.	S (Inf)	AO	P[V]
e)	Verba	philosophōrum	audīre	Atticum	dēlectat.

7 herangehen, hingehen, besuchen, bitten, angreifen (‚angehen'); hineingehen, beginnen; heraus-, hinausgehen; ankommen *(Advent)*; zusammenkommen, treffen, übereinkommen; (zu Schiff) zurückfahren; darin sein, enthalten sein; dasein, dabeisein, helfen.

2

2

timētis:	2. Pl. Ind. Präs. Akt.;	timēre, timeō
ambulāte:	2. Pl. Imp. Präs. Akt.;	ambulāre, ambulō
dēbēmus:	1. Pl. Ind. Präs. Akt.;	dēbēre, dēbeō
dēlectāris:	2. Sg. Ind. Präs. Pass.;	dēlectāre, dēlectō
laudāminī:	2. Pl. Ind. Präs. Pass.;	laudāre, laudō
trānsīte:	2. Pl. Imp. Präs. Akt.;	trānsīre, trānseō
veniunt:	3. Pl. Ind. Präs. Akt.;	venīre, veniō
impedītur:	3. Sg. Ind. Präs. Pass.;	impedīre, impediō
retinērī:	Inf. Präs. Pass.;	retinēre, retineō
volunt:	3. Pl. Ind. Präs. Akt.;	velle, volō

2 **4** *a) Abl. d. Ausgangspunktes; Akk. d. Richtung; b) und c) Objekts-Akk.;*
d) Abl. instrumentalis (causae); e) Akk. d. Zeitdauer;
f) und g) Akk. d. Richtung; h) Abl. d. Ausgangspunktes; Akk. d. Richtung;
i) Objekts-Akk.; j) Objekts-Akk.; Abl. instrumentalis;
k) Abl. d. Ausgangspunktes (separativus)

3 **3**

... eō	... habitō	... abeō
Corinthum	Corinthī	Corinthō
Mogontiacum	Mogontiacī	Mogontiacō
Colōniam Agrippīnam	Colōniae Agrippīnae	Colōniā Agrippīnā
Athēnās	Athēnīs	Athēnīs
Syrācūsās	Syrācūsīs	Syrācūsīs
Lūtetiam	Lūtetiae	Lūtetiā
Londīnium	Londīniī	Londīniō
Aquās Mattiacās	Aquīs Mattiacīs	Aquīs Mattiacīs
Augustam Trēverōrum	Augustae Trēverōrum	Augustā Trēverōrum
Augustam Vindelicōrum	Augustae Vindelicōrum	Augustā Vindelicōrum
Castra Régina	Castrīs Réginīs	Castrīs Réginīs

Bei Augusta Trēverōrum/Vindelicōrum *ist der zweite Bestandteil Genitiv-Attribut (Gen. poss. des Einwohnernamens) und bleibt daher unverändert.*

4 *eindeutig attributiv:* Haec amīcī meī pulchra vīlla est.

6 *12f:* amīcus *wird durch seine Stellung am Ende des 1. Kolons hervorgehoben; ebenso* atque illī vīllae *als ‚Nachtrag', an den sich der Relativsatz* ubi ... *anschließt; das sachlich weniger wichtige Hilfsverb* sum *steht an der tonschwächsten Stelle des Satzes.*

34-37: Das Attribut Rōmāna *wird durch die Voranstellung vor* patria *(34, 37) betont.*

4 **1** *1* Rōmae *Lokativ (= 3, 12, 20);* Athēnīs *Abl. loci (= 7, 22)*
2 Athēnae *Nom./Subj.;* ā Rōmā *Präp.+Abl./ Entfernungsangabe*
8 Athēnārum *Gen.obi./Attr. (= 16)*
14 Athēnīs *Abl. d. Ausgangspunktes;* Rōmam *Akk. d. Richtung*

2 *2) a) und e) Gen. Sg. m des Possessivpronomens der 1. Person Pl.*
b) Akk. Sg. m des Possessivpronomens der 1. Person Pl.
c) Gen. (part.) des Personalpronomens der 1. Person Pl.
d) Gen. des Personalpronomens der 1. Person Pl.

3) a) und e) vestrī/meī/tuī *b)* vestrum/meum/tuum *c)* vestrum *(Gen.part. des Personalpron. nur im Plural möglich) d)* vestrī/meī/tuī

3 *Subjektsinfinitive (s. G 3.1)*

5 *a)* Fluvius ab amīcīs trānsītur. *b)* Amīcus hōc locō dēlectātur. *c)* Atticus ab amīcīs retinērī nōn potest. *d)* Iniūriae inimīcōrum ab incolīs timentur. *e)* Incolae Athēnārum ab Atticō pecūniā adiuvantur.

6 *a) Gen. obiect. (abh. von* studiōsus*); Gen. poss./ subiect. (Attribut);*
Abl. instr. (Adv. Ergänzung); Gen. obiect. (Attribut)
b) Abl. sep. (Adv. Erg. zu līber*); Akk.-Obj.; Apposition*
c) Dat. poss. (Ind. Obj.)
d) Gen. poss. (Attr.); Abl. instr./causae (Adv. Erg.); Präpos. Ausdruck (Adv. Erg. zu sitīs*); Adjekt. Attribut*
e) Gen. subiect. (Attr.); Akk.-Obj.
f) Abl. d. Ausgangsp. (Adv. Erg.); Akk. d. Richtung (Adv. Erg.); Obj.-Inf.; Abl. instr. (Adv. Erg.); Lokativ (Adv. Erg.); Obj.-Inf.; Abl. loci (Adv. Erg.)

4

g) Gen. poss. (präd.); Dat.-Obj.; Subj.-Inf.
h) Abl. d. Zeit (Adv. Erg.); Abl. instr. (Adv. Erg.);
Präpos. Ausdr. (Adv. Erg.: Handelnde Person b. Passiv); Abl. instr. (Adv. Erg.)
i) Gen. part. (Attr.); Akk.-Obj.; Adjekt. Attribut
j) Akk. d. Zeitdauer (Adv. Erg.); Akk.-Obj.; Vokativ; Präd.-Nomen; Subj.- Inf.

5

3 trādere, trādō; servīre, serviō; scrībere, scrībō; respondēre, respondeō; praedicāre, praedicō; trahere, trahō; subīre, subeō; dīligere, dīligō; dīcere, dīcō; suscipere, suscipiō; sentīre, sentiō; volāre, volō (!).

4 *a)* eum *b)* eī *c)* ab eō *d)* cum eīs (iīs) *e)* eōrum *f)* eius *g)* eōs *h)* eam *i)* eī (iī).

5 *a)* exempla: *Subjekt;* ex ... librīs: *Adv. Erg. (Herkunft);* capī: *Obj.-Infinitiv; Attribute:* exempla **vītae**; vītae **bonae**; **poetārum** librīs; *Präposition: ex – librīs*
b) perīculōsum: *Präd.-Nomen;* Rōmae: *Adv. Erg. (Ort);* manēre: *Subj.-Inf.*
c) nōbis: *Dat.-Obj.;* ōtium: *Subj.;* negōtiīs: *Adv. Erg. (Abl. sep.) zum Adj.;* vacuī: *Präd.-Nomen*
d) Athēnīs: *Adv. Erg. (Ausgangspunkt);* Rōmam: *Adv. Erg. (Richtung);* redit: *Prädikat*
e) M. Tulliī amīcus: *Apposition (zu* Atticus*);* incolās: *Akk.-Obj.;* pecūniā: *Adv. Erg. (Mittel). – Attribute:* **M. Tulliī** amīcus; incolās **Athēnārum**
f) prōdesse, dēlectāre: *Obj.-Inf.*; poētae: *Subjekt*

6

1 *a)* quis? *b)* quem? / quōs virōs? *c)* ā quō? *d)* ubi? *e)* quō? *f)* cuius? *g)* cui? *h)* quae? (quod mūnicipium?) *i)* cūr?

3 *a)* quī *b)* cuius *c)* (ā) quibus *d)* quōrum *e)* quod

4 *a)– c) Attribute d) + e) Subjekte*

5 *a) Attribut zu* nōnnūllī *b) Adv. Ang. der Zeit (Temporalsatz) c) Adv. Ang. des Grundes (Kausalsatz) d) Attribut zu* istī locō *e)* quia: *Adv. Ang. des Grundes (Kausalsatz);* cum: *Adv. Ang. der Zeit (Temporalsatz). Der Temporalsatz ist dem Kausalsatz untergeordnet (Gliedsatz zweiten Grades). –* ā poētīs *würde bedeuten, dass das Erfreut-werden von den Dichtern persönlich (z. B. durch Widmung ihrer Werke) geleistet wird; der instrumentale Ablativ steht, weil die Wirkung von ihren Werken ausgeht.*

7

2 ducī: *Dat. Sg. von* dux*;* amīci: *Gen. Sg./Nom. Pl. von* amīcus*;* ducum: *Gen. Pl. von* dux*;* amīcum: *Akk. Sg. von* amīcus*;* ducis: *Gen. Sg. von* dux*;* amīcīs: *Dat./Abl. Pl. von* amīcus*;* līberīs: *Dat./Abl. Pl. von* līber,-a,-um *‚frei' bzw.* līberī *‚Kinder';* generis: *Gen. Sg. von* genus*;* generī: *Dat.Sg. von* genus*;* puerī *Gen.Sg./Nom.Pl. von* puer*;* līberī: *Gen.Sg. m/n oder Nom.Pl. m von* līber *bzw. Nom. (Pl.) von* līberī*;* imperiī: *Gen.Sg. von* imperium*;* līberum: *Akk. Sg. m / Nom. od. Akk. Sg. n von* līber*;* generum: *Gen. Pl. von* genus*;* imperium: *Nom./Akk.Sg.;* corporum: *Gen.Pl. von* corpus*;* līberōrum: *Gen. Pl. m/n von* līber *bzw. Gen. (Pl.) von* līberī*;* cīvitās: *Nom.Sg.;* amīcitiās: *Akk.Pl. von* amīcitia*;* labōris: *Gen.Sg. von* labor*;* corporis: *Gen.Sg. von* corpus*;* agrīs: *Dat./Abl. Pl. von* ager*;* imperiō: *Dat./Abl.Sg. von* imperium*;* ratiō: *Nom.Sg.;* dominō: *Dat./Abl.Sg. von* dominus*;* nātiō: *Nom.Sg.*

3 dūcis: *2. Sg. Ind. Präs. Akt. von* dūcere *‚führen';* ducis: *Gen. Sg. von* dux *‚Führer'*
dūcī: *Inf. Präs. Pass. von* dūcere *‚führen';* ducī: *Dat. Sg. von* dux *‚Führer'*
duce: *Abl. Sg. von* dux *‚Führer';* dūc: *2. Sg. Imperativ Präs. Akt. von* dūcere *‚führen'*

4 *a) HS: Dat.-Obj., Prädikat, Subjekt;*
GS (Relativsatz): Attribut zum Subjekt ūnus
b) HS: Subjekt (Germānī), *Adv. Ang. d. Zeit* (etiam hieme);
Akk.-Obj. (corpora), *Adv. Ang. d. Mittels* (parvīs tantum pellibus; parvīs *Attribut;* tantum *Adv. Erg. zu* parvīs), *Prädikat* (tegunt)
GS (quamquam)*: Adv. Ang. d. Gegensatzes (Konzessivsatz)*
c) HS: Subjekt (multī), *Akk.-Obj.* (sē), *Adv. Ang. d. Richtung* (in servitūtem), *Prädikat* (dicant), *Dat.-Obj.* (prīncipibus)
GS (cum)*: Adv. Ang. d. Zeit (Temporalsatz)*

7

d) HS: Adv. Ang. d. Mittels/Grundes (studiō), *Attributiver Gen. obiectivus* (glōriae), *Prädikat* (dūcuntur), *Subjekt* (iī)
GS (Rel.-sätze): 1) (quī): *Attribut zu* iī; *2)* (cui): *Attribut zu* patriae

e) HS: Subjekt (haec patria; haec *Attribut), Adv. Ang. d. Ortes* (in illā), *Prädikat* (continētur)
GS (Rel.-sätze): 1) (ubi): *Attribut zu* (haec) patria; *2)* (cuius): *Attribut zu* in illā.

9

2 praebēbat, neglegēbantur, impediēbāris, efferēbās, afficiēbāris, volēbat, nōlēbat, ībant, laudābāmus, dīcēbātis, volēbās, dūcēbāminī, nōlēbās, habēbam, abībam, aberās, habēbās, abībās.

3 tegere, tegō; exercēre, exerceō; abīre, abeō; audīre, audiō; nōlle, nōlō; afficere, afficiō; abesse, absum; scrībere, scrībō; errāre, errō; velle, volō.

4 nōlī venīre! nōlī facere! nōlīte impedīre! nōlī redīre! nōlī laudāre! nōlīte dūcere! nōlīte docēre! nōlīte concēdere! nōlī accipere! nōlīte afferre!

5 incertus, ingrātus, inhonestus, inhūmānus, impūrus; invius *‚unwegsam'*;
persōna nōn grāta: *unerwünschte Person (z. B. ein Diplomat, der gegen Gesetze oder Interessen des Gastlandes verstoßen hat).*

10

2 tenēbam, tenuī; scrībēbās, scrīpsistī; aperiēbat, aperuit; cōnspiciēbāmus, cōnspeximus; quaerēbātis, quaesīvīstis; mittēbant, mīsērunt; cognōscēbam, cognōvī; accēdēbās, accessistī; appārēbat, appāruit; poterāmus, potuimus; volēbātis, voluistis; prōderant, prōfuērunt.

3

habuistis:	*2. Pl. Ind. Perf. Akt.*		habēre, habeō
gessērunt:	*3. Pl. Ind. Perf. Akt.*		gerere, gerō
nōluimus:	*1. Pl. Ind. Perf. Akt.*		nōlle, nōlō
fuērunt:	*3. Pl. Ind. Perf. Akt.*		esse, sum
studuī:	*1. Sg. Ind. Perf. Akt.*		studēre, studeō
volumus:	*1. Pl. Ind. Präs. Akt.*		velle, volō
horruistī:	*2. Sg. Ind. Perf. Akt.*		horrēre, horreō
crēvērunt:	*3. Pl. Ind. Perf. Akt.*		crēscere, crēscō
quaesīvī:	*1. Sg. Ind. Perf. Akt.*		quaerere, quaerō
potuit:	*3. Sg. Ind. Perf. Akt.*		posse, possum
cognōvī:	*1. Sg. Ind. Perf. Akt.*		cognōscere, cognōscō
laudātis:	*2. Pl. Ind. Präs. Akt.*		laudāre, laudō
laudātus:	*Nom. Sg. m*	*Part. Perf. Pass.*	laudāre, laudō
laudātīs:	*Dat./Abl. Pl.*	*Part. Perf. Pass.*	laudāre, laudō
laudāvistī:	*2. Sg. Ind. Perf. Akt.*		laudāre, laudō
laudātī:	*Gen. Sg. m/n*	*Part. Perf. Pass.*	laudāre, laudō
	Nom. Pl. m	*Part. Perf. Pass.*	laudāre, laudō

5 *Umformung der* **lateinischen** *Sätze ins Passiv:*
a) A multīs poētīs Mosella carminibus celebrāta est.
b) Apud Cannās cōpiae Rōmānōrum ab Hannibale proeliō superātae sunt.
c) Verbīs amīcōrum dēlectātus (-a) sum.
d) Negōtiīs impedītī (-ae) et retentī (-ae) sumus.
e) Catō ā populō cōnsul creātus est.

6 *e) Tempusgebrauch:*
T(1) 14 (studuit): *Faktum des Lebenslaufs; 15* (incipiēbat): *Hintergrund*
T(2) 30: Zustand (Beschreibung der Säule); 34: Teil der Handlung
T(3) 47: Historisches Faktum

10 **7** *a) 1:* fluvius clārus: *Prädikatsnomen*
2: fluvius: *Apposition (Appellativum) zu* Dānuvius; clārus: *Präd.-Nomen*
b) poēta Rōmānus: *Apposition;* fluvium: *Apposition (Appellativum)*
c) Apposition
d) Prädikatsnomen (im AcI) zum Hilfsverb (Kopula) esse
e) Prädikatsnomen (notwendige Ergänzung) zu einem Vollverb
f) 1: Apposition (Appellativum, Titel) zu Cicerō
2: Prädikativum (zusätzliche Angabe) zu einem Vollverb
g) cōnsule: *Apposition (Appellativum, Titel)*
cēnsor: *Prädikativum (zusätzliche Angabe) zu einem Vollverb*
h) Prädikatsnomen (notwendige Ergänzung) zu einem Vollverb

11 **1** *a)* cūrābāmus, cūrāvimus, cūrāverāmus; aperiēbāmus, aperuimus, aperuerāmus; volēbāmus, voluimus, voluerāmus; erāmus, fuimus, fuerāmus; gerēbant, gessērunt, gesserant; faciēbant, fēcērunt, fēcerant; iubēbant, iussērunt, iusserant; ībant, iērunt, ierant; cēdēbātis, cessistis, cesserātis; audiēbātis, audīvistis, audīverātis; ībātis, īstis, ierātis; vertēbat, vertit, verterat; pellēbat, pepulit, pepulerat; expellēbat, expulit, expulerat; vidēbat, vīdit, vīderat; ībat, iit, ierat; volēbās, voluistī, voluerās; agēbās, ēgistī, ēgerās; ībās, īstī, ierās; erās, fuistī, fuerās; crēdēbam, crēdidī, crēdideram; dabam, dedī, dederam; volēbam, voluī, volueram; neglegēbam, neglēxī, neglēxeram; cōnspiciēbam, cōnspexī, cōnspexeram.

b) vīdisse, vidērī, vīsum (-am, -um) esse
interfēcisse, interficī, interfectum (-am, -um) esse
sēnsisse, sentīrī, sēnsum (-am, -um) esse
pressisse, premī, pressum (-am, -um) esse
vertisse, vertī, versum (-am, -um) esse
pepulisse, pellī, pulsum (-am, -um) esse
quaesīvisse, quaerī, quaesītum (-am, -um) esse
docuisse, docērī, doctum (-am, -um) esse
dedisse, darī, datum (-am, -um) esse
fēcisse, fierī, factum (-am, -um) esse

2

tenuērunt:		*3. Pl. Ind. Perf. Akt.*	tenēre, teneō
pepulērunt:		*3. Pl. Ind. Perf. Akt.*	pellere, pellō
caperis:		*2. Sg. Ind. Präs. Pass.*	capere, capiō
legī:		*Inf. Präs. Pass.*	legere, legō
vīdī:		*1. Sg. Ind. Perf. Akt.*	vidēre, videō
neglēxī:		*1. Sg. Ind. Perf. Akt.*	neglegere, neglegō
vertī:	*1)*	*1. Sg. Ind. Perf. Akt.*	vertere, vertō
	2)	*Inf. Präs. Pass.*	
iī:		*1. Sg. Ind. Perf. Akt.*	īre, eō
steterat:		*3. Sg. Ind. Plqpf. Akt.*	stāre, stō
vertimus:	*1)*	*1. Pl. Ind. Präs. Akt.*	vertere, vertō
	2)	*1. Pl. Ind. Perf. Akt.*	

3 Scelus committēbātur; commissum est/erat.
Multī hominēs interficiēbantur; interfectī sunt/erant.
Premēbar; pressus (-a) sum/eram.
Cōnspiciēbāris; cōnspectus (-a) es/erās.
Ad virtūtem impellēbāmur; impulsī (-ae) sumus/erāmus.
Accūsābāminī; accūsātī (-ae) estis/erātis.
Porta patefīēbat; patefacta est/erat.

11 **5** *Umformung der* **lateinischen** *Sätze ins Passiv und Plusquamperfekt:*
a) ... interfēcerat ... / Tyrannus ā populō interfectus est/erat.
b) ... commīserat / A Iugurthā multa scelera commissa sunt/erant.
c) ... expulerāmus vel ēiēcerāmus / Catilīna ā nōbīs expulsus vel ēiectus est/erat.
d) ... posuerātis, irrigāverātis, coluerātis / A vōbīs ipsīs hae arborēs positae, irrigātae, cultae sunt/erant.
e) ... creāverat / Catō ā populō cōnsul creātus est/erat.

12 **3** sedeō: sedēbam, sēdī, sēderam; habeō: habēbam, habuī, habueram; abeō: abībam, abiī, abieram; pellis: pellēbās, pepulistī, pepulerās; petis: petēbās, petīvistī, petīverās; potes: poterās, potuistī, potuerās; fers: ferēbās, tulistī, tulerās; dat: dabat, dedit, dederat; trādit: trādēbat, trādidit, trādiderat; it: ībat, iit, ierat; est: erat, fuit, fuerat; capimus: capiēbāmus, cēpimus, cēperāmus; incipimus: incipiēbāmus, coepimus, coeperāmus; tollimus: tollēbāmus, sustulimus, sustulerāmus; pōnitis: pōnēbātis, posuistis, posuerātis; audītis: audiēbātis, audīvistis, audīverātis; abītis: abībātis, abīstis, abierātis; ferunt: ferēbant, tulērunt, tulerant; gerunt: gerēbant, gessērunt, gesserant; sunt: erant, fuērunt, fuerant; possunt: poterant, potuērunt, potuerant; eunt: ībant, iērunt, ierant.

4 *a)* māgnō honōre: *Abl. qualitatis (prädikativ)* *b)* summae auctōritātis: *Gen. qualitatis (attributiv);* māgnō honōre: *Abl. instrumentalis* *c)* Gallōrum: *Gen. possessoris (attributiv);* summā vī: *Abl. modi (oder instr.)* *d)* Neāpolī: *Abl. d. örtl. Ausgangspunktes (separativus)* *e)* summō ingeniō: *Abl. qualitatis (attributiv);* Athēnīs: *Abl. loci;* philosophōrum: *Gen. subiectivus (attributiv)* *f)* tremōre: *Abl. instrumentalis;* terrae: *Gen. subiectivus (attributiv);* maris: *Gen. possessoris (attributiv);* siccīs harēnīs: *Abl. instr.* *g)* bonī amīcī: *Gen. possessoris (prädikativ);* inopiā, frūmentō, pecūniā: *Abl. instr.* *h)* summō studiō, summā dīligentiā: *Abl. modi;* Archimēdis: *Gen. poss. (attributiv).*

13 **3** adiuvāns, agēns, aperiēns, capiēns, carēns, cōnspiciēns, continēns, dīcēns, ferēns, abiēns (*Gen. Sg.* abeuntis!)

4

mōvit:	*3. Sg. Ind. Perf. Akt.*	movēre, moveō
vīdimus:	*1. Pl. Ind. Perf. Akt.*	vidēre, videō
tenuistī:	*2. Sg. Ind. Perf. Akt.*	tenēre, teneō
condidistis:	*2. Pl. Ind. Perf. Akt.*	condere, condō
scrīpsērunt:	*3. Pl. Ind. Perf. Akt.*	scrībere, scrībō
neglēxī:	*1. Sg. Ind. Perf. Akt.*	neglegere, neglegō
dēlēgit:	*3. Sg. Ind. Perf. Akt.*	dēligere, dēligō
cognōvimus:	*1. Pl. Ind. Perf. Akt.*	cognōscere, cognōscō
affēcit:	*3. Sg. Ind. Perf. Akt.*	afficere, afficiō
ēgērunt:	*3. Pl. Ind. Perf. Akt.*	agere, agō
coepit:	*3. Sg. Ind. Perf. Akt.*	incipere, incipiō
tulērunt:	*3. Pl. Ind. Perf. Akt.*	ferre, ferō

14 **2** vīvam, dem, trādam, laudem; parēmus, pāreāmus, velīmus, sīmus, eāmus; ferrentur, dēfenderem, afficerentur, fierent, audīrētur; dederis, sēnserint, tuleritis, amāverim, vīderit; trādat, trādiderit, vīvat, vīxerit; nōluisset, neglēxissem, ēgissent, fuissēs, īssēmus.

3

līberēmur:	*1. Pl. Konj. Präs. Pass.*	līberāre, līberō
adhibēmus:	*1. Pl. Ind. Präs. Akt.*	adhibēre, adhibeō
laudēmus:	*1. Pl. Konj. Präs. Akt.*	laudāre, laudō
videāmus:	*1. Pl. Konj. Präs. Akt.*	vidēre, videō

14

capiāmur:	*1. Pl. Konj. Präs. Pass.*	capere, capiō
abītis:	*2. Pl. Ind. Präs. Akt.*	abīre, abeō
velītis:	*2. Pl. Konj. Präs. Akt.*	velle, volō
abeant:	*3. Pl. Konj. Präs. Akt.*	abīre, abeō
habeant:	*3. Pl. Konj. Präs. Akt.*	habēre, habeō
abīssent:	*3. Pl. Konj. Plqpf. Akt.*	abīre, abeō
habuissent:	*3. Pl. Konj. Plqpf. Akt.*	habēre, habeō
amāveris:	*2. Sg. Konj. Perf. Akt.*	amāre, amō
trāderis:	*2. Sg. Ind. Präs. Pass.*	trādere, trādō
dēligeris:	*2. Sg. Ind. Präs. Pass.*	dēligere, dēligō
dēligāris:	*2. Sg. Konj. Präs. Pass.*	dēligere, dēligō
dēlēgeris:	*2. Sg. Konj. Perf. Akt.*	dēligere, dēligō
neglēxeris:	*2. Sg. Konj. Perf. Akt.*	neglegere, neglegō
tulerint:	*3. Pl. Konj. Perf. Akt.*	ferre, ferō
tulerant:	*3. Pl. Ind. Plqpf. Akt.*	ferre, ferō
tulērunt:	*3. Pl. Ind. Perf. Akt.*	ferre, ferō
tulissent:	*3. Pl. Konj. Plqpf. Akt.*	ferre, ferō
scrībam:	*1. Sg. Konj. Präs. Akt.*	scrībere, scrībō
parem:	*1. Sg. Konj. Präs. Akt.*	parāre, parō
pāream:	*1. Sg. Konj. Präs. Akt.*	pārēre, pāreō
trānseam:	*1. Sg. Konj. Präs. Akt.*	trānsīre, trānseō
veniam:	*1. Sg. Konj. Präs. Akt.*	venīre, veniō

4 *a) Wunsch* (Optativ) *b) Ind. Frage; Temporalsatz* (cum)*; Konsekutivsatz* (ut) *c) Ind. Frage; Wunsch* (Optativ) *d) Abh. Aufforderung; Abh. Wunschsatz e) Irrealis d. Verg. f) Abh. Wunschsatz g) Unsicherheit* (Dubitativ) *h) Unerfüllbarer Wunsch (Verg.) i) Temporalsatz* (cum); *Verbot* (Prohibitiv) *j) Temporalsatz* (cum); *Aufford. 1. Pl.* (Hortativ)*; Kausalsatz* (cum) *k) Ind. Frage + Unsicherheit* (Dubitativ)*; Abh. Aufforderung; Ind. Frage + Unsicherheit* (Dubitativ)*; Unsicherheit* (Dubitativ).

16

2 adventūrus,-a,-um; perfectūrus; adfutūrus; crēditūrus; exīstimātūrus; expulsūrus; quaesītūrus; prōvīsūrus; retentūrus; abitūrus.

3 vocō, vocābam, vocābō; vocāvī, vocāveram, vocāverō;
vocem, vocārem; vocāverim, vocāvissem;
vocor, vocābar, vocābor; vocātus(-a) sum, ... eram, ... erō;
vocer, vocārer; vocātus(-a) sim, ... essem.

regis, regēbās, regēs; rēxistī, rēxerās, rēxeris;
regās, regerēs; rēxeris, rēxissēs;
regeris, regēbāris, regēris; rēctus(-a) es/erās/eris;
regāris, regerēris; rēctus(-a) sīs/essēs.

trānsit, trānsībat, trānsībit; trānsiit, trānsierat, trānsierit;
trānseat, trānsīret; trānsierit, trānsīsset;
trānsītur, trānsībātur, trānsībitur; trānsitus(-a,-um) est/erat/erit
trānseātur, trānsīrētur; trānsitus(-a,-um) sit/esset.

ferimus, ferēbāmus, ferēmus; tulimus, tulerāmus, tulerimus;
ferāmus, ferrēmus; tulerimus, tulissēmus;
ferimur, ferēbāmur, ferēmur; lātī(-ae) sumus/erāmus/erimus;
ferāmur, ferrēmur; lātī(-ae) sīmus/essēmus.

statuitis, statuēbātis, statuētis; statuistis, statuerātis, statueritis;
statuātis, statuerētis; statueritis, statuissētis;
statuiminī, statuēbāminī, statuēminī; statūtī(-ae) estis/erātis/eritis;
statuāminī, statuerēminī; statūtī(-ae) sītis/essētis.

scrībunt, scrībēbant, scrībent; scrīpsērunt, scrīpserant, scrīpserint;
scrībant, scrīberent; scrīpserint, scrīpsissent;
scrībuntur, scrībēbantur, scrībentur; scrīptī(-ae,-a) sunt/erant/erunt;
scrībantur, scrīberentur; scrīptī(-ae,-a) sint/essent.

cōnspiciō, cōnspiciēbam, cōnspiciam; cōnspexī, cōnspexeram, cōnspexerō;
cōnspiciam, cōnspicerem; cōnspexerim, cōnspexissem;
cōnspicior, cōnspiciēbar, cōnspiciar; cōnspectus(-a) sum/eram/erō;
cōnspiciar, cōnspicerer; cōnspectus(-a) sim/essem.

nōn vīs, nōlēbās, nōlēs; nōluistī, nōluerās, nōlueris;
nōlīs, nōllēs; nōlueris, nōluissēs.

possunt, poterant, poterunt; potuērunt, potuerant, potuerint;
possint, possent; potuerint, potuissent.

4

crēdam	*1)*	*1. Sg. Ind. Fut. I Akt.*	*2) 1. Sg. Konj. Präs. Akt.*	crēdere, -ō
scrībam	*1)*	*1. Sg. Ind. Fut. I Akt.*	*2) 1. Sg. Konj. Präs. Akt.*	scrībere, -ō
abībam		*1. Sg. Ind. Impf. Akt.*		abīre, -eō
abieram		*1. Sg. Ind. Plqpf. Akt.*		abīre, -eō
aberam		*1. Sg. Ind. Impf.*		abesse, absum
habueram		*1. Sg. Ind. Plqpf. Akt.*		habēre, -eō
cognōscis		*2. Sg. Ind. Präs. Akt.*		cognōscere, -ō
cognōscēs		*2. Sg. Ind. Fut. I Akt.*		cognōscere, -ō
cognōsceris		*2. Sg. Ind. Präs. Pass.*		cognōscere, -ō
cognōscēris		*2. Sg. Ind. Fut. I Pass.*		cognōscere, -ō
cognōveris	*1)*	*2. Sg. Ind. Fut. II Akt.*	*2) 2. Sg. Konj. Perf. Akt.*	cognōscere, -ō
afficeris		*2. Sg. Ind. Präs. Pass.*		afficere, -iō
afficiēris		*2. Sg. Ind. Fut. I Pass.*		afficere, -iō
afficerēs		*2. Sg. Konj. Impf. Akt.*		afficere, -iō
affēceris	*1)*	*2. Sg. Ind. Fut. II Akt.*	*2) 2. Sg. Konj. Perf. Akt.*	afficere, -iō
affēcissēs		*2. Sg. Konj. Plqpf. Akt.*		afficere, -iō
statuit	*1)*	*3. Sg. Ind. Präs. Akt.*	*2) 3. Sg. Ind. Perf. Akt.*	statuere, -ō
statuet		*3. Sg. Ind. Fut. I Akt.*		statuere, -ō
statuat		*3. Sg. Konj. Präs. Akt.*		statuere, -ō
statuerit	*1)*	*3. Sg. Ind. Fut. II Akt.*	*2) 3. Sg. Konj. Perf. Akt.*	statuere, -ō
statuī	*1)*	*1. Sg. Ind. Perf. Akt.*	*2) Infinitiv Präs. Pass.*	statuere, -ō
aberimus		*1. Pl. Ind. Fut. I*		abesse, absum
habuerimus	*1)*	*1. Pl. Ind. Fut. II Akt.*	*2) 1. Pl. Konj. Perf. Akt.*	habēre, -eō
abierimus	*1)*	*1. Pl. Ind. Fut. II Akt.*	*2) 1. Pl. Konj. Perf. Akt.*	abīre, -eō
habēbitis		*2. Pl. Ind. Fut. I Akt.*		habēre, -eō
abībitis		*2. Pl. Ind. Fut. I Akt.*		abīre, -eō
scrībitis		*2. Pl. Ind. Präs. Akt.*		scrībere, -ō
abītis		*2. Pl. Ind. Präs. Akt.*		abīre, -eō
absītis		*2. Pl. Konj. Präs.*		abesse, absum
habitīs		*Dat./Abl. Pl. Part. Perf. Pass.*		habēre, -eō
prōderunt		*3. Pl. Ind. Fut. I*		prōdesse, prōsum
prōfuērunt		*3. Pl. Ind. Perf.*		prōdesse, prōsum
prōfuerint	*1)*	*3. Pl. Ind. Fut. II*	*2) 3. Pl. Konj. Perf.*	prōdesse, prōsum
prōfuerant		*3. Pl. Ind. Plqpf.*		prōdesse, prōsum
prōfuissent		*3. Pl. Konj. Plqpf.*		prōdesse, prōsum

17

1

afficiēns	affectus, -a, -um	affectūrus, -a, -um
afficere	affēcisse	affectūrum, -am, -um esse
afficī	affectum, -am, -um esse	affectum īrī
capiēns	captus, -a, -um	captūrus, -a, -um
capere	cēpisse	captūrum, -am, -um esse
capī	captum, -am, -um esse	captum īrī
cognōscēns	cognitus, -a, -um	cognitūrum, -am, -um
cognōscere	cognōvisse	cognitūrum, -am, -um esse
cognōscī	cognitum, -am, -um esse	cognitum īrī
absolvēns	absolūtus, -a, -um	absolūtūrus, -a, -um
absolvere	absolvisse	absolūtūrum, -am, -um esse
absolvī	absolūtum, -am, -um esse	absolūtum īrī
dāns	datus, -a, -um	datūrus, -a, -um
dare	dedisse	datūrum, -am, -um esse
darī	datum, -am, -um esse	datum īrī
prōmittēns	prōmissus, -a, -um	prōmissūrus, -a, -um
prōmittere	prōmīsisse	prōmissūrum, -am, -um esse
prōmittī	prōmissum, -am, -um esse	prōmissum īrī
dūcēns	ductus, -a, -um	ductūrus, -a, -um
dūcere	dūxisse	ductūrum, -am, -um esse
dūcī	ductum, -am, -um esse	ductum īrī
faciēns	factus, -a, -um	factūrus, -a, -um
facere	fēcisse	factūrum, -am, -um esse
fierī	factum, -am, -um esse	factum īrī
ferēns	lātus, -a, -um	lātūrus, -a, -um
ferre	tulisse	lātūrum, -am, -um esse
ferrī	lātum, -am, -um esse	lātum īrī
legēns	lēctus, -a, -um	lēctūrus, -a, -um
legere	lēgisse	lēctūrum, -am, -um esse
legī	lēctum, -am, -um esse	lēctum īrī
aperiēns	apertus, -a, -um	apertūrus, -a, -um
aperīre	aperuisse	apertūrum, -am, -um esse
aperīrī	apertum, -am, -um esse	apertum īrī
neglegēns	neglēctus, -a, -um	neglēctūrus, -a, -um
neglegere	neglēxisse	neglēctūrum, -am, -um esse
neglegī	neglēctum, -am, -um esse	neglēctum īrī
pōnēns	positus, -a, -um	positūrus, -a, -um
pōnere	posuisse	positūrum, -am, -um esse
pōnī	positum, -am, -um esse	positum īrī
quaerēns	quaesītus, -a, -um	quaesītūrus, -a, -um
quaerere	quaesīvisse	quaesītūrum, -am, -um esse
quaerī	quaesītum, -am, -um esse	quaesītum īrī
trādēns	trāditus, -a, -um	trāditūrus, -a, -um
trādere	trādidisse	trāditūrum, -am, -um esse
trādī	trāditum, -am, -um esse	trāditum īrī

3 *Infinitiv = Subjekt:* b, c, d, g, h; *Infinitiv = Objekt:* a, e, f, i *(3mal)*

4 *AcI = Subjekt:* c, d, e; *AcI = Objekt:* a, b

7 *a) Dat.-Obj.; Dat. commodi (2x) + Dat. finalis (doppelter Dat. bei* esse*) b) Dat.-Obj. (2x; Erg. zum Adj.* amīcus*) c) Dat. commodi d) Dat. commodi (Erg. zum Adj.* medius*); Dat. finalis e) Dat. commodi + Dat. finalis (3x; doppelter Dat. bei* esse*)*

18

1

parāns	parātus, -a, -um	parātūrus, -a, -um
vidēns	vīsus, -a, -um	vīsūrus, -a, -um
scrībēns	scrīptus, -a, -um	scrīptūrus, -a, -um
interficiēns	interfectus, -a, -um	interfectūrus, -a, -um
veniēns	ventum	ventūrus, -a, -um
ferēns	lātus, -a, -um	lātūrus, -a, -um
abiēns (abeunt- ...!)	abitum	abitūrus, -a, -um

2b *1) Abl. instrumentalis 2) Abl. instrumentalis; Abl. limitationis 3) Abl. causae 4) Abl. temporis; Abl. instrumentalis 5) Abl. originis; Abl. qualitatis; Abl. limitationis; (*summae potentiae: *Gen. qualitatis) 6) Abl. separativus 7) Abl. loci; Abl. instrumentalis/causae 8) Abl. modi 9) Abl. limitationis*

5 *Abkürzungen: p. c. = Participium coniunctum; AcP = Akkusativ mit Partizip*

T 1 1 relinquēns *p. c.: Adv. Angabe (Begleitumstand/Art und Weise);* dēstinātam *Attribut 4* abreptus *Prädikatsnomen 6* redeuntibus *p. c.: Adv. Angabe (Zeit) 7* recūsantem, resistentem *p. c.: Adv. Angabe (Begleitumstand oder Gegensatz) 10* commōtus *p. c.: Adv. Angabe (Grund);* dīcēns *p. c.: Adv. Angabe (Begleitumstand/Art und Weise) 14* absēns *Prädikativum 15* cupientēs *p. c.: Adv. Angabe (Grund) 18* clausīs *Attribut 22* spectantis *Attribut;* factus *Prädikatsnomen 23* victus *p. c.: Adv. Angabe (Grund) 24* pūgnantēs, cadentem *Prädikativum (AcP)* 25 effūsum *Attribut 29* spectantium *substantiviertes Partizip 30* affectus *p. c.: Adv. Angabe (Grund) 31* spectātūrus *p. c.: Adv. Angabe (Zweck, Absicht) 32* adductus *Prädikatsnomen 33* trahēns *p. c.: Adv. Angabe (Begleitumstand/Art und Weise)*

T 2 34 pūgnantēs *p. c.: Adv. Angabe (Begleitumstand/Art und Weise) 37* iacentēs *Prädikativum (AcP)*

Ü 4 a) revocātus *p. c.: Adv. Angabe (Zeit oder Grund) b)* metuēns *p. c.: Adv. Angabe (Grund) c)* īgnōrātum *Attribut d)* corruptī *Attribut oder p. c.: Adv. Angabe (Grund) e)* flentēs *p. c.: Adv. Angabe (Begleitumstand/Art und Weise) f)* expulsus *p. c.: Adv. Angabe (Zeit oder Grund) g)* inductōs *p. c.: Adv. Angabe (Zeit) h)* dīcentī *p. c.: Adv. Angabe (Gegensatz) i)* cupientēs *p. c.: Adv. Angabe (Bedingung oder Gegensatz) j)* oppūgnātūrī *p. c.: Adv. Angabe (Zweck, Absicht)*

6 *b) 1)* Tempora antīqua ā multīs hominibus laudantur. *2)* Patria ā Cicerōne cōnsule servāta est. *3)* Catō ā populō cēnsor creātus est. *4)* Tyrannus ā populō interfectus est. *5)* Hominēs bonī ā nōbīs semper honōre afficientur.

c) 1) Cicerō Archiam poētam dēfendit. *2)* Mīlitēs oppidum expūgnāvērunt. *3)* Helvētiī omnia ad profectiōnem parāverant. *4)* Hostēs māgnās cōpiās addūxērunt.

19

1 cōnfirmāns: cōnfirmante, cōnfirmantibus; cōnfirmātus,-a,-um: cōnfirmātō,-ā,-ō, cōnfirmātīs; cōnfirmātūrus,-a,-um: cōnfirmātūrō,-ā,-ō, cōnfirmātūrīs

movēns: movente, moventibus; mōtus,-a,-um: mōtō,-ā,-ō, mōtīs; mōtūrus,-a,-um: mōtūrō,-ā,-ō, mōtūrīs

dēfendēns: dēfendente, dēfendentibus; dēfēnsus,-a,-um: dēfēnsō,-ā,-ō, dēfēnsīs; dēfēnsūrus,-a,-um: dēfēnsūrō,-ā,-ō, dēfēnsūrīs

accipiēns: accipiente, accipientibus; acceptus,-a,-um: acceptō,-ā,-ō, acceptīs; acceptūrus,-a,-um: acceptūrō,-ā,-ō, acceptūrīs

19 mūniēns: mūniente, mūnientibus; mūnītus,-a,-um: mūnītō,-ā,-ō, mūnītīs; mūnītūrus,-a,-um: mūnītūrō,-ā,-ō, mūnītūrīs

ferēns: ferente, ferentibus; lātus,-a,-um: lātō,-ā,-ō, lātīs; lātūrus,-a,-um: lātūrō,-ā,-ō, lātūrīs

2 *a) Adv. Angabe der Zeit; ‚nachdem ...'/‚nach ...'*
b) Adv. Angabe der Zeit; ‚nachdem ...'/‚nach ...'; oder:
Adv. Angabe des Grundes; ‚weil ...'/‚wegen ...'
c) Adv. Angabe der Zeit; ‚zur Regierungszeit des Königs T.S.'
d) Adv. Angabe der Bedingung; ‚wenn ...'; oder:
Adv. Angabe der Zeit; ‚nachdem ...'/‚nach ...'
e) Adv. Angabe des Gegensatzes; ‚obwohl ...'/‚trotz ...'
f) Adv. Angabe der Art und Weise (verneint); ‚ohne daß ...'
g) omnibus cōpiīs ... fugātīs, cōnfectō proeliō, āmissā animā:
Adv. Angabe der Zeit; ‚nachdem ...'/‚nach ...'
pūgnāns *(2mal)*: *Adv. Angabe der Zeit; ‚während ...'; oder:*
Adv. Angabe der Art u. Weise; ‚indem ...'/‚in'
spīrāns, retinēns: *Prädikativum (‚atmend', ‚bewahrend')*

20 **1** hortāmur, hortātī(-ae) sunt, hortārer, hortābiminī, hortātus(-a) eram, hortātum(-am,-um) esse, hortētur, *(1)* hortātus(-a) eris, *(2)* ... sīs, hortātus(-a) essem; pollicēris, pollicēminī, pollicēminī!, pollicitus(-a) sum, pollicēbātur, pollicērēmur, polliceantur.

2 gaudēbāmus, gaudēbimus, gāvīsī(-ae) sumus/erāmus/erimus;
gaudeāmus, gaudērēmus, gāvīsī(-ae) sīmus/essēmus.
solēbant, solēbunt, solitī(-ae) sunt/erant/erunt;
soleant, solērent, solitī(-ae) sint/essent.
cōnfīdēbās, cōnfīdēs, cōnfīsus(-a) es/erās/eris;
cōnfīdās, cōnfīderēs, cōnfīsus(-a) sīs/essēs.
audēbātis, audēbitis, ausī(-ae) estis/erātis/eritis;
audeātis, audērētis, ausī(-ae) sītis/essētis.
loquēbar, loquar, locūtus(-a) sum/eram/erō;
loquar, loquerer, locūtus(-a) sim/essem
patiēbātur, patiētur, passus(-a,-um) est/erat/erit;
patiātur, paterētur, passus(-a,-um) sit/esset.

3 dīcere, dīxisse, dictūrum (-am,-um) esse, dīcī, dictum (-am,-um) esse, dictum īrī; dīcēns, dictus,-a,-um, dictūrus,-a,-um.

vocāre, vocāvisse, vocātūrum (-am,-um) esse, vocārī, vocātum (-am,-um) esse, vocātum īrī; vocāns, vocātus,-a,-um, vocātūrus,-a,-um.

movēre, mōvisse, mōtūrum (-am,-um) esse, movērī, mōtum (-am,-um) esse, mōtum īrī; movēns, mōtus,-a,-um, mōtūrus,-a,-um.

accipere, accēpisse, acceptūrum (-am,-um) esse, accipī, acceptum (-am,-um) esse, acceptum īrī; accipiēns, acceptus,-a,-um, acceptūrus,-a,-um.

audīre, audīvisse, audītūrum (-am,-um) esse, audīrī, audītum (-am,-um) esse, audītum īrī; audiēns, audītus,-a,-um, audītūrus,-a,-um.

facere, fēcisse, factūrum (-am,-um) esse, fierī, factum (-am,-um) esse, factum īrī; faciēns, factus,-a,-um, factūrus,-a,-um.

ferre, tulisse, lātūrum (-am,-um) esse, ferrī, lātum (-am,-um) esse, lātum īrī; ferēns, lātus,-a,-um, lātūrus,-a,-um.

20 esse, fuisse, futūrum (-am,-um) esse; *nur Part. Futur:* futūrus,-a,-um.
velle, voluisse, –; volēns.

īre, īsse, itūrum (-am,-um) esse, īrī, (itum esse);
iēns *(Stamm:* eunt-*)*, (itum), itūrus,-a,-um.

audēre, ausum (-am,-um) esse, ausūrum (-am,-um) esse;
*(*audēns *ist nicht üblich)*, ausus,-a,-um, ausūrus,-a,-um.

nāscī, nātum (-am,-um) esse, nāscitūrum (-am,-um) esse;
nāscēns, nātus,-a,-um, nāscitūrus,-a,-um.

proficīscī, profectum (-am,-um) esse, profectūrum (-am,-um) esse;
proficīscēns, profectus,-a,-um, profectūrus,-a,-um.

patī, passum (-am,-um) esse, passūrum (-am,-um) esse;
patiēns, passus,-a,-um, passūrus,-a,-um.

versārī, versātum (-am,-um) esse, versātūrum (-am,-um) esse;
(versāns), versātus,-a,-um, versātūrus,-a,-um.

4 timē! timēte! nōlī(te) timēre! nē timueris! nē timueritis!
cōnāre! cōnāminī! nōlī(te) cōnārī! nē cōnātus(-a) sīs! nē cōnātī(-ae) sītis!
oblīvīscere! oblīvīsciminī! nōlī(te) oblīvīscī! nē oblītus(-a) sīs! nē oblītī(-ae) sītis!
exspectā! exspectāte! nōlī(te) exspectāre! nē expectāveris! nē exspectāveritis!
dūc! dūcite! nōlī(te) dūcere! nē dūxeris! nē dūxeritis!
fer! ferte! nōlī(te) ferre! nē tuleris! nē tuleritis!
venī! venīte! nōlī(te) venīre! nē vēneris! nē vēneritis!
loquere! loquiminī! nōlī(te) loquī! nē locūtus(-a) sīs! nē locūtī(-ae) sītis!
cōnfīde! cōnfīdite! nōlī(te) cōnfīdere! nē cōnfīsus(-a) sīs! nē cōnfīsī(-ae) sītis!

21 *2* fēliciter, honestē, līberē, miserē, populāriter, pulchrē, sapienter, superbē.

3 alius, beātus, bonus, excellēns, fortis, improbus, rārus, tūtus, prūdēns.

6 T (2), Zeile 34, 37, 41, 44.

22 *2* bonus,-a,-um; melior, melius; optimus,-a,-um; bene, melius, optimē
facilis,-e; facilior,-ius; facillimus,-a,-um; **facile,** facilius, facillimē
longus,-a,-um; longior,-ius; longissimus,-a,-um; longē, longius, longissimē
pulcher,-chra,-chrum; pulchrior,-ius; pulcherrimus,-a,-um;
pulchrē, pulchrius, pulcherrimē.

3 māiōre glōriā: māgnā, maximā glōriā; gravissimum perīculum: grave, gravius perīculum; ab optimō homine: ā bonō, meliōre homine; poētae clārō: poētae clāriorī, clārissimō; locōrum celebriōrum: locōrum celebrium, celeberrimōrum.

5 *a)* quam Cornēlia, ... fīlia = Cornēliā, ... fīliā *b)* sōle = quam sōl *(Subjekt)* *c)* amīcitiā = quam amīcitiam *(Akk.-Objekt)* *d)* Athēnīs = quam Athēnās *(Akk.-Objekt)* *e)* patriā = quam patriam *(Subjekt des AcI)*.

7 *d)* quō – eō (T 3f.); quot – tot (T 35); quālis – tālis (T 36); tantō – quantō (T 42f.)

8 *a)* certō locō: *abl. loci;* locīs manūque: *abl. instrumentalis* *b)* locō: *abl. separativus* *c)* Rōmā: *abl. separativus;* Athēnīs: *abl. loci* *d)* paucīs diēbus (post): *abl. mensurae* *e)* paucīs annīs: *abl. temporis (‚innerhalb von ...‘);* Galliā: *abl. separativus* *f)* iniūriīs: *abl. sep.* *g)* excellentī prūdentiā: *abl. qualitatis* *h)* artificiīs: *abl. comparationis* *i)* Caesare interfectō: *abl. absolutus;* Cicerōne auctōre: *abl. abs. (Abl. mit nominaler Ergänzung)* *j)* fortī animō: *abl. modi* *k)* nātūrā et mōribus: *abl. limitationis.*

23 *1* ōrnandī; ōrnandus,-a,-um; videndī; videndus,-a,-um; regendī; regendus,-a,-um; accipiendī; accipiendus,-a,-um; ērudiendī; ērudiendus,-a,-um; admīrandī; admīrandus,-a,-um; oblīvīscendī; oblīvīscendus,-a,-um.

5 *Satzgliedfunktion der Infinitive:*
a) Subjekt (2x) b) Objekt c) petere: *Subjekt;* assequī: *Objekt d) Objekt (2x) e) Objekt (3x) f) AcI: Subjekt (zu* oportet*);* tenērī: *Objekt g) Subjekt (2x) h) Subjekt (Prädikat:* mōs erat*) i) AcI: Subjekt (Prädikat:* tempus est*; s. 17 G 3.1); (*suī colligendī: *-nd-Gruppe als Genitiv-Attribut zu* tempus*) j)* habēre: *Subjekt (Prädikat:* maxima laus est); sīgnificārī: *Objekt (zu* putant: *„Was glauben sie?"); AcI (*nēminem posse*): Subjekt (zu* sīgnificārī: *„Wer/was wird angezeigt?");* cōnsistere: *Objekt.*

24 *1* *a) Unerfüllbarer Wunsch der Vergangenheit b) Dubitativ (2 mal); Abh. Wunschsatz (Objektsatz) c) Verbot (Prohibitiv) d) Irrealis der Gegenwart e) Finalsatz f) Abhängiger Befürchtungssatz (Objektsatz) g) Indirekter Fragesatz; Potentialis der Vergangenheit; Konsekutivsatz h) Temporalsatz; 2 abhängige Aufforderungssätze (Objektsätze);* refert: *Erzählpräsens i) Potentialis der Gegenwart j) Konsekutivsatz; Abhängiger Befürchtungssatz (Subjektsatz) k) Konzessivsatz (‚wenn auch...').*

3 *a) konzessiver Nebensinn b) konsekutiver Nebensinn c)* metuat: *Modusangleichung an* dīligat *(Potentialis) d) finaler Nebensinn; e) kausaler Nebensinn (*invēneris*);* cum adstitisset: *Temporalsatz.*

26 *2* *e)* colat: *Potentialis;* tollātur: *Modusangleichung.*

3 *Caesar erwähnte zu Beginn seiner Rede seine und des Senats Wohltaten gegenüber Ariovist:* ***dass*** *er vom Senat „König und Freund" genannt worden sei,* ***dass*** *ihm sehr reichlich Geschenke geschickt worden seien. Sodann forderte er, dass er mit den Häduern, den Bundesgenossen und Freunden des römischen Volkes, keinen Krieg anfangen solle, dass er die Geiseln zurückgeben solle, dass er keine Germanen zusätzlich den Rhein überschreiten lassen solle. Darauf antwortete Ariovist:* ***Wenn*** *er eine Anzahl Germanen nach Gallien hinüberführe, so tue er das zu seinem Schutz, nicht zum Angriff gegen Gallien; für diesen Sachverhalt sei Beweis (die Tatsache),* ***dass*** *er keinen Krieg angefangen, sondern lediglich (einen Angriff) abgewehrt habe. Die Römer täten Unrecht,* ***dass*** *sie versuchten, ihn aus seinem Gallien, das er durch Krieg erobert habe, zu vertreiben. Er werde mit den Häduern keinen Krieg anfangen, wenn sie bei dem blieben,* ***was*** *sie versprochen hätten; wenn sie* ***das*** *aber nicht täten, werde ihnen die Freundschaft des römischen Volkes nichts nützen.* ***Wenn*** *Caesar sage, die Häduer seien Freunde des römischen Volkes, so müsse er (A.) vermuten, dass Caesar unter dem Vorwand der Freundschaft das Heer, das er in Gallien habe, nur habe, um Druck auf ihn auszuüben. Wenn Caesar nicht aus diesen Gebieten abziehe, werde er ihn als Feind ansehen.* ***Wenn*** *er* ***nun*** *Caesar töte, werde er damit vielen vornehmen und führenden Männern des römischen Volkes einen Gefallen tun.* ***Wenn aber*** *Caesar abziehe, werde er ihm großen Dank abstatten und alle Kriege, die Caesar geführt haben wolle, ohne Anstrengung und Risiko für ihn durchführen.*

4 *a) während b) solange c) bis (finaler Nebensinn) d) bis e) wenn nur*

27 *1* *a)* fore = futūra esse; dī = deī *b)* condidēre = condidērunt; habuēre = habuērunt *c)* līberāsset = līberāvisset *d)* rogāstī = rogāvistī; iūdicārit = iūdicāverit *e)* perfruēre = perfruēris; bacchābere = bacchāberis.

Lernvokabeln

1

1. Substantive

amīcus,-ī	*Substantiv:* Freund *Adjektiv:* befreundet, freundlich gesinnt
grātia,-ae	Anmut; Beliebtheit; Gunst; Gefälligkeit, Gnade; Dank, Dankbarkeit
hōra,-ae	Stunde
incola,-ae, *m*	Einwohner
locus,-ī, *m*	Ort, Platz; Rang, (sozialer) Stand
Plur.: loca,-ōrum, *n*	Orte, Plätze; Gegend
oppidum,-ī	Stadt
patria,-ae	Vaterland, Vaterstadt, Heimat
pecūnia,-ae	Geld
verbum,-ī	Wort
vīlla,-ae	Landhaus, Villa

2. Adjektive

Graecus,-a,-um	griechisch; *Substantiv (m):* Grieche
māgnus,-a,-um	groß
multus,-a,-um	viel
multī,-ae,-a	viele
Rōmānus,-a,-um	römisch; *Substantiv (m):* Römer
situs,-a,-um	gelegen, befindlich

3. Verben

ambulāre	umhergehen, spazieren gehen
audīre	hören
dēlectāre	erfreuen
esse (est, sunt)	*Hilfsverb:* sein *Vollverb:* vorhanden sein, existieren
posse (potest, possunt)	können
habēre	haben, halten
grātiam habēre	Dankbarkeit haben, dankbar sein
dēbēre (< dē-hibēre)	schulden, verdanken, müssen
īre (it, eunt)	gehen
ob-īre (ob-it, ob-eunt)	entgegengehen, hingehen, besuchen; (einer Beschäftigung) nachgehen
red-īre (red-it, red-eunt)	zurückgehen, zurückkehren
trāns-īre, (trāns-it,-eunt)	hinübergehen, überschreiten
(ad-)iuvāre *(m.Akk.)*	unterstützen, helfen
laudāre	loben
manēre	bleiben, warten
mūtāre	(ver-)ändern, wechseln
tenēre	halten, festhalten
per-tinēre	sich erstrecken; sich auf etw. beziehen
re-tinēre	zurückhalten, festhalten, behalten

1

velle (vult, volunt)	wollen
venīre	kommen

4. Präpositionen

ad *mit Akkusativ*	zu, nach ... hin, an *(Frage: wohin?)* bei, an *(Frage: wo?)*
cum *mit Ablativ*	(zusammen) mit
dē *mit Ablativ*	von ... herunter; von ... her (= wegen); von = über
ē *(vor Konsonant)* ex *(vor Vokal)* } *m. Abl.*	aus
in *mit Akkusativ* *mit Ablativ*	in, an, auf, zu, nach, gegen *(Frage: wohin?)* in, an, auf *(Frage: wo?)*

5. Sonstige

autem	aber
et	und, auch
itaque *Adverb*	und so, daher
nōn *(Verneinung der Aussage)*	nicht
-que *(an ein Wort angehängt)*	und
saepe *Adv.*	oft

2

1. Substantive, Adjektive

causa,-ae	Sache, Ursache, Grund; Gerichtsprozess, Prozessrede
epistula,-ae	Brief
neg-ōtium,-ī	Beschäftigung, Geschäft, Aufgabe
nōtus,-a,-um	bekannt
prīvātus,-a,-um	(ohne öffentliches Amt:) privat
pūblicus,-a,-um	staatlich, öffentlich
studium,-ī	Eifer, Interesse, Studium, Übung
via,-ae	Weg

2. Personalpronomina

egō	ich
nōs	wir
tū	du
vōs	ihr

3. Fragewörter

quis?	wer?
quid?	was? warum?
cūr?	warum?
-ne *(an das erste Wort eines Fragesatzes angehängt)*	*Einleitung einer Satzfrage*

2

nōnne *(am Anfang eines Fragesatzes)*	nicht wahr, ... doch? ... nicht? etwa nicht? *(positive Antwort erwartet)*
num *(am Anfang eines Fragesatzes)*	doch wohl nicht? etwa? *(negative Antwort erwartet)*
utrum – an -ne – an ... – an	*Einleitung einer Doppelfrage:* ... – oder ...?

4. Verben

im-pedīre, im-pediō	hindern
licēre, licet	erlaubt sein, möglich sein
[īre, eō *1 LV*]	
ab-īre, ab-eō	weggehen
properāre, properō	eilen, sich beeilen
timēre, timeō	(sich) fürchten
vacāre, vacō *(m. Abl.)*	frei sein (von etw.)
vidēre, videō	sehen

5. Sonstige

atque	und
aut	oder
aut – aut	entweder – oder
causā *m. Gen. (nachgestellt)*	wegen, um ... willen
cum *(Subjunktion m.Indikativ)*	wenn *(temporal, entspr. engl. when)*
et – et	sowohl – als auch
iam *Adv.*	nunmehr; schon
ibi *Adv.*	dort
ita *Adv.*	so
minimē *Adv.*	keineswegs
neque	und nicht
neque – neque	weder – noch
numquam *Adv.*	niemals
prope *Adv.*	beinahe, fast
Präpos. m. Akk.	nahe bei
quod *(Subjunktion m. Ind.)*	dass; weil
quoque *(nachgestellt)*	auch
sed	aber, sondern

3

1. Substantive, Adjektive

clārus,-a,-um	hell, klar, berühmt
integer, integra, integrum	unversehrt, unbescholten, uneigennützig
liber, librī	Buch
līber, lībera, līberum	frei
līberī,-ōrum, *m*	Kinder
memoria,-ae	Gedächtnis, Erinnerung; Überlieferung
mundus,-ī	Welt

3

nātūra,-ae	Beschaffenheit, Wesen, Natur
nātus,-a,-um	geboren
puer, puerī	Junge, Kind
pulcher, pulchra, pulchrum	schön
vir, virī	Mann

2. Pronomina

hic, haec, hoc	dieser (hier)
ille, illa, illud	jener; jener bekannte
ipse, ipsa, ipsum	selbst
iste, ista, istud	dieser (da)
meus,-a,-um	mein
noster, nostra, nostrum	unser
suus,-a,-um	sein, ihr
tuus,-a,-um	dein
vester, vestra, vestrum	euer
Pronominaladjektive:	
alius, alia, aliud	ein anderer
alius – alius	einer – ein anderer
alter, altera, alterum	einer von beiden
alter – alter	der eine – der andere
tōtus,-a,-um	ganz
ūnus,-a,-um	einer *(Zahlwort)*
uter, utra, utrum	welcher von beiden?

3. Verben

amāre, amō	lieben
ap-pellāre, ap-pellō	anreden, (be-)nennen
habitāre, habitō	wohnen, bewohnen
movēre, moveō	bewegen, veranlassen; beeindrucken
scīre, sciō	wissen, kennen
[tenēre *1 LV*]	
con-tinēre,-tineō	zusammenhalten; zurückhalten; begrenzen; (als Inhalt) enthalten (*Passiv:* enthalten sein)

4. Sonstige

enim *(nachgestellt)*	nämlich
etiam	auch, sogar
nōn modo / nōn sōlum / nōn tantum – sed etiam	nicht nur – sondern auch
magis *Adv.*	mehr
modo *Adv.*	nur
nam *(an 1. Stelle)*	denn
quamquam	obwohl
sī	wenn *(= engl. if; frz. si)*
tamen *Adv.*	dennoch, trotzdem
ubi *Adv.*	wo

4

1. Substantive, Adjektive, Pronomina

amīcitia,-ae	Freundschaft
annus,-ī	Jahr
bonus,-a,-um	gut
cārus,-a,-um	lieb, teuer, wertvoll
cōpia,-ae	Vorrat, Menge, Möglichkeit
Pl.: cōpiae,-ārum	Vorräte; Truppen
cupidus,-a,-um *(m. Gen.)*	begierig (nach)
doctrīna,-ae	Lehre, Gelehrsamkeit, Bildung
dōnum,-ī	Gabe, Geschenk
fortūna,-ae	Schicksal: Glück, Unglück
Pl.: fortūnae,-ārum	Glücksgüter, Vermögen
frūmentum,-ī	Getreide
grātus,-a,-um	willkommen, angenehm; dankbar
imperium,-ī	Befehl(sgewalt), Herrschaft, Macht; Befehlsbereich, Reich
inimīcus,-a,-um	feindlich; *Subst. (m):* Feind
iniūria,-ae	Ungerechtigkeit
inopia,-ae	Mangel, Not
littera,-ae	Buchstabe
Pl.: litterae,-ārum	Buchstaben; Brief, Literatur, Wissenschaft
nūllus,-a,-um *(Pronominaladjektiv)*	keiner
officium,-ī	Dienstleistung, Dienst, Pflicht, Pflichtgefühl
ōtium,-ī	Muße, Freizeit, Ruhe
probus,-a,-um	rechtschaffen
im-probus,-a,-um	verbrecherisch, ruchlos
rārus,-a,-um	rar, selten
sapientia,-ae	Weisheit
sē (suī, sibi) *(Reflexivpronomen)*	sich
vacuus,-a,-um *(m. Abl.)*	frei (von)
vērus,-a,-um	wahr, echt
vīta,-ae	Leben

2. Verben

dōnāre, dōnō	schenken, geben
[esse, sum *1 LV*]	
ad-esse, ad-sum	da sein, anwesend sein; *mit Dativ:* teilnehmen an ...; *mit Dativ einer Person:* beistehen
ab-esse, ab-sum	abwesend sein; entfernt sein
prōd-esse, prō-sum	nützlich sein, nützen
placēre, placeō	gefallen
spectāre, spectō	(an-)schauen, blicken
ex-spectāre,-spectō	ausschauen, erwarten

4

[tenēre *1 LV*]	
abs-tinēre,-tineō (ab) *m. Abl.*	sich fernhalten, sich enthalten
[venīre *1 LV*]	
in-venīre,-veniō	finden, erfinden

3. Sonstige

ā/ab *m. Abl.*	von ... her, von ... weg; von *(beim Passiv)*
hodiē *Adv.*	heute
per *m. Akk.*	durch, mittels; wegen
propter *m. Akk.*	wegen, um ... willen
quasi *Adv.*	gleichsam
quidem *Adv. (nachgestellt)*	wenigstens, jedenfalls, zwar
semper *Adv.*	immer
tum *Adv.*	damals, dann, darauf
[vērus *s.o.*]	
vērē *Adv.*	wahrhaftig, wahrlich, wirklich
vērō *Adv.*	wahrlich, freilich; aber, jedoch

5

1. Nomina

ager, agrī	Ackerland, Feld; *Pl.:* Felder; Land
animus,-ī	Seele, Geist, Gemüt, Mut, Sinn; Gesinnung
argūmentum,-ī	Beweis, Argument
beātus,-a,-um	glücklich, glückselig
caelum,-ī	Himmel; Wetter
exemplum,-ī	Beispiel, Vorbild
fāma,-ae	Gerede: Gerücht, Sage; (guter/schlechter) Ruf
gaudium,-ī	Freude
glōria,-ae	Ruhm, Ehre
invidia,-ae	Missgunst, Neid
īra,-ae	Zorn
is, ea, id	*anaphorisch:* dieser, diese, dieses; der, die, das; *oblique Kasus:* er, sie, es *Genitiv (poss.):* = sein, ihr *korrelativ:* der-/die-/dasjenige
miser, misera, miserum	unglücklich, elend
perīculum,-ī	Gefahr
poēta,-ae, *m*	Dichter
populus,-ī	Volk
terra,-ae	Erde, Land

2. Verben

ac-cūsāre, ac-cūsō	anklagen
capere, capiō	fassen, nehmen, fangen
per-cipere,-cipiō	erfassen, wahrnehmen, entnehmen

5

celebrāre, celebrō	häufig besuchen; rühmen, preisen
docēre, doceō	belehren, informieren
dūcere, dūcō	führen; glauben
facere, faciō	machen
verba facere	Worte sprechen
af-ficere,-ficiō *(m. Abl.)*	ausstatten, versehen (mit etw.)
re-ficere,-ficiō	wiederherstellen
dē-fendere, dē-fendō	verteidigen
[habēre *1 LV*]	
praebēre, praebeō (< prae-hib-)	darreichen, gewähren, verschaffen
iacere, iaciō	werfen
ē-icere, ē-iciō *(gesprochen: ē-jic-)*	hinauswerfen
legere, legō	sammeln, lesen
neg-legere,-legō	nicht beachten, missachten
ōrnāre, ōrnō	ausstatten, schmücken
pellere, pellō	schlagen, stoßen, treiben
ex-pellere,-pellō	hinausstoßen, vertreiben
im-pellere,-pellō	antreiben, veranlassen
petere, petō	erstreben, erbitten; angreifen
quaerere, quaerō	suchen, (nach jem./etw.) fragen
quaerere ab/ex *m. Abl.*	jem. fragen
rapere, rapiō	fortreißen, rauben
dē-spicere,-spiciō	herabsehen, verachten
re-spicere,-spiciō	zurückblicken, betrachten, berücksichtigen
tollere, tollō	hochheben, erheben; beseitigen
vīvere, vīvō	leben

3. Sonstige

domī *Adv.*	zuhause
praetereā *Adv.*	außerdem
prō *m. Abl.*	vor (zum Schutz), für, zugunsten; anstatt; im Verhältnis zu

6

1. Nomina

auxilium,-ī	Hilfe; *Pl.:* Hilfstruppen
cūra,-ae	Sorge
sē-cūrus,-a,-um	sorgenfrei, sicher
factum,-ī	Tat, Tatsache, Ereignis
[nūllus *4 LV*]	
nōn-nūllī,-ae,-a	einige
odium,-ī	Hass
parvus,-a,-um	klein, gering

6

quī, quae, quod	*adjektivisches Fragepronomen:* welcher, welche, welches? *Relativpronomen:* der, die, das; welcher, welche, welches
tēlum,-ī	Geschoss, (Angriffs-)Waffe

2. Verben

[aestimāre]	
ex-īstimāre, ex-īstimō	schätzen, glauben, meinen
[capere *5 LV*]	
ac-cipere,-cipiō	annehmen, empfangen, erhalten
carēre, careō *(m. Abl.)*	entbehren, nicht haben
cēdere, cēdō	(weg-)gehen, weichen
con-cēdere,-cēdō	nachgeben, zugeben, zugestehen
cōgitāre, cōgitō	denken, beabsichtigen
cupere, cupiō	begehren, verlangen, wünschen
dīcere, dīcō	sagen
errāre, errō	irren
ferre, ferō	tragen, bringen; berichten; antreiben
af-ferre,-ferō	hinbringen, herbeibringen, beitragen; zufügen
dif-ferre,-ferō	aufschieben, verschieben; sich unterscheiden
ef-ferre,-ferō	heraus-, hinaustragen; emporheben
īn-ferre,-ferō	hineintragen, zufügen
per-ferre,-ferō	ertragen, durchhalten; überbringen
fierī, fīō	werden, geschehen, gemacht werden
inquit *(in die direkte Rede eingeschoben)*	sagt(e) er/sie
dī-ligere, dī-ligō	hochachten, schätzen, lieben
rogāre, rogō	fragen, bitten
inter-rogāre,-rogō	fragen
scrībere, scrībō	schreiben
cōn-scrībere,-scrībō	(Schriften) verfassen; (Truppen) aufstellen, ausheben
sentīre, sentiō	fühlen, denken, wahrnehmen
cōn-sulere, cōn-sulō *m. Akk.*	um Rat fragen, konsultieren
m. Dat.	für jem./etw. sorgen
tegere, tegō	(be-, ver-)decken, schützen
trahere, trahō	ziehen, schleppen
[venīre *1 LV*]	
per-venīre,-veniō	(ans Ziel) gelangen, hinkommen

3. Sonstige

cum *Subjunktion*	1. (dann) **wenn** 2. (jedesmal) **wenn** 3. (wenn =) indem; dadurch, dass

6

eō *Adv.*	dorthin
ferē *Adv.*	fast, beinahe
maximē *Adv.*	am meisten, sehr
nisi *Subjunktion*	wenn nicht
propterea *Adv.*	deswegen
quam *Vergleichsadverb*	wie; als
quia *Subjunktion*	weil
quō *Adv.*	wohin
quoniam *Subjunktion*	da ja, weil bekanntlich
tantum *Adv.*	nur

7

1. Nomina

aes, aeris, *n*	Bronzeerz, Bronzegeld
aliēnus,-a,-um	fremd, abgeneigt, unpassend
aes aliēnum	(fremdes Geld =) Schulden
auctōritās,-tātis, *f*	Urheberschaft; Ansehen, Würde
cīvitās,-tātis, *f*	Bürgerschaft, Gemeinde, Stadt, Stamm, Staat; Bürgerrecht
cōnsuētūdō,-tūdinis, *f*	Gewohnheit, Verhaltensweise; geselliger Umgang
corpus, corporis, *n*	Körper, Gestalt
deus,-ī	Gott
dominus,-ī	Hausherr, Herr
duō, duae, duō	zwei
dux, ducis, *m/f*	Führer(in)
eques, equitis, *m*	Reiter; Ritter *(sozialer Stand)*
flūmen,-minis, *n*	Fluss
frīgidus,-a,-um	kalt
genus, generis, *n*	Geschlecht, Art
hiems, hiemis, *f*	Winter
homō, hominis, *m*	Mensch
honor (honōs), honōris, *m*	Ehre
īdem, eadem, idem	der-, die-, dasselbe
iter, itineris, *n*	Weg, Marsch, Reise
Iup(p)iter, Iovis, *m*	Jupiter (‚Himmelsvater')
iūs, iūris, *n*	Recht
labor, labōris, *m*	Anstrengung, Mühe, Arbeit
māgnitūdō,-tūdinis, *f*	Größe
mōs, mōris, *m*	Sitte; *Pl.:* Sitten, Moral; Charakter
nātiō,-tiōnis, *f*	Herkunft; Volksstamm, Volk
opīniō,-iōnis, *f*	Vermutung, Meinung
pecus, pecoris, *n*	Vieh; Fleisch
plēbs, plēbis, *f*	Volk *(die nichtadligen freien Bürger)*
prīnceps,-cipis	der erste; *Subst.(m):* der Erste, der führende Mann, Häuptling, Fürst

7

ratiō,-tiōnis, *f*	Rechnung, Überlegung, Methode, Art und Weise; Vernunft
regiō,-iōnis, *f*	Richtung, Gegend
reliquus,-a,-um	übrig
servus,-ī	Sklave
servitūs,-tūtis, *f*	Sklaverei, Knechtschaft
summus,-a,-um	oberster, höchster

2. Verben

colere, colō	behandeln, pflegen, bebauen; verehren
studēre, studeō *(m. Dat.)*	eifrig betreiben, sich (um etw.) bemühen, (etw.) erstreben

3. Sonstige

atque, ac	und; *nach Ausdr. der Gleichheit:* wie
post *Adv.*	danach, später
Präposition m. Akk.	hinter, nach

8

1. Nomina

adulēscēns,-centis, *m*	Jüngling, junger Mann
anima,-ae	Lebenshauch, Seele
bellum,-ī	Krieg
carmen,-minis, *n*	Lied, Gedicht, Epos
certus,-a,-um	festgelegt, bestimmt, sicher
cēterī,-ae,-a	die übrigen
cultūra,-ae	Bebauung, Pflege
cupiditās,-tātis, *f*	Begehrlichkeit, Begierde, Gier
disciplīna,-ae	Lehre, Fach, Erziehung, Zucht, Disziplin
discipulus,-ī	Schüler
frāter, frātris, *m*	Bruder
īnstitūtum,-ī	Einrichtung, Anordnung, Vorhaben
iuventūs,-tūtis, *f*	Jungmannschaft, Jugend
laus, laudis, *f*	Lob, Ehre, Ruhm
māter, mātris, *f*	Mutter
modus,-ī	Maß, Art und Weise
morbus,-ī	Krankheit
nēmō *(Dat.* nēminī, *Akk.* nēminem; *Gen. u. Abl. nicht gebräuchlich)*, *m*	niemand
nihil, *n*	nichts
numerus,-ī	Zahl
pater, patris, *m*	Vater
praesidium,-ī	Schutz, Schutztruppe, befestigter Posten
sē-parātus,-a,-um	getrennt, abgesondert
sōlitūdō,-tūdinis, *f*	Einsamkeit, Einöde
virtūs,-tūtis, *f*	Tüchtigkeit, Tapferkeit, Tugend

8

2. Verben

[habēre *1 LV*]	
pro-hibēre,-hibeō	fernhalten, hindern
[īre *1 LV*]	
ad-īre, ad-eō	hingehen, besuchen; bitten; angreifen
inter-īre, inter-eō	untergehen, zugrunde gehen
iubēre, iubeō	auffordern, befehlen
mandāre, mandō	übergeben, anvertrauen
putāre, putō	rechnen; meinen, für etw. halten
regere, regō	lenken, regieren
sinere, sinō	lassen, zulassen
sistere, sistō	sich stellen, stehen bleiben; zum Stehen bringen, anhalten
ad-sistere,-sistō *(m. Dat.)*	(an jem.) herantreten
cōn-sistere,-sistō	stehen bleiben, sich hinstellen, Halt machen; sich niederlassen; in/aus etw. bestehen
stāre, stō	stehen
cōn-stāre, cōn-stō	feststehen, bestehen (aus); kosten
cōnstat *(m. AcI)*	es steht fest, ist bekannt
[venīre *1 LV*]	
con-venīre,-veniō	zusammenkommen, -passen; *(m. Akk.:)* antreffen
vetāre, vetō	verbieten
[vidēre *2 LV*]	
vidērī, videor *(pass. Form!)*	(er-)scheinen

3. Sonstige

apud *m. Akk.*	bei
circum *m. Akk.*	um ... herum
simul *Adv.*	zugleich

9

1. Nomina

antīquus,-a,-um	(historisch) alt
arduus,-a,-um	steil, schwierig
arma,-ōrum, *n*	(die) Waffen
avāritia,-ae	Habsucht
castra,-ōrum, *n*	das Lager
certāmen,-minis, *n*	Wettstreit, Wettkampf
concordia,-ae	Eintracht
cōnsul, cōnsulis, *m*	Konsul
dīvitiae,-ārum	Reichtümer, Reichtum
fīnitimus,-a,-um	benachbart
honestus,-a,-um	ehrenvoll, ehrenhaft; angesehen
imperātor,-tōris, *m*	Befehlshaber, Feldherr; (*seit Augustus* = Kaiser)

9

initium,-ī	Anfang
lēx, lēgis, *f*	Gesetz
lībertās,-tātis, *f*	Freiheit
mīlitia,-ae	Kriegsdienst
domī mīlitiaeque *(Lokativ)*	in Krieg und Frieden
parēns, parentis, *m/f*	Vater/Mutter
parentēs, parent(i)um, *m*	die Eltern
paucī,-ae,-a	wenige
pāx, pācis, *f*	Friede
puella,-ae	Mädchen
rēgius,-a,-um	königlich, monarchisch
rēx, rēgis, *m*	König
sōl, sōlis, *m*	Sonne

2. Verben

agere, agō	treiben, tun, handeln
vītam agere	das Leben führen, verbringen
ex-ercēre,-erceō	üben, ausüben; quälen
[esse *1 LV*]	
prae-esse,-sum *(m. Dat.)*	vorstehen, leiten
ob-oedīre, ob-oediō	gehorchen
tangere, tangō	berühren
temptāre, temptō	betasten, versuchen; angreifen
valēre, valeō	stark, gesund sein; gelten, Einfluss haben
[velle *1 LV*]	
nōlle, nōlō	nicht wollen

3. Sonstige

deinde *Adv.*	dann, darauf
igitur *(meist nachgestellt)*	also, daher
inter *m. Akk.*	unter, zwischen
nōn iam *Adv.*	nicht mehr
nec (= neque *2 LV*)	und nicht
nunc *Adv.*	nun, jetzt
posteā *Adv.*	später
sine *m. Abl.*	ohne
ut *Vergleichsadv.*	wie

10

1. Nomina

cēnsor,-sōris, *m*	(Schätzer,) Zensor
īgnōtus,-a,-um	unbekannt
luxuria,-ae	Üppigkeit, Verschwendung, Luxus
magister, magistrī	Lehrer, Meister
magistra,-ae	Lehrerin, Meisterin
monumentum,-ī	Denkmal
porta,-ae	Tor, Pforte
potentia,-ae	Macht

praetor,-tōris, *m*	Prätor
prōvincia,-ae	Provinz
quaestor,-tōris, *m*	Quästor
vitium,-ī	Fehler, Laster

2. Verben Inf. - 1.P.Sg. - Perf. Akt. - PPP

Von dieser Lektion an werden die unregelmäßigen Verben mit ihren Stammformen angegeben. Verben aus den Lektionen 1-9 werden nochmals aufgeführt.

aperīre, aperiō, aperuī, apertum	öffnen, freilegen
arcēre, arceō, arcuī	abhalten, abwehren
ex-ercēre,-erceō,-ercuī	üben, ausüben, quälen
cēdere, cēdō, cessī, cessum	(weg-)gehen, weichen
ac-cēdere,-cēdō,-cessī,-cessum	herangehen, dazukommen
con-cēdere,-cēdō,- cessī,-cessum	nachgeben, zugeben, zugestehen
suc-cēdere,-cēdō,-cessī,-cessum	nachrücken, nachfolgen; gelingen
dē-clārāre,-clārō	erklären
creāre, creō	(er-)schaffen, machen, wählen
crēscere, crēscō, crēvī	wachsen
dīcere, dīcō, dīxī, dictum	sagen
esse, sum, fuī	sein; vorhanden sein, existieren
ab-esse, ab-sum, ā-fuī	abwesend sein; entfernt sein
ad-esse, ad-sum, ad-fuī	da sein; anwesend sein *m. Dat.:* an etw. teilnehmen; jem. beistehen
prae-esse, prae-sum, prae-fuī *(m.Dat.)*	vorstehen, leiten
prōd-esse, prō-sum, prō-fuī	nützlich sein, nützen
posse, possum, potuī	können
fierī, fīō, factus sum	werden, geschehen, gemacht werden
gerere, gerō, gessī, gestum	ausführen, (ein Amt) ausüben
nōscere, nōscō, nōvī, nōtum	erkennen, kennenlernen
co-gnōscere, co-gnōscō, co-gnōvī, cognitum	erkennen, bemerken, kennenlernen
ī-gnōrāre, ī-gnōrō	nicht wissen, nicht kennen
habēre, habeō, habuī, habitum	haben, halten
pro-hibēre, pro-hibeō, pro-hibuī pro-hibitum	fernhalten, hindern
praebēre, praebeō, praebuī, praebitum	darreichen, gewähren, verschaffen
horrēre, horreō, horruī	sich entsetzen, zurückschrecken
iungere, iungō, iūnxī, iūnctum	verbinden, vereinigen
neg-legere, neg-legō, neg-lēxī, neg-lēctum	nicht beachten, missachten, vernachlässigen
dī-ligere,-ligō,-lēxī,-lēctum	hochschätzen, lieben
mittere, mittō, mīsī, missum	schicken
im-mittere,-mittō,-mīsī,-missum	hineinschicken, (hin-)einlassen
ap-pārēre,-pāreō,-pāruī	sich zeigen, sichtbar werden, erscheinen

10

placēre, placeō, placuī, (placitum)	gefallen
premere, premō, pressī, pressum	drücken, bedrücken, (be-)drängen
re-primere,-primō,-pressī, -pressum	zurückdrängen, unterdrücken
quaerere, quaerō, quaesīvī, quaesītum	suchen, (nach jem./etw.) fragen
quaerere ex *(m. Abl.)*	jemanden fragen
scīre, sciō, scīvī, scītum	wissen, kennen
scrībere, scrībō, scrīpsī, scrīptum	schreiben
cōn-scrībere,-scrībō,-scrīpsī, -scrīptum	verfassen; (Truppen) ausheben, aufstellen
cōn-spicere,-spiciō,-spexī,-spectum	erblicken
dē-spicere,-spiciō,-spexī,-spectum	herabsehen, verachten
studēre, studeō, studuī *(m. Dat.)*	eifrig betreiben, sich (um etw.) bemühen, (etw.) erstreben
tegere, tegō, tēxī, tēctum	(be-, ver-)decken, schützen
tenēre, teneō, tenuī	(fest-)halten
abs-tinēre,-tineō,-tinuī	fernhalten; sich enthalten
con-tinēre,-tineō,-tinuī	zusammenhalten, zurückhalten; begrenzen; (als Inhalt) enthalten
ob-tinēre,-tineō,-tinuī,-tentum	innehaben, besitzen; erlangen
per-tinēre,-tineō,-tinuī	sich erstrecken, sich beziehen
re-tinēre,-tineō,-tinuī,-tentum	zurückhalten, festhalten, behalten
velle, volō, voluī	wollen
nōlle, nōlō, nōluī	nicht wollen
vetāre, vetō, vetuī, vetitum	verbieten
vīvere, vīvō, vīxī, vīctum	leben
vocāre, vocō	rufen
con-vocāre,-vocō	zusammenrufen

3. Sonstige

ante *Adv.*	früher, vorher
Präpos. m. Akk.	vor
a(nte) Chr(istum) n(ātum)	vor Christi Geburt
quoad *Subjunktion*	solange

11

1. Nomina

aedificium,-ī	Gebäude
arbor, árboris, *f*	Baum
auctor,-tōris, *m*	Urheber, Veranlasser, Gewährsmann
con-iūrātiō,-tiōnis, *f*	Eidbündnis, Verschwörung
cōnsilium,-ī	Plan, Rat, Beschluss, Entschluss; Ratsversammlung
folium,-ī	Blatt
paulum *(nur Nom., Akk., Abl.Sg.)*	ein wenig
paulō ante/post	wenig früher/später

11

prīmus,-a,-um	erster
quīdam, quiddam *(subst.)*	ein gewisser, ein bestimmter;
quīdam, quaedam, quoddam *(adj.)*	*Plur. auch:* einige *(s. G 4)*
scelus, sceleris, *n*	Verbrechen
vōx, vōcis, *f*	Stimme; Wort

2. Verben

agere, agō, ēgī, āctum	treiben, tun, handeln; (Zeit) verbringen
per-agere,-agō,-ēgī,-āctum	durchführen, vollenden; (Zeit) verbringen
arguere, arguō, arguī	beschuldigen, darlegen
capere, capiō, cēpī, captum	fassen, nehmen, fangen, ergreifen; begreifen
per-cipere,-cipiō,-cēpī,-ceptum	erfassen, wahrnehmen, entnehmen
carēre, careō, caruī *(m. Abl.)*	entbehren, nicht haben
clāmāre, clāmō	rufen
ex-clāmāre,-clāmō	herausrufen, ausrufen
colere, colō, coluī, cultum	behandeln, pflegen, bebauen; verehren
cūrāre, cūrō	(be-)sorgen, sich kümmern, pflegen
dare, dō, dedī, datum	geben
crē-dere, crē-dō, crē-didī, crē-ditum	vertrauen, glauben
docēre, doceō, docuī, doctum	(be-)lehren, informieren
facere, faciō, fēcī, factum	machen
pate-facere,-faciō,-fēcī,-factum	öffnen, aufdecken
inter-ficere,-ficiō,-fēcī,-fectum	töten
iacere, iaciō, iēcī, iactum	werfen, schleudern
ē-icere, ē-iciō, ē-iēcī, ē-iectum	hinauswerfen
inquam, inquit *(in die direkte Rede eingeschoben)*	sagte ich, sagte er/ sie
īre, eō, iī, itum	gehen
ab-īre, ab-eō, ab-iī, ab-itum	weggehen
ad-īre,-eō,-iī,-itum	hingehen, besuchen; bitten; angreifen
ex-īre,-eō,-iī,-itum	hinaus-, herausgehen
inter-īre,-eō,-iī,-itum	untergehen, zugrunde gehen
ob-īre,-eō,-iī,-itum	entgegengehen, hingehen, besuchen; (einer Beschäftigung) nachgehen
red-īre,-eō,-iī,-itum	zurückgehen, zurückkehren
trāns-īre,-eō,-iī,-itum	hinübergehen, überschreiten
iubēre, iubeō, iussī, iussum	auffordern, befehlen
[mittere *10 LV*]	
com-mittere,-mittō,-mīsī, -missum	zu Stande bringen, zusammenfügen; anvertrauen; (einen Kampf) beginnen; (ein Verbrechen) begehen
ē-mittere,-mittō,-mīsī,-missum	hinaussenden, -schicken

11

pellere, pellō, pepulī, pulsum	treiben, stoßen, schlagen, vertreiben
ex-pellere, ex-pellō, ex-pulī, ex-pulsum	hinaustreiben, vertreiben, verbannen
im-pellere, im-pellō, im-pulī, im-pulsum	antreiben, veranlassen
rumpere, rumpō, rūpī, ruptum	brechen, zerreißen, sprengen
ē-rumpere,-rumpō,-rūpī,-ruptum	ausbrechen
cor-rumpere,-rumpō,-rūpī, -ruptum	verderben, bestechen, fälschen
sentīre, sentiō, sēnsī, sēnsum	fühlen, denken, wahrnehmen
sinere, sinō, sīvī, situm	lassen, zulassen
pōnere, pōnō, posuī, positum	setzen, stellen, legen
vādere, vādō	gehen, schreiten
ē-vādere,-vādō,-vāsī,-vāsum	hinausgehen, entrinnen; sich entwickeln
venīre, veniō, vēnī, ventum	kommen
con-venīre,-veniō,-vēnī,-ventum	zusammenkommen, -passen; *(m. Akk.:)* antreffen
in-venīre,-veniō,-vēnī,-ventum	finden, erfinden
per-venīre,-veniō,-vēnī,-ventum	(ans Ziel) gelangen, hinkommen
vertere, vertō, vertī, versum	wenden, drehen
vidēre, videō, vīdī, vīsum	sehen
vituperāre, vituperō	tadeln, kritisieren

3. Sonstige

anteā *Adv.*	früher, vorher
bene *Adv.*	gut
vel	oder; *steigernd:* sogar
vel – vel	entweder – oder

12

1. Nomina

animal,-ālis, *n*	Lebewesen, Tier
Athēniēnsis,-e	athenisch; *Subst. (m):* Athener
caput, capitis, *n*	Kopf, Haupt; Hauptstadt
celeber, celebris, celebre	berühmt, gefeiert
fēlīx, *Gen.Sg.:* fēlīc-is	glücklich, erfolgreich, wohlhabend
īn-fēlīx, *Gen.Sg.:* īnfēlīc-is	unglücklich, unheilvoll
fortis,-e	tapfer
gravis,-e	schwer *(von Gewicht)*, drückend; schwer *(von Bedeutung),* würdig
latus, lateris, *n*	Seite
longus,-a,-um	lang, weit
mare,-is, *n*	Meer
moenia,-ium, *n*	Stadtmauer(n)
nōbilis,-e	bekannt, berühmt, edel

ōs, ōris, *n*	Mund, Gesicht
os, ossis, *n* (*Pl.:* ossa, ossium)	Knochen, Gebein
pēs, pedis, *m*	Fuß
prūdēns, *Gen.Sg.:* prūdent-is	umsichtig, klug
senex, senis, *m*	alter Mann, Greis
tantus,-a,-um	so groß
tempus,-oris, *n*	Zeit
turris,-is, *f*	Turm
vīs, vim, vī; *Pl.:* vīrēs,-ium, *f*	Kraft, Macht, Gewalt

2. Verben

[capere *11 LV*]	
in-cipere, in-cipiō, coepī, coeptum (*oder* in-ceptum)	anfangen, beginnen
[crē-dere *11 LV*]	
trā-dere, trā-dō, trā-didī, trā-ditum	übergeben, überliefern
ferre, ferō, tulī, lātum	tragen, bringen; berichten; antreiben
cōn-ferre,-ferō, con-tulī, col-lātum	zusammentragen; vergleichen
sē cōnferre	sich begeben
dif-ferre,-ferō, dis-tulī, dī-lātum	aufschieben, verschieben; *(nur im Praes.-Stamm:)* verschieden sein
ef-ferre,-ferō, ex-tulī, ē-lātum	heraus-, hinaustragen; emporheben
īn-ferre,-ferō, in-tulī, il-lātum	hineintragen; jem. etw. zufügen
per-ferre,-ferō,-tulī,-lātum	ertragen; überbringen
tollere, tollō, sus-tulī, sub-lātum	emporheben, aufheben; beseitigen
intrāre, intrō	eintreten, betreten
legere, legō, lēgī, lēctum	auflesen, sammeln; auslesen, lesen
col-ligere,-ligō,-lēgī,-lēctum	zusammenlesen, sammeln
regere, regō, rēxī, rēctum	lenken, leiten, regieren
pergere, pergō, per-rēxī, per-rēctum	weitermachen, fortfahren
dē-scendere,-scendō,-scendī, -scēnsum	herab-, hinabsteigen
sedēre, sedeō, sēdī, sessum	sitzen
cōn-sīdere,-sīdō,-sēdī	sich setzen, sich niederlassen
[cōn-spicere *10 LV*]	
re-spicere,-spiciō,-spexī,-spectum	zurückblicken, betrachten, berücksichtigen
stāre, stō, stetī, (stātum)	stehen
sistere, sistō, stetī/stitī, stātum	sich stellen, stehen bleiben; zum Stehen bringen, anhalten
ad-sistere,-sistō,-stitī *(m. Dat.)*	(an jem.) herantreten
dē-sistere,-sistō,-stitī	Abstand nehmen, ablassen, aufhören

12

statuere, statuō, statuī, statūtum	aufstellen, feststellen, beschließen
cōn-stituere,-stituō,-stituī, -stitūtum	hinstellen, feststellen, errichten; beschließen
dī-videre, dī-vidō, dī-vīsī, dī-vīsum	teilen, trennen

3. Sonstige

cum / ubi / ut } (prīmum) mit *Ind. Perfekt*	sobald
dum *m. Ind. Präsens*	während
m. Ind. (Zeit wie im übergeordneten Satz) (= dōnec, quoad, quamdiū)	solange (wie/als)
m. Ind. Perfekt (= dōnec, quoad)	(solange) bis
[longus *s.o.*]	
longē *Adv.*	weit; bei weitem, weitaus
postquam *m. Ind. Perfekt*	nachdem
sub *m. Akk.*	unter *(Frage: wohin?);* unmittelbar vor/nach
m. Abl.	unter *(Frage: wo?),* unterhalb; während
subitō *Adv.*	plötzlich
vix *Adv.*	kaum

13

1. Nomina

Carthāginiēnsis,-e	karthagisch; *Subst. (m):* Karthager
cīvīlis,-e	bürgerlich, Bürger-...
cīvis,-is, *m*	Bürger
cor, cordis, *n*	Herz
dīves, *Gen.Sg.:* dīvit-is	reich
ex-cellēns, *Gen.Sg.:* excellent-is	hervorragend
hostis,-is, *m*	Feind
in-crēdibilis,-e	unglaublich
mīlle *(undeklinierbar)* *Pl.:* mīlia,-ium, *n*	tausend
mōbilis,-e	beweglich, unbeständig, wankelmütig
mōns, montis, *m*	Berg
nātūrālis,-e	natürlich, naturgegeben, wesenhaft
nāvis,-is, *f*	Schiff
omnis,-e	jeder, ganz; *Pl.:* alle
optimātēs,-ium, *m*	Aristokraten; *in der römischen Innenpolitik:* Optimaten *(die Senatspartei)*
orbis,-is, *m*	Kreis
orbis terrārum	der Erdkreis
pars, partis, *f*	Teil, Seite, Rolle *(eines Schauspielers)*
pauper, *Gen.Sg.:* pauper-is	arm

populāris,-e	zum Volk gehörig; volksfreundlich, demokratisch
recēns, *Gen.Sg.:* recent-is	frisch, neu
rēgnum,-ī	Königsherrschaft, Königreich
salūs, salūtis, *f*	Heil, Wohlergehen, Rettung
sententia,-ae	Meinung, Sinn, Satz
Tiberis,-is, *m*	der Tiber
trēs, tria	drei
triumphus, -ī	Triumph
triumphum agere	einen Triumph feiern
tūtus,-a,-um	geschützt, sicher
urbs, urbis, *f*	(Groß-)Stadt; die Stadt Rom
vetus, *Gen.Sg.:* veter-is	alt

2. Verben

ex-cellere,-cellō	hervorragen, sich auszeichnen
[crēdere *11 LV*]	
con-dere, con-dō, con-didī, con-ditum	zusammentun, -legen; gründen; bergen; (einen Toten) bestatten
[facere *11 LV*]	
per-ficere,-ficiō,-fēcī,-fectum	vollenden, herstellen
[ferre *12 LV*]	
af-ferre, af-ferō, at-tulī, ad-lātum (al-lātum)	hinbringen, herbeibringen, beitragen; zufügen
fluere, fluō, flūxī	fließen
īn-fluere,-fluō,-flūxī	hineinfließen
[legere *12 LV*]	
dē-ligere,-ligō,-lēgī, -lēctum	auslesen, auswählen
movēre, moveō, mōvī, mōtum	bewegen, beeinflussen
ad-movēre,-moveō,-mōvī,-mōtum	heranbewegen, heranführen
nūntiāre, nūntiō	melden
dē-nūntiāre,-nūntiō	ankündigen, verraten
[pōnere *11 LV*]	
op-pōnere,-pōnō,-posuī,-positum	entgegenstellen, (einer Gefahr) aussetzen
[stāre *12 LV*]	
cōn-stāre,-stō,-stitī	feststehen, bestehen (aus); kosten
cōn-stat *(m. AcI)*	es steht fest, es ist bekannt
prae-stāre,-stō,-stitī, (-stitum)	voranstehen, übertreffen; (einen Dienst) leisten, erweisen
[venīre *11 LV*]	
ad-venīre,-veniō,-vēnī,-ventum	ankommen
[vidēre *11 LV*]	
prō-vidēre,-videō,-vīdī,-vīsum	*m. Akk.:* vorhersehen, voraussehen; besorgen *m. Dat.:* Vorsorge treffen (für)
vītāre, vītō	meiden, vermeiden

13

3. Sonstige

neque enim	denn nicht
circiter *Adv.*	ungefähr

14

1. Nomina

amor, amōris, *m*	Liebe
com-modum,-ī	Vorteil, Bequemlichkeit
dīgnus,-a,-um *(m. Abl.)*	würdig *(m. Gen.)*
dīvīnus,-a,-um	göttlich
fīlia,-ae	Tochter
fīlius,-ī	Sohn
hūmānus,-a,-um	menschlich
īn-sidiae,-ārum	Hinterhalt, Anschlag
mīles, mīlitis, *m*	Soldat
mors, mortis, *f*	Tod
nūntius,-ī	Bote, Nachricht
ōrātiō,-tiōnis, *f*	Rede
propinquus,-a,-um	nahe, verwandt; Verwandter
quantus,-a,-um	wie groß
quot *(undeklinierbar)*	wie viele
supplicium,-ī	demütiges Bitten; Todesstrafe, Hinrichtung
suppliciō afficere	hinrichten

2. Verben

cadere, cadō, cécidī, (cāsum)	fallen
caedere, caedō, cecīdī, caesum	niederhauen, fällen, töten
[capere *11 LV*]	
ac-cipere,-cipiō,-cēpī,-ceptum	annehmen, empfangen, erhalten
damnāre, damnō	verurteilen
capitis damnāre	zum Tod verurteilen
dūcere, dūcō, dūxī, ductum	führen; glauben
[facere *11 LV*]	
af-ficere,-ficiō,-fēcī,-fectum *(m. Abl.)*	mit etw. ausstatten, versehen
fugere, fugiō, fūgī, (fugitum)	fliehen, meiden
cōn-fugere,-fugiō,-fūgī, (-fugitum)	sich flüchten
ef-fugere,-fugiō,-fūgī, (-fugitum) *(m. Akk.)*	entfliehen, entkommen
[habēre *10 LV*]	
ad-hibēre,-hibeō,-hibuī,-hibitum	hinzunehmen, anwenden
[īre *11 LV*]	
mortem obīre	den Tod erleiden, sterben
subīre,-eō,-iī,-itum	unter etw. gehen, auf sich nehmen, erdulden; betreten

līberāre, līberō	befreien, auslösen
[mittere *10 LV*]	
per-mittere,-mittō,-mīsī,-missum	überlassen, erlauben
monēre, moneō, monuī, monitum	erinnern; ermahnen, warnen
nocēre, noceō, nocuī, (nocitum)	schaden
occupāre, occupō	besetzen, an sich reißen; beschäftigen
parāre, parō	vorbereiten, bereiten, planen; sich anschicken
pārēre, pāreō, pāruī	gehorchen, sich nach ... richten
[pōnere *11 LV*]	
ex-pōnere,-pōnō,-posuī,-positum	ausstellen, aussetzen; darlegen
poscere, poscō, poposcī	fordern
servīre, serviō	Diener sein, dienen
solvere, solvō, solvī, solūtum	lösen, befreien; zahlen
ab-solvere,-solvō,-solvī,-solūtum	loslösen, freisprechen, freilassen; vollenden
cōn-sulere, cōnsulō, cōnsuluī, cōnsultum	*m. Akk.:* um Rat fragen; *m. Dat.:* für jem./etw. sorgen
timēre, timeō, timuī	(sich) fürchten
valēre, valeō, valuī	gesund sein; gelten, Einfluss haben

3. Sonstige

cum *mit Indikativ*	*relativisch:* damals, **als**; dann, **wenn**
	iterativ: immer, **wenn**
	modal: indem; dadurch, dass
	inversiv: als (plötzlich)
	*m.Ind.**Perf.**:* sobald
mit Konjunktiv	*erzählend:* als, nachdem
	kausal: weil, da
	konzessiv: obwohl
	adversativ: während
nē *mit Konjunktiv*	
in Hauptsätzen	*Verneinung eines Wunsches, einer Aufforderung oder eines Befehls*
in finalen Gliedsätzen	dass nicht, damit nicht
ut *mit Indikativ*	wie
mit Ind. ***Perfekt***	sobald
mit Konjunktiv	*final:* dass, damit
	konsekutiv: sodass
	konzessiv: wenn auch, obwohl
utinam	*Einleitung eines Wunschsatzes*

15

1. Nomina

aciēs,-iēī, *f*	Schärfe; Schlachtreihe, -ordnung
cornū,-ūs, *n*	Horn; Heeresflügel
dexter, dext(e)ra, dext(e)rum	rechts, rechte(r); günstig
diēs, diēī, *m*	Tag
meridiēs,-diēī, *m*	Mittag, Süden
domus,-ūs, *f*	Haus
domicilium,-ī	Wohnsitz
equitātus,-ūs, *m*	Reiterei
exercitus,-ūs, *m*	Heer
familia,-ae	Hausgemeinschaft, Familie
pater familiās	Familienoberhaupt
iūstitia,-ae	Gerechtigkeit
iūstus,-a,-um	gerecht, rechtmäßig
in-iūstus,-a,-um	ungerecht
legiō,-iōnis, *f*	Legion
magistrātus,-ūs, *m*	Beamter; Amt, Behörde
manus,-ūs, *f*	Hand; (Handvoll =) Schar
medius,-a,-um	der/die/das mittlere
multitūdō,-tūdinis, *f*	Menge
pedes, peditis, *m*	Fußsoldat
peditātus,-ūs, *m*	Fußvolk
plēnus,-a,-um *(m. Gen.)*	voll (von ...)
pūgna,-ae	Kampf, Schlacht
rēs, reī, *f*	Sache, Angelegenheit
rēs gesta	ausgeführte Sache, Tat
rēs pūblica	Staat, ‚Republik'
sēdēs,-is (*Gen.Pl.:* sēd**um**) *f*	Sitz, Niederlassung
sinister, sinistra, sinistrum	links, linke(r); ungeschickt
socius,-ī	Gefährte, Bundesgenosse
status,-ūs, *m*	Zustand, Verfassung
summa,-ae	Hauptsache, Gesamtzahl, Summe; oberste Leitung
tālis,-e	so beschaffen
ūllus,-a,-um *(Pronominaladj.)*	irgendein(-er,-e) *(nur in negativen Sätzen)*
uterque, útraque, utrumque	jeder von beiden

(Pronominaladj.; Gen.Sg.: utrīusque; *Dat.Sg.:* utrīque*)*

2. Verben

agitāre, agitō	heftig bewegen, (be-)treiben, jagen, hetzen, heftig tadeln
[cadere *14 LV*]	
oc-cidere, óc-cidō, óc-cidī, (oc-cāsum)	untergehen, zugrunde gehen, umkommen
[esse *10 LV*]	
inter-esse,-sum,-fuī *(m. Dat.)*	dazwischen sein, dabeisein, teilnehmen (an etw.)

15	inter-est	es ist ein Unterschied; es ist wichtig, von *Interesse*
	[īre *11 LV*]	
	per-īre,-eō,-iī,-itum	verloren gehen, zugrunde gehen
	metuere, metuō, metuī	fürchten
	moderāre, moderō	mäßigen; lenken
	moderātus,-a,-um	gemäßigt, maßvoll
	servāre, servō	retten, bewahren
	cōnservāre,-servō	bewahren, beibehalten
	spoliāre, spoliō	berauben
	īn-struere,-struō,-strūxī,-strūctum	aufstellen, ausstatten, unterweisen
	3. Sonstige	
	postrēmō *Adv.*	endlich, schließlich
	prīmō *Adv.*	zuerst, zunächst
	prīmum *Adv.*	als Erstes, zuerst, erstens
	sīn *Subjunktion*	wenn aber
16	**1. Nomina**	
	candidus,-a,-um	strahlend weiß, strahlend schön
	cēna,-ae	Mahlzeit
	contentus,-a,-um *(m. Abl.)*	zufrieden (mit ...)
	cupīdō,-dinis, *f*	Begehren, Verlangen, Begierde
	fēmina,-ae	Frau
	invītus,-a,-um	nicht willig
	(com-)mūtātiō,-tiōnis, *f*	Veränderung, Wechsel
	nāsus,-ī	Nase
	nōmen, nōminis, *n*	Name, Begriff
	pār, *Gen.Sg.:* par-is	gleich, ebenbürtig; angemessen
	pōns, pontis, *m*	Brücke
	precēs,-um, *f*	Bitten
	prōverbium,-ī	Sprichwort
	sāl, salis, *m*	Salz, Würze; geistreicher Witz
	scelestus,-a,-um	verbrecherisch
	singulī,-ae,-a	einzeln(e), je ein *(eines nach dem andern)*
	sōlus,-a,-um *(Pronominaladjektiv)*	allein
	superior *(m/f)*, superius *(n)* *Gen.Sg.:* superiōr-is	oberer: oberhalb befindlich; überlegen
	tolerābilis,-e	erträglich
	vīnum,-ī	Wein
	2. Verben	
	(ad-)aequāre, (ad-)aequō *(m.Akk.)*	gleichmachen, gleichstellen; gleichkommen, erreichen
	cēnāre, cēnō	essen, speisen
	dē-sīderāre, dē-sīderō	ersehnen, verlangen, vermissen

16

dē-stināre, dē-stinō	festsetzen, bestimmen
dē-stinātus,-a,-um	bestimmt, entschlossen
dolēre, doleō, doluī	Schmerz empfinden, bedauern *(Subjekt: Person)*; schmerzen *(Subjekt: Körper)*
favēre, faveō, fāvī, fautum *(m. Dat.)*	günstig sein, gewogen sein, jem. begünstigen
fīnīre, fīniō	beenden, begrenzen
[neg-legere *10 LV*]	
intel-legere,-legō,-lēxī,-lēctum	einsehen, verstehen
manēre, maneō, mānsī, (mānsum)	bleiben, warten
[movēre *13 LV*]	
com-movēre,-moveō,-mōvī,-mōtum	bewegen, veranlassen
numerāre, numerō	zählen, rechnen
ex-plicāre,-plicō	entfalten, erklären
pūgnāre, pūgnō	kämpfen
ex-pūgnāre,-pūgnō	erkämpfen, erobern
[putāre *8 LV*]	
dis-putāre,-putō	erörtern, disputieren
[quaerere *10 LV*]	
re-quīrere,-quīrō,-quīsīvī, -quīsītum	aufsuchen, nach ... fragen, verlangen
rapere, rapiō, rapuī, raptum	fortreißen, rauben
ē-ripere, ē-ripiō, ē-ripuī, ē-reptum	entreißen
in-vītāre,-vītō	einladen

3. Sonstige

at	aber, doch
contrā *Adv.*	dagegen, als Entgelt
Präpos. m. Akk.	gegen
crās *Adv.*	morgen
sīc *Adv.*	so
simulatque *Subjunktion*	sobald

17

1. Nomina

ali-quis, ali-quid	(irgend-)jemand, (irgend-)etwas
ali-quī, ali-qua, ali-quod	(irgend-)ein,-eine,-ein
brevis,-e	kurz
colloquium,-ī	Unterredung, Gespräch
factiō,-tiōnis, *f*	(politische Tätigkeit,) Partei
fīnis,-is, *m*	Ende, Grenze; *Pl.:* (das) Gebiet
iūcundus,-a,-um	angenehm
iūs iūrandum, iūris iūrandī, *n*	Eid *(s.u.:* iūrāre*)*
lēgātus,-ī	Gesandter; Legat *(stellvertretender Befehlshaber im römischen Heer)*
mandātum,-ī	Auftrag
mīrus,-a,-um	wunderbar, wunderlich, seltsam

obses, obsidis, *m/f*	Geisel, Bürge
perpetuus,-a,-um	beständig, dauernd
perpetuō *Adv.*	beständig, dauernd, für immer
possessiō,-iōnis, *f*	Besitz
potentātus,-ūs, *m*	Macht, Vormacht
prīncipātus,-ūs, *m*	Führung, Vorherrschaft
sapiēns, *Gen.Sg.:* sapient-is	weise, klug; *Subst. (m):* der Weise
sermō,-ōnis, *m*	Gespräch, Rede, Sprache
victor,-tōris, *m*	Sieger; *adjektivisch (m):* siegreich

2. Verben

[agere *11 LV*]	
cōgere, cōgō, co-ēgī, co-āctum	zusammenführen, -bringen; zwingen
arcessere, arcessō, arcessīvī, arcessītum	herbeiholen
[cadere *14 LV*]	
ac-cidere, ac-cidit, ac-cidit	sich ereignen, geschehen, ergehen *(nur 3. Person)*
[cēdere *10 LV*]	
dē-cēdere,-cēdō,-cessī,-cessum	weggehen
[crē-dere *11 LV*]	
red-dere, red-dō, red-didī, red-ditum	zurückgeben, übergeben; zu etw. machen
re-cumbere,-cumbō,-cubuī, (-cubitum)	sich niederlegen
[dūcere *14 LV*]	
dē-dūcere,-dūcō,-dūxī,-ductum	wegführen, (ein Heer) abziehen
trā-dūcere,-dūcō,-dūxī,-ductum	hinüberführen, übersetzen
flēre, fleō, flēvī, flētum	weinen
[iacere *11 LV*]	
prō-icere,-iciō,-iēcī,-iectum	hinwerfen, wegwerfen, preisgeben
[īre *11 LV*]	
in-īre,-eō,-iī,-itum	hineingehen, beginnen
iūrāre, iūrō	schwören
[mittere *10 LV*]	
prō-mittere,-mittō,-mīsī,-missum	versprechen
[monēre *14 LV*]	
ad-monēre,-moneō,-monuī,-monitum	erinnern; ermahnen, auffordern
petere, petō, petīvī, petītum	erstreben, erbitten; angreifen
re-petere,-petō,-petīvī,-petītum	zurückfordern; wiederholen
postulāre, postulō	fordern
spondēre, spondeō, spopondī, spōnsum	geloben, versprechen
re-spondēre,-spondeō,-spondī, -spōnsum	antworten

17

stringere, stringō, strīnxī, strictum	streifen, abstreifen, (eine Waffe) ziehen; zusammenziehen
ob-stringere,-stringō,-strīnxī, -strictum	verstricken, verpflichten
tendere, tendō, tetendī, tentum	spannen, strecken; (nach etw.) zielen, streben
con-tendere, con-tendō, con-tendī, con-tentum	(anspannen,) sich anstrengen: eilen; kämpfen; behaupten
vincere, vincō, vīcī, victum	siegen, besiegen
vincīre, vinciō, vinxī, vinctum	binden, fesseln

3. Sonstige

amplius *Adv.*	mehr, zusätzlich
tam *Adv. des Grades (bei Adjektiven und Adverbien)*	so

18

1. Nomina

ab-sēns, *Gen.Sg.:* absent-is *(vgl.* ab-esse *4 LV)*	abwesend
auris, auris, *f*	Ohr
cāsus,-ūs, *m*	Fall, Vorfall, Zufall; Unfall
clāmor,-ōris, *m*	Schrei, Geschrei
crūdēlis,-e	grausam
cūriōsitās,-tātis, *f*	Neugierde
familiāris,-e	(zur Familie gehörig:) vertraut, bekannt, freundschaftlich
rēs familiāris	(Familien-)Vermögen
gladiātor,-tōris, *m*	Fechter, Gladiator
gladiātōrius,-a,-um	zum Gladiator gehörig, Gladiatoren- ...
gladius,-ī	Schwert
hospes, hospitis, *m*	Gast, Gastfreund; Fremder
immānitās,-tātis, *f*	Wildheit, Rohheit, Unmenschlichkeit
ingēns, *Gen.Sg.:* ingent-is	ungeheuer groß, gewaltig
Lacedaemonius,-a,-um	spartanisch; *Subst.(m):* Spartaner
lūdus,-ī	Spiel; (Elementar-)Schule
nimius,-a,-um	zu groß, zu viel, übermäßig
oculus,-ī	Auge
sānctus,-a,-um	heilig, ehrwürdig
sanguis, sanguinis, *m*	Blut
spectāculum,-ī	Schauspiel, Anblick
turba,-ae	Verwirrung; Menschenmenge

2. Verben

claudere, claudō, clausī, clausum	schließen, absperren
cupere, cupiō, cupīvī, cupītum	begehren, verlangen, wünschen
re-cūsāre,-cūsō	ablehnen, sich weigern
discere, discō, didicī	lernen, kennenlernen, studieren

18

[dūcere *14 LV*]	
ad-dūcere,-dūcō,-dūxī,-ductum	hinführen, heranführen, veranlassen
[facere *11 LV*]	
ef-ficere,-ficiō,-fēcī,-fectum	bewirken, durchsetzen, zustande bringen
fundere, fundō, fūdī, fūsum	ausgießen; zerstreuen
ef-fundere,-fundō,-fūdī,-fūsum	ausgießen, vergießen
haurīre, hauriō, hausī, haustum	schöpfen, leeren, einsaugen
iacēre, iaceō, iacuī	liegen
re-linquere, re-linquō, re-līquī, re-lictum	zurücklassen, hinterlassen, verlassen
[pōnere *11 LV*]	
com-pōnere,-pōnō,-posuī, -positum	zusammenstellen, ordnen; verfassen; vergleichen; (einen Streit) beilegen
[sistere *12 LV*]	
re-sistere, re-sistō, re-stitī	stehen bleiben, innehalten; Widerstand leisten
superāre, superō	überragen, überwinden; überleben
tangere, tangō, tetigī, tāctum	berühren
[tendere *17 LV*]	
in-tendere,-tendō,-tendī, -tentum	anspannen, anstrengen; auf etw. richten; beabsichtigen
trahere, trahō, trāxī, tractum	ziehen, schleppen

3. Sonstige

forte *Adv.*	durch Zufall, zufällig
hīc *Adv.*	hier
obviam *Adv.*	entgegen
prae *m. Abl.*	vor; infolge; im Vergleich zu

19

1. Nomina

ad-ventus,-ūs, *m*	Ankunft
aestās,-tātis, *f*	Sommer
altitūdō,-tūdinis, *f*	Höhe, Tiefe
angustus,-a,-um	eng
celeritās,-tātis, *f*	Schnelligkeit
citerior *(m/f)*, citerius *(n)* *Gen.Sg.:* citerior-is	diesseitig
facilis,-e	leicht (zu tun)
dif-ficilis,-e	schwer (zu tun), schwierig
fossa,-ae	Graben
Idūs, Iduum, *f*	die Iden *(der 15. bzw. 13. Tag des Monats)*
Kalendae,-ārum	die Kalenden *(der 1. Tag des Monats)*
lātitūdō,-tūdinis, *f*	Breite
mūrus,-ī	Mauer
nōbilitās,-tātis, *f*	Adel, Berühmtheit

ops, opis, *f*	Kraft, Stärke, Hilfe
Pl.: opēs, opum	(die Machtmittel:) Reichtum; Macht, Einfluss; Streitmacht
opus,-eris, *n*	Arbeit, Werk; Belagerungswerk
proelium,-ī	Kampf
[rēs *15 LV;* frūmentum *4 LV*]	
rēs frūmentāria	Getreideversorgung, Verpflegung
rūmor,-ōris, *m*	Gerücht
vadum,-ī	seichte Stelle, Furt
victōria,-ae	Sieg

2. Verben

[facere *11 LV*; fierī *10 LV*]	
certiōrem facere aliquem (dē aliquā rē)	jemanden benachrichtigen (über)
Pass.: certior fīō	benachrichtigt, informiert werden
dē-fendere, dē-fendō, dē-fendī, dē-fēnsum	verteidigen
firmāre, firmō	stärken, befestigen, sichern
cōn-firmāre,-firmō	stärken, bekräftigen, ermutigen
[iungere *10 LV*]	
con-iungere,-iungō,-iūnxī, -iūnctum	verbinden, vereinigen
[iūrāre *17 LV*]	
con-iūrāre,-iūrō	ein Eidbündnis schließen, sich verschwören
migrāre, migrō	wandern, wegziehen
ē-migrāre, ē-migrō	auswandern
[movēre *13 LV*]	
castra movēre	(das Lager in Bewegung setzen:) (mit dem Heer) aufbrechen
per-movēre,-moveō,-mōvī,-mōtum	(heftig) bewegen, veranlassen
mūnīre, mūniō, mūnīvī, mūnītum	befestigen, sichern, schützen
castra mūnīre	ein befestigtes Lager anlegen
[parāre *14 LV*]	
com-parāre,-parō	vor-, zubereiten, beschaffen; vergleichen
parere, pariō, peperī, partum	hervorbringen, gebären; erwerben, (einen Sieg) erringen
re-perīre, re-periō, repperī, re-pertum	finden
parcere, parcō, pepercī *(m. Dat.)*	Schonung gewähren, schonen, sparen
[pellere *11 LV*]	
re-pellere, re-pellō, reppulī, re-pulsum	zurückstoßen, -schlagen
[pūgnāre *16 LV*]	
oppūgnāre,-pūgnō	bestürmen, angreifen

19

[statuere *12 LV*]	
īn-stituere,-stituō,-stituī, -stitūtum	einrichten, beginnen; unterrichten
[venīre *11 LV*]	
circum-venīre,-veniō,-vēnī, -ventum	umgeben, umzingeln

3. Sonstige

cis/citrā *(m. Akk.)*	diesseits
omnīnō *Adv.*	im Ganzen, überhaupt
quā *Adv.*	wo, wie (< quā viā)

20

1. Nomina

caedēs,-is, *f*	Mord, Blutbad
cōnātus,-ūs, *m*	Versuch
custōs, custōdis, *m/f*	Wächter(in)
falsus,-a,-um	falsch, irrig
malus,-a,-um	schlecht, böse
mēns, mentis, *f*	Sinn, Verstand, Gesinnung
metus,-ūs, *m*	Furcht
nox, noctis, *f*	Nacht
proximus,-a,-um	nächste(r), nächststehend; letzte(r) (in der Vergangenheit)
sēmen,-minis, *n*	Same

2. Verben
a) Deponentien

cōnārī, cōnor, cōnātus sum	versuchen
cūnctārī, cūnctor, cūnctātus sum	zögern, zaudern
pro-ficīscī, pro-ficīscor, pro-fectus sum	aufbrechen, (ab-)reisen; von etw. ausgehen
fruī, fruor *m. Abl.*	genießen, sich erfreuen (an)
īrāscī, īrāscor	zürnen
ē-gredī, ē-gredior, ē-gressus sum	hinaus-, herausgehen
hortārī, hortor, hortātus sum	(er-)mahnen, auffordern
ad-hortārī,-hortor,-hortātus sum	ermahnen, auffordern
laetārī, laetor, laetātus sum	sich freuen, fröhlich sein
loquī, loquor, locūtus sum	sprechen
morī, morior, mortuus sum (*Part. Futur:* moritūrus)	sterben
nancīscī, nancīscor, nactus/nānctus sum	(durch Zufall) erlangen, bekommen, finden
nāscī, nāscor, nātus sum (*Part. Futur:* nāscitūrus)	entstehen, geboren werden
oblīvīscī, oblīvīscor, oblītus sum *m. Gen. (oder Akk.)*	vergessen

20

patī, patior, passus sum	leiden, dulden, zulassen
pollicērī, polliceor, pollicitus sum	versprechen
sequī, sequor, secūtus sum *m. Akk.*	folgen
as-sequī,-sequor,-secūtus sum	erreichen
ūtī, ūtor, ūsus sum *m. Abl.*	(be-)nutzen, gebrauchen
ab-ūtī,-ūtor,-ūsus sum *m. Abl.*	missbrauchen
versārī, versor, versātus sum	sich aufhalten, verweilen
vidērī, videor, vīsus sum	scheinen, erscheinen

b) Semideponentien

audēre, audeō, ausus sum	wagen
cōn-fīdere,-fīdō,-fīsus sum *m. Abl.*	vertrauen auf ...
cōnfīsus,-a,-um *m. Dat. oder Abl.*	im Vertrauen auf ...
dif-fīdere,-fīdō,-fīsus sum	misstrauen
gaudēre, gaudeō, gāvīsus sum	sich freuen
solēre, soleō, solitus sum	gewohnt sein, pflegen

c) aktivische

dēlēre, dēleō, dēlēvī, dēlētum	vernichten, zerstören
[crēdere *11 LV*]	
per-dere,-dō,-didī,-ditum	zugrunde richten, verderben, verlieren
patēre, pateō, patuī	offen stehen; sich erstrecken
[regere *12 LV*]	
cor-rigere, cor-rigō, cor-rēxī, cor-rēctum	berichtigen, verbessern
salūtāre, salūtō	grüßen, begrüßen

3. Sonstige

aliquandō *Adv.*	irgendwann, einmal; *in Aufforderungen:* endlich!
quotiēns *Adv.*	wie vielmal, wie oft
tandem *Adv.*	endlich, schließlich; *in Fragen:* ... denn eigentlich?

21

1. Nomina

aequus,-a,-um	eben, gleich; gerecht, gelassen
aqua,-ae	Wasser
avārus,-a,-um	habgierig
classis,-is, *f*	Abteilung, Flotte
fābula,-ae	Erzählung, Fabel, Sage; Theaterstück
latrō,-ōnis, *m*	Söldner; Räuber
mēnsis,-is, *m*	Monat
in-nocēns, *Gen.Sg.:* innocent-is	unschuldig, uneigennützig
perfidia,-ae	Treulosigkeit, Hinterhältigkeit
praefectus,-ī	Vorgesetzter, Befehlshaber, Gouverneur

sevērus,-a,-um	ernst, streng
similis,-e	ähnlich
suāvis,-e	süß, lieblich, angenehm
ūtilis,-e	nützlich
vēritās,-tātis, *f*	Wahrheit
versus,-ūs, *m*	Zeile, Vers

2. Verben

ait	er/sie sagt(e), behauptet(e)
āiunt	sie sagen, behaupten
[*ferner:* āiō, ais; aiēbam *usw.*	ich sage, du sagst; ich sagte *usw.*]
bibere, bibō, bibī	trinken
[capere *11 LV*]	
prae-cipere,-cipiō,-cēpī,-ceptum	vorschreiben, anordnen
cēnsēre, cēnseō, cēnsuī, cēnsum	(ab-)schätzen, meinen; für etw. stimmen, etw. beantragen, anordnen
cernere, cernō *(kein Perf.!)*	sehen, wahrnehmen, erkennen
dis-cernere,-cernō,(–),-crētum	unterscheiden, trennen
in-citāre, in-citō	antreiben, reizen
currere, currō, cucurrī, cursum	laufen, rennen
dē-currere,-currō,-currī,-cursum	hinunterlaufen, hinlaufen
[facere *11 LV*]	
cōn-ficere,-ficiō,-fēcī,-fectum	fertigstellen, vollenden; verzehren, zermürben
fingere, fingō, fīnxī, fictum	erdichten, erfinden
[gerere *10 LV*]	
sē gerere	sich benehmen
[iacere *11 LV*]	
sub-icere,-iciō,-iēcī,-iectum	darunterlegen; unterwerfen
[premere *10 LV*]	
opprimere,-primō,-pressī, -pressum	bedrücken, bedrängen, überfallen, unterdrücken
probāre, probō	prüfen, billigen, glaubwürdig darlegen
querī, queror, questus sum	klagen, sich beklagen
[rapere *16 LV*]	
cor-ripere,-ripiō,-ripuī,-reptum	zusammenraffen, ergreifen, packen
sīgnāre, sīgnō	kennzeichnen, siegeln
tractāre, tractō	behandeln
ind-uere, ind-uō, ind-uī, ind-ūtum	hineinlegen, anlegen, anziehen, (ein Verhalten) annehmen
[vertere *11 LV*]	
re-vertī, re-vertor, re-vertī, reversus (-a,-um) *(20 G 1.3)*	zurückkehren

3. Sonstige

admodum *Adv.*	völlig, ganz, sehr
aliter *Adv. zu* alius	anders

21

māgnopere *Adv.*	sehr
meritō *Adv.*	nach Verdienst, mit Recht
velut	wie, zum Beispiel

22

1. Nomina

acerbus,-a,-um	bitter, sauer
aetās,-tātis, *f*	Zeitalter, Lebensalter, Lebenszeit
amābilis,-e	liebenswert
ars, artis, *f*	Kunst, Fertigkeit; Eigenschaft
artificium,-ī	Kunstfertigkeit; Kunstwerk
celer, celeris, celere	schnell
facinus, facinoris, *n*	Tat, Verbrechen
familiāritās,-tātis, *f*	enge Vertrautheit
firmus,-a,-um	fest, stabil, sicher
fortitūdō,-tūdinis, *f*	Tapferkeit
grex, gregis, *m*	Herde, Schar
māiōrēs,-um, *m*	die Vorfahren
mīlitāris,-e	soldatisch, militärisch, Kriegs-...
rēs mīlitāris	Kriegswesen
mulier, mulieris, *f*	(verheiratete) Frau
necessārius,-a,-um	notwendig; nahestehend, verwandt
nepōs, nepōtis, *m*	Enkel, Nachkomme; Neffe
ōrātor,-tōris, *m*	Redner
patrōnus,-ī	Schutzherr, Anwalt
pietās,-tātis, *f*	Frömmigkeit, Pflichtgefühl, Ehrfurcht
quālis,-e	wie (beschaffen)
scientia,-ae	Wissen, Kenntnis, Wissenschaft
similitūdō,-tūdinis, *f*	Ähnlichkeit
societās,-tātis, *f*	Gemeinschaft, Gesellschaft
tot *(undeklinierbar)*	so viele

2. Verben

[agere *11 LV*]	
grātiās agere	Dank abstatten, Dank sagen
[claudere *18 LV*]	
ex-clūdere,-clūdō,-clūsī,-clūsum	ausschließen
[habēre *10 LV*]	
dēbēre, dēbeō, dēbuī, dēbitum	schulden, verdanken, müssen
[velle *10 LV*]	
mālle, mālō, māluī	lieber wollen
(ad-)mīrārī, (ad-)mīror, (ad-)mīrātus sum	sich wundern, bewundern
oportēre, oportet, oportuit	es ist nötig, es gehört sich
ē-rudīre, ē-rudiō, ē-rudīvī, ē-rudītum	erziehen, bilden

22

temperāre, temperō *m. Dat.*	mäßigen, schonen
m. Akk.	ordnen, leiten

3. Sonstige

diū *Adv.*	lange Zeit, lange
Komp.: diūtius; *Superl.:* diūtissimē	
aliquam-diū *Adv.*	eine Zeit lang
potius *Adv.*	vielmehr, eher, lieber
pro-fectō *Adv.*	in der Tat, wirklich, sicherlich
quam *Adv.*	wie; *beim Komparativ:* als
quam *beim Superlativ*	möglichst *(+ Positiv)*
quō – eō *(beim Komparativ)*	je – desto
ūsque ad *m. Akk.*	bis zu

23

1. Nomina

ācer, ācris, ācre	scharf, heftig
decimus,-a,-um	zehnter
ē-loquēns, *Gen.Sg.:* -ent-is	beredt, redegewandt
ē-loquentia,-ae	Beredsamkeit, Redegewandtheit
facultās,-tātis, *f*	Möglichkeit, Fähigkeit
forum,-ī	Marktplatz, Forum
fuga,-ae	Flucht
īn-sīgne,-is, *n*	Kennzeichen, Rangabzeichen
īn-sīgnis,-e	kennzeichnend, auffallend, bekannt
modicus,-a,-um	maßvoll, bescheiden
necessitās,-tātis, *f*	Notwendigkeit, Notlage
ōrdō,-inis, *m*	Ordnung, Reihenfolge, Rang, Stand
parātus,-a,-um	bereit
quisque, quaeque, quidque (*adjekt.:* quodque)	jeder
senātus,-ūs, *m*	(Ältestenrat,) Senat *(besonders der von Rom)*
sīgnum,-ī	(Kenn-)Zeichen, Feldzeichen, Signal; Bildwerk, Figur *(als Kunstwerk)*
spatium,-ī	Raum, Zeitraum
spēs, speī, *f*	Hoffnung, Erwartung
suāvitās,-tātis, *f*	Süße, Lieblichkeit, Annehmlichkeit
sub-tīlis,-e	fein, scharfsinnig, genau; sachlich, schlicht
tellūs, tellūris, *f*	Erde, Erdboden
vehemēns, *Gen.Sg.:* -ment-is	heftig, leidenschaftlich

2. Verben

ac-commodāre,-commodō	anpassen, anlegen
[currere *21 LV*]	
oc-currere,-currō,-currī,-cursum	entgegenlaufen, begegnen

23

[esse *10 LV*]	
dē-esse,-sum,-fuī	abwesend sein, fehlen
[facere *11 LV*]	
dē-ficere,-ficiō,-fēcī,-fectum	
mit Akkusativ	jemandem mangeln, ausgehen
mit ā/ab + *Ablativ*	von jem. abfallen, abtrünnig werden
animō dēficere	den Mut verlieren
flectere, flectō, flexī, flexum	biegen, beugen, erweichen, rühren, umstimmen
[hortārī *20 LV*]	
co-hortārī,-hortor,-hortātus sum	ermuntern, auffordern, anfeuern
[iacere *11 LV*]	
con-icere,-iciō,-iēcī,-iectum	zusammenwerfen: hinwerfen, schleudern; vermuten
in fugam conicere	in die Flucht schlagen
dī-micāre,-micō	kämpfen
[mittere *10 LV*]	
dī-mittere,-mittō,-mīsī,-missum	wegschicken, entlassen, aufgeben, (Zeit, Gelegenheit) versäumen
[parāre *14 LV*]	
im-perāre, im-perō	befehlen, anordnen; herrschen
potīrī, potior, potītus sum *m. Abl.*	sich bemächtigen
pulsāre, pulsō	stoßen, klopfen, schlagen
[sistere *12 LV*]	
cōn-sistere,-sistō,-stitī	sich hinstellen, Halt machen, zum Stillstand kommen, stocken; aus etw. bestehen
[venīre *11 LV*]	
dē-venīre,-veniō,-vēnī,-ventum	herabkommen, gelangen
[vocāre *10 LV*]	
re-vocāre,-vocō	zurückrufen

3. Sonstige

cēterum *Adv.*	im Übrigen, übrigens
item *Adv.*	ebenso, ebenfalls, auch
paulātim *Adv.*	allmählich
ubique *Adv.*	überall
undique *Adv.*	von allen Seiten

24

1. Nomina

aeger, aegra,-um	krank; bekümmert
aegrē *Adv.*	mit Mühe, kaum
aegrē/graviter ferre aliquid	(mit Mühe/schwer ertragen =) über etw. ungehalten sein
in-ermis,-e	waffenlos, unbewaffnet
cibus,-ī	Speise, Nahrung

diūtinus,-a,-um	lange dauernd
dubius,-a,-um	zweifelhaft
per-facilis,-e	sehr leicht
famēs,-is, *f*	Hunger
dē-fectiō,-tiōnis, *f*	Abtrünnigkeit, Abfall; Schwinden, Abnahme, Ausfall
dē-fēnsiō,-iōnis, *f*	Verteidigung
frīgus,-oris, *n*	Kälte, Frost
[hūmānus *14 LV*]	
in-hūmānus,-a,-um	un-menschlich
indūtiae,-ārum *(Pluralwort)*	Waffenstillstand
iūdicium,-ī	Urteil, Entscheidung, Gericht
ad-ministrātiō,-tiōnis, *f*	Hilfeleistung, Verwaltung, Ausführung
novus,-a,-um	neu
praeda,-ae	Beute
pūbēs, *Gen.Sg.:* pūber-is	geschlechtsreif, mannbar, erwachsen
quispiam, quidpiam *(subst.)*	(irgend-)jemand, -etwas
quis-, quae-, quodpiam *(adj.)*	(irgend-)ein(e)
supplex, *Gen.Sg.:* supplic-is	demütig bittend, flehend
ūniversus,-a,-um	gesamt, sämtlich
ūtilitās,-tātis, *f*	Nützlichkeit, Nutzen
vestītus,-ūs, *m*	Kleidung

2. Verben

[cadere *14 LV*]	
con-cidere,-cidō,-cidī	zusammenfallen, einstürzen
[ferre *12 LV*]	
au-ferre, au-ferō, abs-tulī, ab-lātum	wegtragen, wegbringen, wegnehmen, rauben
of-ferre, of-ferō, ob-tulī, ob-lātum	entgegenbringen, anbieten; *Passiv:* sich bieten, erscheinen
iūdicāre, iūdicō	urteilen, beurteilen; für etw. halten
minārī, minor, minātus sum	drohen, androhen
necāre, necō	töten
ōrāre, ōrō	reden; bitten, beten
prehendere, prehendō, prehendī, prehēnsum	fassen, ergreifen
re-prehendere,-prehendō, -prehendī,-prehēnsum	festhalten; tadeln
[rapere *16 LV*]	
dī-ripere,-ripiō,-ripuī,-reptum	losreißen, plündern, zerstören
prō-ripere,-ripiō,-ripuī,-reptum	hervorreißen, hervorzerren
sē prōripere	hervorlaufen, hinausstürzen
[rumpere *11 LV*]	
ir-rumpere,-rumpō,-rūpī,-ruptum	einbrechen, eindringen

24

[tenēre *10 LV*]	
at-tinēre,-tineō,-tinuī,-tentum	festhalten
attinēre ad *m. Akk.*	sich auf etw. beziehen; jemanden/etw. betreffen
[trahere *18 LV*]	
dē-trahere,-trahō,-trāxī,-tractum	herunter-, wegziehen, entreißen

3. Sonstige

forās *Adv.*	nach draußen, hinaus, heraus
forīs *Adv.*	draußen
forsitan, fortāsse *Adv.*	vielleicht
nē *mit Konjunktiv [14 LV]*	
in Hauptsätzen	*Verneinung eines Wunsches, einer Aufforderung oder eines Befehls*
in finalen Gliedsätzen	dass nicht, damit nicht
nach Ausdrücken des Fürchtens	dass
(nē nōn = ut	dass nicht)
nach Ausdrücken des Hinderns und Widerstrebens	dass; zu *mit Inf.*
ob *m. Akk.*	gegen, entgegen; wegen
quīn:	
Fragewort	warum nicht?
quīn etiam	ja sogar
Subjunktion m. Konjunktiv:	
nach ***verneinten*** *Ausdrücken*	
a) des Zweifelns	dass
b) des Hinderns u. Widerstrebens	dass; zu *mit Inf.*
c) nōn multum abest, quīn	es fehlt nicht viel, dass
d) nach sonstigen	dass nicht, ohne dass, ohne zu ...
facere nōn possum, quīn	ich muss unbedingt *mit Inf.*
fierī nōn potest, quīn	es ist unumgänglich, dass
quōminus *m. Konjunktiv* *(nach Ausdrücken des Hinderns und Widerstrebens)*	dass; zu *mit Inf.*
statim *Adv.*	sofort, sogleich

25

1. Nomina

aurum,-ī	Gold
cāritās,-tātis, *f*	hoher Preis, Teuerung; Hochschätzung, Liebe
cēnsus,-ūs, *m*	Schätzung, Volkszählung
cohors, cohortis, *f*	Kohorte *(ca. 600 Mann), Unterabteilung einer Legion (= 10 Kohorten)*
[plūs/plūrēs *22 G 1.3*]	
com-plūrēs,-plūra *Gen.:* -plūrium	mehrere
cursus,-ūs, *m*	Lauf, Fahrt; Kurs

2. Verben

aestimāre, aestimō	schätzen, beurteilen
dē-certāre,-certō	um die Entscheidung kämpfen, die Entscheidungsschlacht schlagen
[crē-dere *11 LV*]	
ad-dere, ad-dō, ad-didī, ad-ditum	hinzufügen (‚addieren')
vēn-dere, vēn-dō, vēn-didī, vēn-ditum *(Pass.:* vēn-īre; *s.u.)*	verkaufen
emere, emō, ēmī, ēmptum	kaufen
[īre *11 LV*]	
vēn-īre, vēn-eō, vēn-iī	verkauft werden
[iungere *10 LV*]	
ad-iungere,-iungō,-iūnxī,-iūnctum	anbinden, anfügen, hinzufügen
licēre, licet, licuit	erlaubt sein, möglich sein
col-locāre,-locō	plazieren, aufstellen
meminisse, meminī	sich erinnern, gedenken
negāre, negō	verneinen, bestreiten, ablehnen
[nōscere *10 LV*]	
nōvisse (nōsse), nōvī	kennen, wissen
ōdisse, ōdī	hassen
[scīre *10 LV*]	
ne-scīre,-sciō,-scīvī,-scītum	nicht wissen
vehere, vehō, vēxī, vectum	fortbewegen, ziehen, fahren
vehī, vehor, vectus sum	sich fortbewegen, fahren
ad-vehere,-vehō,-vēxī,-vectum	hintransportieren, hinfahren

3. Sonstige

citō *Adv.*	schnell

4. Zahlwörter *(soweit nicht in früheren Lektionen aufgenommen)*

semel *Adv.*	einmal
secundus,-a,-um	der zweite; günstig
rēs secundae	günstige Umstände, Glück
bis *Adv.*	zweimal
tertius,-a,-um	der dritte
ter *Adv.*	dreimal
quattuor	vier
quartus,-a,-um	der vierte
quater *Adv.*	viermal
quīnque; quīntus,-a,-um	fünf; der fünfte
sex; sextus,-a,-um	sechs; der sechste
septem; septimus,-a,-um	sieben; der siebente
octō; octāvus,-a,-um	acht; der achte
novem; nōnus,-a,-um	neun; der neunte
decem; decimus,-a,-um	zehn; der zehnte
vīgintī; vīcēsimus,-a,-um	zwanzig; der zwanzigste
trīgintā; trīcēsimus,-a,-um	dreißig; der dreißigste

25

centum; centēsimus,-a,-um	100; der hundertste
ducentī,-ae,-a	200
mīllēsimus,-a,-um	der tausendste
bis mīllēsimus	der zweitausendste

26

1. Nomina

bene-ficium,-ī	Wohltat, Vergünstigung
benīgnitās,-tātis, *f*	Güte, Wohltätigkeit
benīgnus,-a,-um	gütig, freigebig
bonitās,-tātis, *f*	gute Beschaffenheit, Güte
com-mūnis,-e	gemeinsam, gemeinschaftlich, allgemein
commūnitās,-tātis, *f*	Gemeinsamkeit, Gemeinschaft
dētrīmentum,-ī	Verlust, Schaden
dīgnitās,-tātis, *f*	Würdigkeit, Würde
equus,-ī	Pferd
ex-pers, *Gen.Sg.:* expert-is *(m. Gen.)*	unteilhaftig, ohne Anteil, frei von etw.
ferus,-a,-um	wild, roh, ungezähmt
fera,-ae	(wildes) Tier
fidēs, fideī, *f*	Treue, Zuverlässigkeit, Glaubwürdigkeit; Vertrauen, Glaube
honestās,-tātis, *f*	Ehrbarkeit, anständiges Verhalten, Würde, Ansehen
leō, leōnis, *m*	Löwe
modestia,-ae	Mäßigung, Bescheidenheit, Anstand
potestās,-tātis, *f*	Macht, (Amts-)Gewalt, Möglichkeit
[prope *2 LV;* proximus *20 LV*]	
propior, propius	näher
quī-, quae-, quodcumque	welcher auch immer; jeder, der; jeder mögliche
quisquis	wer auch immer; jeder, der
quidquid	was auch immer; alles, was
simulātiō,-tiōnis, *f*	Vortäuschung, Heuchelei
ūsus,-ūs, *m*	Gebrauch, Nutzen
vānitās,-tātis, *f*	Nichtigkeit, Vergeblichkeit; Eitelkeit, Prahlerei
vinculum,-ī	Fessel, Band

2. Verben

arbitrārī, arbitror, arbitrātus sum	meinen, glauben
augēre, augeō, auxī, auctum	vergrößern, vermehren, fördern
cavēre, caveō, cāvī, cautum	Acht geben, sorgen
m. Akk./ ā (ab) *m. Abl.*	sich hüten (vor jem./etw.)
m. Dat.	für jem./etw. sorgen
m. ut *und Konj.*	dafür sorgen, dass
m. nē *und Konj.*	dafür sorgen, dass nicht; sich hüten, dass
com-mūnicāre, com-mūnicō	Anteil geben/nehmen, mitteilen, vereinigen

26

dubitāre, dubitō	zweifeln (*verneint:* nōn dubitō, quīn); zögern, Bedenken tragen
[esse *10 LV*]	
in-esse, īn-sum, īn-fuī	darin sein, enthalten sein
ob-esse, ob-sum, ob-fuī	entgegenstehen, schaden
[ferre *12 LV*]	
re-ferre, re-ferō, rettulī, re-lātum	zurückbringen, erstatten; berichten, melden
grātiam referre	Dank abstatten, etwas vergelten
trāns-ferre,-ferō,-tulī,-lātum	hinübertragen, übertragen
gignere, gignō, genuī, genitum	erzeugen, hervorbringen, gebären
(ad-)iuvāre,-iuvō,-iūvī,-iūtum *(m. Akk.)*	unterstützen, helfen
largīrī, largior, largītus sum	schenken, reichlich geben
spērāre, spērō	hoffen, erwarten
suādēre, suādeō, suāsī, suāsum	(jem. etw.) raten
per-suādēre,-suādeō,-suāsī, -suāsum *(m. Dat.)*	
m. AcI	jemanden überzeugen
m. ut/nē *und Konj.*	jemanden überreden
tribuere, tribuō, tribuī, tribūtum	zuteilen, zuweisen, zuschreiben
[vidēre *11 LV*]	
vidēre, ut *m. Konj.*	sehen, wie *(Ind. Fragesatz)*
vidēre, ut/nē *m. Konj.*	darauf sehen, achten, dass (nicht)

3. Sonstige

dum, dummodo, modo *m. Konj.*	wenn nur, wofern nur
imprīmīs *Adv.*	vor allem, besonders
necne = an nōn	oder nicht *(in der Doppelfrage)*
quod *Subjunktion*	*faktisch:* (die Tatsache,) dass; was anbetrifft, dass; insofern; wenn *kausal:* weil
quod sī (quodsī)	wenn nun, wenn aber, wenn also, und wenn

27

1. Nomina

cliēns, clientis, *m*	Schutzbefohlener, Klient
cottīdiānus,-a,-um	täglich
custōdia,-ae	Wache
extrēmus,-a,-um	äußerster, letzter
gēns, gentis, *f*	Geschlecht, Sippe, Stamm, Volk
gravitās,-tātis, *f*	Gewicht, Würde, Bedeutung; Ernst
humilis,-e	niedrig, klein, unbedeutend, demütig
lātus,-a,-um	breit, weit
necesse est	es ist notwendig
plērīque, plēraeque, plēraque	die meisten, sehr viele
plērumque *Adv.*	meistens

27

quisquam, quid-/quicquam *(nur in negativen Sätzen)*	irgendjemand, irgendetwas
īn-scius,-a,-um	unwissend, unkundig
voluntās,-tātis, *f*	Wille
vulgus,-ī, ***n***	Volksmenge

2. Verben

[agere *11 LV*]	
red-igere, red-igō, red-ēgī, red-āctum	zurücktreiben; in einen Zustand versetzen
alere, alō, aluī, altum	ernähren, fördern
[colere *11 LV*]	
in-colere,-colō,-coluī	bewohnen
fungī, fungor, functus sum *m. Abl.*	(ein Amt) ausüben, verwalten
[ē-gredī *20 LV*]	
prō-gredī,-gredior,-gressus sum	weitergehen, vorrücken, Fortschritte machen
lacessere, lacessō, lacessīvī, lacessītum	reizen, herausfordern
lavāre, lavō, lāvī, lautus/lavātum	waschen
lavārī, lavor, lautus sum	sich waschen, baden
paenitēre, paenitet, paenituit	reuen *(unpersönlich)*
paenitet mē alicuius reī	es tut mir leid um etw., etw. reut mich, ich bereue etw.
[parāre *14 LV*]	
sē-parāre,-parō	abtrennen, absondern
ex-perīrī, experior, expertus sum	erproben, versuchen
experīrī aliquem	sich mit jem. messen
[pōnere *11 LV*]	
dis-pōnere,-pōnō,-posuī,-positum	verteilen, ordnen, einrichten
[sedēre *12 LV*]	
pos-sidēre,-sideō,-sēdī,-sessum	besitzen
simulāre, simulō	vortäuschen, vorgeben
dis-simulāre,-simulō	sich verstellen; etw. verheimlichen
as-suē-facere,-faciō,-fēcī,-factum	jem. an etw. gewöhnen
as-suē-fierī,-fīō,-factus sum	gewöhnt werden, sich gewöhnen
as-/cōn-suēscere,-suēscō,-suēvī, -suētum *(m. Abl.)*	sich (an etw.) gewöhnen
cōnsuēvisse,-suēvī	gewohnt sein
[tenēre *10 LV*]	
sus-tinēre,-tineō,-tinuī	aushalten, ertragen
terrēre, terreō, terruī, territum	(jem.) erschrecken
per-terrēre,-eō,-uī,-itum	(jem.) sehr erschrecken
tuērī, tueor	betrachten; schützen, für ... sorgen
verērī, vereor, veritus sum	sich scheuen, fürchten, verehren

27

3. Sonstige

antequam / priusquam } *m. Ind. oder Konj.*	bevor
nē ... quidem *Adv.* *(um das betonte Wort gestellt)*	nicht einmal
praeter *m. Akk.*	an ... vorbei; außer
nōn quō / nōn quod / nōn quia } *m. Konj.*	nicht (etwa) weil, nicht als ob
nōn quō nōn / nōn quod nōn / nōn quia nōn / nōn quīn } *m. Konj.*	nicht als ob nicht
rūrsus *Adv.*	wiederum
sī *Subjunktion*	wenn
nach ‚erwarten, versuchen' (m. Konj.)	ob
suprā *Adv.*	oberhalb, oben
trāns *m. Akk.*	über ... hinüber, jenseits

28

1. Nomina

aeternus,-a,-um	ewig
altus,-a,-um	hoch, tief
caelestis,-e	am Himmel befindlich, himmlisch
ex-celsus,-a,-um	herausragend, erhaben
cūnctus,-a,-um	ganz, gesamt;
meist Plural: cūnctī,-ae,-a	alle
digitus,-ī	Finger
diūturnus,-a,-um	lang andauernd
faciēs, faciēī, *f*	Gestalt, Aussehen, Gesicht
figūra,-ae	Form, Gestalt, Figur, Bild
fōrma,-ae	Gestalt
laetitia,-ae	Freude, Fröhlichkeit
(ad-)mīrābilis,-e	bewundernswert, wunderbar
mortālis,-e	sterblich
opera,-ae	Arbeit, Mühe
operam dare	sich Mühe geben, sich bemühen
praemium,-ī	Belohnung
quiēs, quiētis, *f*	Ruhe, Erholung
cōn-scius,-a,-um	mitwissend; bewusst; *Subst.(m):* Mitwisser
stēlla,-ae	Stern
superbia,-ae	Übermut, Hochmut, Stolz
timor, timōris, *m*	Furcht
trīstitia,-ae	Traurigkeit, Niedergeschlagenheit
vigilia,-ae	Wache, Nachtwache

28

2. Verben

[cēdere *10 LV*]	
in-cēdere,-cēdō,-cessī,-cessum	einherschreiten;
m. Akk. od. Dat.:	hineingehen, jem. befallen
[cernere *21 LV*]	
dē-cernere,-cernō,-crēvī,-crētum	entscheiden, beschließen
festīnāre, festīnō	eilen, sich beeilen
mētīrī, mētior, mēnsus sum	messen, bemessen, beurteilen
[mittere *10 LV*]	
o-mittere,-mittō,-mīsī,-missum	unterlassen, aufgeben; übergehen
mōnstrāre, mōnstrō	zeigen
nītī, nītor, nīsus/nīxus sum	sich stützen, sich anstrengen, nach etw. streben
ē-nītī,-nītor,-nīsus/-nīxus sum	sich emporarbeiten, sich anstrengen, (nach etw.) streben
orīrī, orior, ortus sum	entstehen, sich erheben;
(Part. Futur: oritūrus*)*	*Perf.:* abstammen
[tangere *18 LV*]	
at-tingere, at-tingō, at-tigī, at-tāctum	anrühren, berühren; angrenzen
con-temnere,-temnō,-tempsī, -temptum	verachten
con-templārī, con-templor, con-templātus sum	betrachten
trepidāre, trepidō	ängstlich hin- und herlaufen
[tuērī *27 LV*]	
con-/in-tuērī,-tueor	ansehen, betrachten
in-vādere,-vādō,-vāsī,-vāsum	hineingehen, eindringen, befallen

3. Sonstige

repente *Adv.*	plötzlich
satis *Adv.*	genügend
velutsī / quasi *(s. 5 LV)* / tamquam sī } *m. Konj.*	wie wenn, als ob
tamquam *Adv.*	(gleich)wie, gleichsam

29

1. Nomina

adversus,-a,-um	entgegengerichtet, widrig, ungünstig
rēs adversae	ungünstige Umstände, Unglück
coniūnx, coniugis, *f*	Ehegattin
dulcis,-e	süß, angenehm
dūrus,-a,-um	hart
fātum,-ī	Götterspruch, Schicksal, Verhängnis
ferrum,-ī	Eisen
ingenium,-ī	Begabung, Charakter

lingua,-ae	Zunge, Sprache
lītus, lītoris, *n*	Strand
lūmen,-minis, *n*	Licht; *poet. Pl.:* Augen
mollis,-e	weich, sanft, lustvoll; verweichlicht
patrius,-a,-um	väterlich; ererbt, herkömmlich
poena,-ae	Strafe
prae-ceps, *Gen.Sg.:* praecipit-is	kopfüber, abschüssig
rēctus,-a,-um	gerade, richtig
sacer, sacra, sacrum	heilig; verflucht, fluchbringend
sēnsus,-ūs, *m*	Wahrnehmung, Empfindung, Sinn
unda,-ae	Welle, Woge
ventus,-ī	Wind
vēr, vēris, *n*	Frühling
virgō, virginis, *f*	Jungfrau
vultus,-ūs, *m*	Miene, Gesichtsausdruck

2. Verben

carpere, carpō, carpsī, carptum	pflücken, abreißen; verzehren, genießen
[emere *25 LV*]	
prōmere, prōmō, prōmpsī, prōmptum	hervorholen
sūmere, sūmō, sūmpsī, sūmptum	nehmen, an-, aufnehmen
[esse *10 LV*]	
super-esse,-sum,-fuī	übrig sein
fīgere, fīgō, fīxī, fīxum	anheften, befestigen
miscēre, misceō, miscuī, mixtum	mischen
[pōnere *11 LV*]	
ad-pōnere (ap-pōnere),-pōnō, -posuī,-positum	hinzufügen, hinzurechnen
im-pōnere,-pōnō,-posuī,-positum	hineinlegen, auferlegen
secāre, secō, secuī, sectum	schneiden, abschneiden
serere, serō, sēvī, satum	säen, pflanzen
spernere, spernō, sprēvī, sprētum	verachten
sternere, sternō, strāvī, strātum	hinbreiten, hinwerfen, niederwerfen; glätten; pflastern
tacēre, taceō, tacuī, (tacitum)	schweigen, verschweigen

3. Sonstige

adhūc *Adv.*	bisher, noch
adversus *m. Akk.*	gegenüber
mox *Adv.*	bald; dann
nōndum *Adv.*	noch nicht
parum *Adv.*	wenig, zu wenig
sīve – sīve seu – seu	sei es, dass – sei es, dass
sponte (meā, tuā, suā *usw.*)	aus eigenem Antrieb
super *m. Akk. (selten m. Abl.)*	über, auf

Alphabetisches Verzeichnis der Lernvokabeln

P.A. haben/sein + ge+ Imp = Prät. Inf.P. ge- + haben/sein || ge- + worden + sein
P.PP. haben/sein + ge- + worden Pq = hatte/war + ge- || war + ge- + worden

ā/ab Präp. *m. Abl.*	1. von ... her, von ...weg 2. von *(beim Passiv)*
abesse, absum, āfuī	abwesend sein, entfernt sein
abīre,-eō,-iī,-itum	weggehen
absēns, *Gen.Sg.:* -sentis	abwesend
absolvere,-solvō,-solvī, -solūtum	loslösen, freisprechen, freilassen; vollenden
abstinēre,-tineō,-tinuī (ab) *m. Abl.*	fernhalten, sich enthalten
abūtī,-ūtor,-ūsus sum *m. Abl.*	missbrauchen
ac	und; *nach Ausdr. der Gleichheit:* wie
accēdere,-cēdō,-cessī, -cessum	herangehen, dazukommen
accidere, accidit, accidit	sich ereignen, geschehen, ergehen *(nur 3.Person)*
accipere,-cipiō,-cēpī, -ceptum	annehmen, empfangen, erhalten
accommodāre,-ō	anpassen, anlegen
accūsāre,-ō	anklagen
ācer, ācris, ācre	scharf, heftig
acerbus,-a,-um	bitter, sauer
aciēs,-iēī, *f*	Schärfe, Schlachtreihe,-ordnung
ad *Präp. m. Akk.*	zu, nach ... hin; bei
adaequāre,-ō *(m.Akk.)*	gleichmachen, gleichstellen; gleichkommen, erreichen
addere,-dō,-didī,-ditum	hinzufügen (‚addieren')
addūcere,-dūcō,-dūxī, -ductum	hinführen, heranführen, veranlassen
adesse,-sum,-fuī *m.Dat.:*	anwesend sein; an etw. teilnehmen; jem. beistehen
adhibēre,-hibeō,-hibuī, -hibitum	hinzunehmen, anwenden
adhortārī,-hortor, -hortātus sum	ermahnen, auffordern
adhūc *Adv.*	bisher, noch
adīre,-eō,-iī,-itum	hingehen, besuchen; bitten; angreifen
adiungere,-iungō, -iūnxī,-iūnctum	anbinden, anfügen, hinzufügen
adiuvāre,-iuvō,-iūvī, -iūtum *(m. Akk.)*	unterstützen, helfen

administrātiō,-tiōnis, *f*	Hilfeleistung, Verwaltung, Ausführung
admīrābilis,-e	bewundernswert, wunderbar
admīrārī,-mīror, -mīrātus sum	sich wundern, bewundern
admodum *Adv.*	völlig, ganz, sehr
admonēre,-moneō, -monuī,-monitum	erinnern; ermahnen, auffordern
admovēre,-moveō, -mōvī,-mōtum	heranbewegen, heranführen
adpōnere: *s.* appōnere	
adsistere,-sistō,-stitī *(m. Dat.)*	(an jem.) herantreten
adulēscēns,-centis, *m*	Jüngling, junger Mann
advehere,-vehō,-vēxī, -vectum	hintransportieren, hinfahren
advenīre,-veniō,-vēnī, -ventum	ankommen
adventus,-ūs, *m*	Ankunft
adversus,-a,-um	entgegengerichtet, widrig, ungünstig
rēs adversae	ungünstige Umstände, Unglück
adversus *Präp. m. Akk.*	entgegen, gegenüber
aedificium,-ī	Gebäude
aeger, aegra,-um	krank
aegrē *Adv.*	mit Mühe, kaum
aegrē ferre aliquid	(mit Mühe ertragen) über etw. ungehalten, bekümmert sein
aequāre,-ō *(m.Akk.)*	gleichmachen, gleichstellen; gleichkommen, erreichen
aequus,-a,-um	eben, gleich; gerecht, gelassen
aes, aeris, *n*	Bronzeerz,-geld
aes aliēnum	Schulden
aestās,-tātis, *f*	Sommer
aestimāre,-ō	schätzen, beurteilen
aetās,-tātis, *f*	Zeitalter, Lebensalter, Lebenszeit
aeternus,-a,-um	ewig
afferre,-ferō, attulī, ad-lātum (al-lātum)	hinbringen, herbeibringen, beitragen; zufügen
afficere,-ficiō,-fēcī, -fectum *m. Abl.*	mit etw. versehen
suppliciō afficere	hinrichten

ager, agrī	Acker, Feld; *Pl.:* Felder, Land
agere, agō, ēgī, āctum	treiben, tun, handeln; (Zeit) verbringen
grātiās agere	Dank abstatten, Dank sagen
triumphum agere	einen Triumph feiern
vītam agere	das Leben führen, verbringen
agitāre,-ō	heftig bewegen, (be-) treiben, jagen, hetzen, heftig tadeln
āiō, āiēbam *(usw.)*	ich sage, sagte *(usw.)*
ait	er/sie sagt(e), behauptet(e)
āiunt	sie sagen, behaupten
alere, alō, aluī, altum	ernähren, fördern
aliēnus,-a,-um	fremd, abgeneigt, unpassend
aliquamdiū *Adv.*	eine Zeit lang
aliquandō *Adv.*	irgendwann, einmal; *in Aufforderungen:* endlich!
ali-quī,-qua,-quod	(irgend-)ein,-eine
ali-quis, ali-quid	(irgend-)jemand, (irgend-)etwas
aliter *Adv.*	anders
alius, alia, aliud	ein anderer
alius - alius	einer - ein anderer
alter, altera, alterum	einer von beiden
alter - alter	der eine - der andere
altitūdō,-tūdinis, *f*	Höhe, Tiefe
altus,-a,-um	hoch, tief
amābilis,-e	liebenswert
amāre,-ō	lieben
ambulāre,-ō	umhergehen, spazieren gehen
amīcitia,-ae	Freundschaft
amīcus,-a,-um	befreundet, freundlich gesinnt; Freund
amor, amōris, *m*	Liebe
amplius *Adv.*	mehr, zusätzlich
an	oder *(in der Doppelfrage)*
angustus,-a,-um	eng
anima,-ae	Lebenshauch, Seele
animal,-ālis, *n*	Lebewesen, Tier
animus,-ī	~~Seele~~, Geist, Gemüt, Mut, Sinn; Gesinnung
annus,-ī	Jahr
ante *Adv.*	früher, vorher
Präp. m. Akk.	vor
anteā *Adv.*	früher, vorher
antequam *Subj.*	bevor

antīquus,-a,-um	(historisch) alt
aperīre,-iō, aperuī, apertum	öffnen, freilegen
appārēre,-eō,-pāruī	sich zeigen, sichtbar werden, erscheinen
appellāre,-ō	anreden, (be-)nennen
appōnere,-pōnō, -posuī,-positum	hinzufügen, hinzurechnen
apud *Präp. m.Akk.*	bei
aqua,-ae	Wasser
arbitrārī, arbitror, arbitrātus sum	meinen, glauben
arbor, árboris, *f*	Baum
arcēre,-eō,-uī	abhalten, abwehren
arcessere, arcessō, arcessīvī, arcessītum	herbeiholen
arduus,-a,-um	steil, schwierig
arguere, arguō, arguī	beschuldigen; darlegen
argūmentum,-ī	Beweis, Argument
arma,-ōrum, *n*	(die) Waffen
ars, artis, *f*	Kunst, Fertigkeit; Eigenschaft
artificium,-ī	Kunstfertigkeit; Kunstwerk
assequī,-sequor, -secūtus sum	erreichen
assuēfacere,-faciō, -fēcī,-factum	jem. an etw. gewöhnen
assuēfierī,-fīō, -factus sum	gewöhnt werden, sich gewöhnen
assuēscere,-suēscō, -suēvī,-suētum *(m. Abl.)*	sich gewöhnen (an etw.)
at	aber, doch
Athēniēnsis,-e	athenisch; Athener
atque	und; *nach Ausdr. der Gleichheit:* wie
attinēre,-eō,-uī,-tentum	festhalten
attinēre ad *m.Akk.*	sich auf . . . beziehen; betreffen
attingere,-tingō,-tigī, -tāctum	anrühren, berühren; angrenzen
auctor,-tōris, *m*	Urheber, Veranlasser, Gewährsmann
auctōritās,-tātis, *f*	Urheberschaft; Ansehen, Würde
audēre,-eō, ausus sum	wagen
audīre,-iō,-īvī,-ītum	hören
auferre,-ferō, abs-tulī, ab-lātum	wegtragen, wegbringen, wegnehmen, rauben
augēre,-eō, auxī, auctum	vergrößern, vermehren, fördern

auris, auris, *f*	Ohr
aurum,-ī	Gold
aut	oder
aut – aut	entweder – oder
autem	aber
auxilium,-ī	Hilfe; *Pl.:* Hilfstruppen
avāritia,-ae	Habsucht
avārus,-a,-um	habgierig
beātus,-a,-um	glücklich, glückselig
bellum,-ī	Krieg
bene *Adv.*	gut
beneficium,-ī	Wohltat, Vergünstigung
benīgnitās,-tātis, *f*	Güte, Wohltätigkeit
benīgnus,-a,-um	gütig, freigebig
bibere, bibō, bibī	trinken
bis *Adv.*	zweimal
bonitās,-tātis, *f*	gute Beschaffenheit, Güte
bonus,-a,-um	gut
brevis,-e	kurz
cadere, cadō, cécidī, (cāsum)	fallen
caedere, caedō, cecīdī, caesum	niederhauen, fällen, töten
caedēs,-is, *f*	Mord, Blutbad
caelestis,-e	am Himmel befindlich, himmlisch
caelum,-ī	Himmel; Wetter
candidus,-a,-um	strahlend weiß, strahlend schön
capere,-iō, cēpī, captum	fassen, nehmen, fangen, ergreifen; begreifen
caput, capitis, *n*	Kopf, Haupt(-stadt)
capitis damnāre	zum Tod verurteilen
carēre,-eō,-uī *(m.Abl.)*	entbehren, nicht haben
cāritās,-tātis, *f*	hoher Preis, Teuerung; Hochschätzung, Liebe
carmen,-minis, *n*	Lied, Gedicht, Epos
carpere, carpō, carpsī, carptum	pflücken, abreißen; verzehren, genießen
Carthāginiēnsis,-e	karthagisch; Karthager
cārus,-a,-um	lieb, teuer, wertvoll
castra,-ōrum, *n*	das Lager
castra movēre	(mit dem Heer) aufbrechen
castra mūnīre	ein befestigtes Lager anlegen
cāsus,-ūs, *m*	Fall, Vorfall, Zufall; Unfall

causa,-ae	Sache, Ursache, Grund; Gerichtsprozess, Prozessrede
causā *m. Gen. (nachgestellt)*	wegen, um ... willen
cavēre,-eō, cāvī, cautum	Acht geben, sorgen
m. Akk./ā(ab) *m.Abl.*	sich hüten (vor)
m. Dat.	für jem./etw. sorgen
m. ut + *Konj.*	dafür sorgen, dass
m. nē + *Konj.*	dafür sorgen, dass nicht; sich hüten, dass
cēdere, cēdō, cessī, cessum	(weg-)gehen, weichen
celeber, celebris, celebre	berühmt, gefeiert
celebrāre,-ō	häufig besuchen; rühmen, preisen
celer, celeris, celere	schnell
celeritās,-tātis, *f*	Schnelligkeit
cēna,-ae	Mahlzeit
cēnāre,-ō	essen, speisen
cēnsēre,-eō,-uī, cēnsum	(ab-)schätzen
m. AcI	meinen
m. ut + *Konj.*	für etw. stimmen, etw. beantragen, anordnen
cēnsor,-sōris, *m*	(Schätzer), Zensor
cēnsus,-ūs, *m*	Schätzung, Volkszählung
centēsimus,-a,-um	der hundertste
centum	hundert
cernere,-ō *(kein Perf.!)*	sehen, wahrnehmen, erkennen
certāmen,-minis, *n*	Wettstreit, Wettkampf
certāre,-ō	kämpfen, streiten, wetteifern
certiorem facere aliquem (*Pass.:* certior fierī)	benachrichtigen
certus,-a,-um	festgelegt, bestimmt, sicher
cēterī,-ae,-a	die übrigen
cēterum *Adv.*	im Übrigen, übrigens
cibus,-ī	Speise, Nahrung
circiter *Adv.*	ungefähr
circum *Präp. m. Akk.*	um ... herum
circumvenīre,-veniō, -vēnī,-ventum	umgeben, umzingeln
cis *(m. Akk.)*	diesseits
citerior *(m/f)*, citerius *(n)*; *Gen.Sg.:* citerior-is	diesseitig
citō *Adv.*	schnell
citrā *(m. Akk.)*	diesseits
cīvīlis,-e	bürgerlich, Bürger-...

cīvis,-is, *m*	Bürger
cīvitās,-tātis, *f*	Bürgerschaft, Gemeinde, Stadt, Stamm, Staat; Bürgerrecht
clāmāre,-ō	rufen
clāmor,-ōris, *m*	Schrei, Geschrei
clārus,-a,-um	hell, klar, berühmt
classis,-is, *f*	Abteilung, Flotte
claudere,-ō, clausī, clausum	schließen, absperren
cliēns, clientis, *m*	Schutzbefohlener, Klient
coepisse, coepī, coeptum:	*s.* incipere
cōgere, cōgō, coēgī, coāctum	zusammenführen, -bringen; zwingen
cōgitāre,-ō	denken, beabsichtigen
cognōscere, cognōscō, cognōvī, cognitum	erkennen, bemerken, kennen lernen
cohors, cohortis, *f*	Kohorte
cohortārī,-hortor, -hortātus sum	ermuntern, auffordern, anfeuern
colere,-ō, coluī, cultum	behandeln, pflegen, bebauen; verehren
colligere,-ligō,-lēgī, -lēctum	zusammenlesen, sammeln
collocāre,-ō	plazieren, aufstellen
colloquium,-ī	Unterredung, Gespräch
committere,-mittō, -mīsī,-missum	zustande bringen, zusammenfügen; anvertrauen
proelium committere	einen Kampf beginnen
scelus committere	ein Verbrechen begehen
commodum,-ī	Vorteil, Bequemlichkeit
commovēre,-eō,-mōvī, -mōtum	bewegen, veranlassen
commūnicāre,-ō	Anteil geben/nehmen, mitteilen, vereinigen
commūnis,-e	gemeinsam, gemeinschaftlich, allgemein
commūnitās,-tātis, *f*	Gemeinsamkeit, Gemeinschaft
commūtātiō,-tiōnis, *f*	Veränderung, Wechsel
comparāre,-ō	vor-, zubereiten, beschaffen; vergleichen
complūrēs,-a (*Gen.:* -ium)	mehrere

compōnere,-pōnō, -posuī,-positum	zusammenstellen, ordnen; verfassen; vergleichen; (einen Streit) beilegen
cōnārī, cōnor, cōnātus sum	versuchen
cōnātus,-ūs, *m*	Versuch
concēdere,-cēdō, -cessī,-cessum	nachgeben, zugeben, zugestehen
concidere,-cidō,-cidī	zusammenfallen, einstürzen
concordia,-ae	Eintracht
condere,-dō,-didī, -ditum	zusammentun,-legen; gründen; bergen; (einen Toten) bestatten
cōnferre,-ferō,-tulī, col-lātum	zusammentragen; vergleichen
sē cōnferre	sich begeben
cōnficere,-iō,-fēcī, -fectum	fertigstellen, vollenden; verzehren, zermürben
cōnfīdere,-fīdō, -fīsus sum *m. Abl.*	vertrauen auf ...
cōnfirmāre,-ō	stärken, bekräftigen, ermutigen
cōnfīsus,-a,-um *m. Dat. od. Abl.*	im Vertrauen auf ...
cōnfugere,-fugiō, -fūgī,(-fugitum)	sich flüchten
conicere,-iō,-iēcī, -iectum	zusammenwerfen: hinwerfen, schleudern; vermuten
in fugam conicere	in die Flucht schlagen
coniungere,-iungō, -iūnxī,-iūnctum	verbinden, vereinigen
coniūnx, coniugis, *f*	Ehegattin
coniūrare,-ō	ein Eidbündnis schließen, sich verschwören
coniūrātiō,-tiōnis, *f*	Eidbündnis, Verschwörung
cōnscius,-a,-um	mitwissend; bewusst; Mitwisser
cōnscrībere,-ō,-scrīpsī, -scrīptum	verfassen; (Truppen) ausheben, aufstellen
cōnservāre,-ō	bewahren, beibehalten
cōnsīdere,-sīdō,-sēdī	sich setzen, sich niederlassen
cōnsilium,-ī	Plan, Rat, Beschluss, Entschluss; Ratsversammlung

cōnsistere,-sistō,-stitī	sich hinstellen, Halt machen, sich niederlassen; zum Stillstand kommen, stocken; aus etw. bestehen
cōnspicere,-iō,-spexī, -spectum	erblicken
cōnstāre,-stō,-stitī	feststehen, bestehen (aus); kosten
cōnstat *(m. AcI)*	es steht fest, es ist bekannt
cōnstituere,-stituō, -stituī,-stitūtum	hinstellen, feststellen, errichten; beschließen
cōnsuēscere,-suēscō, -suēvī,-suētum	sich gewöhnen
Perf.Akt.: cōnsuēvisse, -suēvī	gewohnt sein
cōnsuētūdō,-tūdinis, *f*	Gewohnheit, Verhaltensweise; geselliger Umgang
cōnsul, cōnsulis, *m*	Konsul
cōnsulere,-sulō,-suluī, -sultum *m. Akk.:*	um Rat fragen, konsultieren
m. Dat.:	für jem./etw. sorgen
contemnere,-temnō, -tempsī,-temptum	verachten
contemplārī,-templor, -templātus sum	betrachten
contendere,-tendō, -tendī,-tentum	(anspannen,) sich anstrengen: eilen; kämpfen; behaupten
contentus,-a,-um *(m.Abl.)*	zufrieden (mit ...)
continēre,-tineō,-tinuī	zusammenhalten, zurückhalten, begrenzen; enthalten
contrā *Adv.*	dagegen, als Entgelt
Präp. m. Akk.	gegen
contuērī,-tueor	ansehen, betrachten
convenīre,-iō,-vēnī, -ventum	zusammenkommen, -passen
m.Akk.:	antreffen
convocāre,-ō	zusammenrufen
cōpia,-ae	Vorrat, Menge, Möglichkeit
Pl.: cōpiae,-ārum	Vorräte; Truppen
cor, cordis, *n*	Herz
cornū,-ūs, *n*	Horn; Heeresflügel
corpus, corporis, *n*	Körper, Gestalt
corrigere,-rigō,-rēxī, -rēctum	berichtigen, verbessern
corripere,-iō,-ripuī, -reptum	zusammenraffen, ergreifen, packen
corrumpere,-rumpō, -rūpī,-ruptum	verderben, bestechen, fälschen
cottidiānus,-a,-um	täglich
crās *Adv.*	morgen
creāre,-ō	(er-)schaffen, machen, wählen
crēdere, crēdō, crēdidī, crēditum	vertrauen, glauben
crēscere, crēscō, crēvī	wachsen
crūdēlis,-e	grausam
cultūra,-ae	Bebauung, Pflege
cum *Präp. m. Abl.*	(zusammen) mit
cum *Subj.*	
mit Indikativ	
relativisch:	damals, als; dann, wenn
iterativ:	immer, wenn
modal:	indem; dadurch, dass
inversiv:	als (plötzlich)
cum (prīmum) *m.Ind.Perf./Futur II*	sobald
mit Konjunktiv	
erzählend:	als, nachdem
kausal:	weil, da
konzessiv:	obwohl
adversativ:	während
cūnctārī, cūnctor, cūnctātus sum	zögern, zaudern
cūnctus,-a,-um	ganz, gesamt
Pl.: cūnctī,-a,-ae	alle
cupere,-iō, cupīvī, cupitum	begehren, verlangen, wünschen
cupiditās,-tātis, *f*	Begehrlichkeit, Begierde, Gier
cupīdō,-dinis, *f*	Begehren, Verlangen, Begierde
cupidus,-a,-um *(m. Gen.)*	begierig (nach)
cūr?	warum?
cūra,-ae	Sorge
cūrāre,-ō	(be-)sorgen, sich kümmern, pflegen
cūriōsitās,-tātis, *f*	Neugierde
currere, currō, cucurrī, cursum	laufen, rennen
cursus,-ūs, *m*	Lauf, Fahrt; Kurs
custōdia,-ae	Wache
custōs, custōdis, *m/f*	Wächter(in)
damnāre,-ō	verurteilen
capitis damnāre	zum Tod verurteilen

dare, dō, dedī, datum	geben
operam dare	sich Mühe geben, sich bemühen
dē *Präp. m. Abl.*	von ... herunter; von ... her; von = über
dēbēre,-eō,-uī, dēbitum	schulden, verdanken, müssen
dēcēdere,-cēdō,-cessī, -cessum	weggehen
decem	zehn
dēcernere,-cernō -crēvī,-crētum	entscheiden, beschließen
dēcertāre,-ō	um die Entscheidung kämpfen, die Entscheidungsschlacht schlagen
decimus,-a,-um	der zehnte
dēclārāre,-ō	erklären
dēcurrere,-currō, -currī,-cursum	hinunterlaufen, hinlaufen
decus, decoris, *n*	Zierde, Würde, Ehre
dēdūcere,-dūcō,-dūxī, -ductum	wegführen, (ein Heer) abziehen
dēesse,-sum,-fuī	abwesend sein, fehlen
dēfectiō,-tiōnis, *f*	Abtrünnigkeit, Abfall; Schwinden, Abnahme, Ausfall
dēfendere,-fendō, -fendī,-fēnsum	verteidigen
dēfēnsiō,-iōnis, *f*	Verteidigung
dēficere,-iō,-fēcī,-fectum	
m. Akk.:	jemandem mangeln, ausgehen
m. ā/ab + *Abl.:*	von jem. abfallen, abtrünnig werden
animō dēficere	den Mut verlieren
deinde *Adv.*	dann, darauf
dēlectāre,-ō	erfreuen
dēlēre,-eō,-ēvī,-ētum	vernichten, zerstören
dēligere,-ligō,-lēgī, -lēctum	auslesen, auswählen
dēnūntiāre,-ō	ankündigen, verraten
dēscendere,-scendō, -scendī,-scēnsum	herabsteigen
dēsīderāre,-ō	ersehnen, verlangen, vermissen
dēsistere,-sistō,-stitī	Abstand nehmen, ablassen, aufhören
dēspicere,-spiciō, -spexī,-spectum	herabsehen, verachten
dēstināre,-ō	festsetzen, bestimmen
dē-stinātus,-a,-um	bestimmt, entschlossen

dētrahere,-trahō, -trāxī,-tractum	herunter-, wegziehen, entreißen
dētrīmentum,-ī	Verlust, Schaden
deus,-ī	Gott
dēvenīre,-iō,-vēnī, -ventum	herabkommen, gelangen
dexter,dext(e)ra, dext(e)rum	rechts, rechte(r); günstig
dīcere,-ō, dīxī, dictum	sagen
diēs, diēī, *m*	Tag
differre,-ferō, dis-tulī, dī-lātum	aufschieben, verschieben
nur im Praes.-Stamm:	verschieden sein
difficilis,-e	schwer (zu tun), schwierig
diffīdere,-ō,-fīsus sum	misstrauen
digitus,-ī	Finger
dīgnitās,-tātis, *f*	Würdigkeit, Würde
dīgnus,-a,-um *(m. Abl.)*	würdig *(m. Gen.)*
dīligere,-ligō,-lēxī, -lēctum	hochschätzen, lieben
dīmicāre,-ō	kämpfen
dīmittere,-mittō,-mīsī, -missum	wegschicken, entlassen, aufgeben; versäumen
dīripere,-iō,-ripuī, -reptum	losreißen, plündern, zerstören
discere, discō, didicī	kennenlernen lernen, studieren
discernere,-cernō, -crēvī,-crētum	unterscheiden, trennen
disciplīna,-ae	Lehre, Fach, Erziehung, Zucht, Disziplin
discipulus,-ī	Schüler
dispōnere,-pōnō, -posuī,-positum	verteilen, ordnen, einrichten
disputāre,-ō	erörtern, disputieren
dissimulāre,-ō	sich verstellen; etw. verheimlichen
diū *Adv.*	lange Zeit, lange
Steigerung: diūtius, diūtissimē	
diūtinus,-a,-um	lange dauernd
diūturnus,-a,-um	lang andauernd
dīves, *Gen.Sg.:* dīvit-is	reich
dīvidere,-vidō,-vīsī, -vīsum	teilen, trennen
dīvīnus,-a,-um	göttlich
dīvitiae,-ārum	Reichtümer, Reichtum
docēre,-eō,-uī, doctum	(be-)lehren, informieren
doctrīna,-ae	Lehre, Gelehrsamkeit, Bildung

dolēre,-eō,-uī	Schmerz empfinden, bedauern; schmerzen
domī *Adv.*	zuhause
domī mīlitiaeque	in Krieg und Frieden
domicilium,-ī	Wohnsitz
domina,-ae	Hausherrin, Herrin
dominus,-ī	Hausherr, Herr
domus,-ūs, *f*	Haus
dōnāre,-ō	schenken, geben
dōnec:	*s.* dum
dōnum,-ī	Gabe, Geschenk
dubitāre,-ō	zweifeln; zögern, Bedenken tragen
dubius,-a,-um	zweifelhaft
ducentī,-ae,-a	200
dūcere, dūcō, dūxī, ductum	führen; glauben
dulcis,-e	süß, angenehm
dum *Subj.*	
m. Ind. Präsens	während
m. Ind. (Zeit wie im übergeordneten Satz)	solange (wie/als)
(= donec, quoad, quamdiū)	
m.Ind.Perfekt/Futur II	(solange,) bis
(= donec, quoad)	
m.Konj.	wenn nur, wofern nur
(= dummodo)	
duō, duae, duō	zwei
dūrus,-a,-um	hart
dux, ducis, *m/f*	Führer(in)
ē/ex *Präp. m. Abl.*	aus
efferre,-ferō, ex-tulī, ē-lātum	heraus-, hinaustragen, emporheben
efficere,-ficiō,-fēcī, -fectum	bewirken, durchsetzen, zustande bringen
effugere,-iō,-fūgī, (-fugitum) *(m. Akk.)*	entfliehen, entkommen
effundere,-fundō, -fūdī,-fūsum	ausgießen, vergießen
egō (meī, mihi, mē)	ich
ēgredī,-gredior, -gressus sum	hinaus-, herausgehen
ēicere,-iciō,-iēcī,-iectum	hinauswerfen
ēloquēns, *Gen.Sg.:* -ent-is	beredt, redegewandt
ēloquentia,-ae	Beredsamkeit
emere, emō, ēmī, ēmptum	kaufen
ēmigrāre,-ō	auswandern
ēmittere,-mittō,-mīsī, -missum	hinaussenden, -schicken
enim *(nachgestellt)*	nämlich

ēnītī,-nītor, -nīsus/-nīxus sum	sich emporarbeiten, sich anstrengen, (nach etw.) streben
eō *Adv.*	dorthin
eō *(b. Komparativ od. Superlativ)*	desto, umso
epistula,-ae	Brief
eques, equitis, *m*	Reiter; Ritter
equitātus,-ūs, *m*	Reiterei
equus,-ī	Pferd
ēripere,-iō,-uī,-reptum	entreißen
errāre,-ō	irren
ērudīre,-iō,-īvī,-ītum	erziehen, bilden
ērumpere,-rumpō, -rūpī,-ruptum	ausbrechen
esse, sum, fuī	sein; vorhanden sein, existieren
et	und, auch
et – et	sowohl – als auch
etiam	auch, sogar
nōn modo/sōlum/ tantum – sed etiam	nicht nur – sondern auch
quīn etiam	ja sogar
ēvādere,-vādō,-vāsī, -vāsum	hinausgehen, entrinnen; sich entwickeln
ex/ē *Präp. m. Abl.*	aus
excellēns, *Gen.Sg.:* -ent-is	hervorragend
excellere,-cellō	hervorragen, sich auszeichnen
excelsus,-a,-um	herausragend, erhaben
exclāmāre,-ō	herausrufen, ausrufen
exclūdere,-clūdō, -clūsī,-clūsum	ausschließen
exemplum,-ī	Beispiel, Vorbild
exercēre,-eō,-uī	üben, ausüben; quälen
exercitus,-ūs, *m*	Heer
exīre,-eō,-iī,-itum	hinaus-, herausgehen
exīstimāre,-ō	glauben, meinen
expellere,-pellō, -pulī,-pulsum	hinaustreiben, vertreiben, verbannen
experīrī, experior, expertus sum	erproben, versuchen
experīrī aliquem	sich mit jem. messen
expers, *Gen.Sg.:* expert-is *(m. Gen.)*	unteilhaftig, ohne Anteil, frei von etw.
explicāre,-ō	entfalten, erklären
expōnere,-pōnō, -posuī,-positum	ausstellen, aussetzen; darlegen
expūgnāre,-ō	erobern, erkämpfen
exspectāre,-ō	ausschauen, erwarten
extrēmus,-a,-um	äußerster, letzter

fābula,-ae	Erzählung, Fabel, Sage; Theaterstück
facere, faciō, fēcī, factum	machen
certiōrem facere	benachrichtigen
verba facere	Worte sprechen
faciēs, faciēī, *f*	Gestalt, Aussehen, Gesicht
facilis,-e	leicht (zu tun)
facinus, facinoris, *n*	Tat, Verbrechen
factiō,-tiōnis, *f*	(politische Tätigkeit,) Partei
factum,-ī	Tat(sache), Ereignis
facultās,-tātis, *f*	Möglichkeit, Fähigkeit
falsus,-a,-um	falsch, irrig
fāma,-ae	Gerede: Gerücht, Sage; (guter/ schlechter) Ruf
famēs,-is, *f*	Hunger
familia,-ae	Hausgemeinschaft, Familie
pater familiās (= -ae)	(Vater als) Familienoberhaupt
familiāris,-e	(zur Familie gehörig:) vertraut, bekannt, freundschaftlich
rēs familiāris	(Familien-)Vermögen
familiāritās,-tātis, *f*	enge Vertrautheit
fātum,-ī	Götterspruch, Schicksal, Verhängnis
favēre,-eō, fāvī, fautum *(m. Dat.)*	günstig, gewogen sein, jem. begünstigen
fēlīx, *Gen.Sg.*: fēlīc-is	glücklich, erfolgreich, wohlhabend
fēmina,-ae	Frau
fera,-ae	(wildes) Tier
ferē *Adv.*	fast, beinahe
ferre, ferō, tulī, lātum	tragen, bringen, berichten; antreiben
aegrē/graviter ferre aliquid	(mit Mühe/schwer ertragen) über etw. ungehalten, bekümmert sein
ferrum,-ī	Eisen
ferus,-a,-um	wild, roh, ungezähmt
festīnāre,-ō	eilen, sich beeilen
fidēs, fideī, *f*	Treue, Zuverlässigkeit, Glaubwürdigkeit; Vertrauen, Glaube
fierī, fīō, factus sum	werden, geschehen, gemacht werden
certior fierī	benachrichtigt, informiert werden

fīgere, fīgō, fīxī, fīxum	anheften, befestigen
figūra,-ae	Form, Gestalt, Figur, Bild
fīlia,-ae	Tochter
fīlius,-ī	Sohn
fingere, fingō, fīnxī, fictum	erdichten, erfinden
fīnīre,-iō	beenden, begrenzen
fīnis,-is, *m*	Ende Grenze; *Pl.*: (das) Gebiet
fīnitimus,-a,-um	benachbart
firmāre,-ō	stärken, befestigen, sichern
firmus,-a,-um	fest, stabil, sicher
flectere, flectō, flexī, flexum	biegen, beugen, erweichen, rühren, umstimmen
flēre, fleō, flēvī, flētum	weinen
fluere, fluō, flūxī	fließen
flūmen,-minis, *n*	Fluss
fluvius,-ī	
folium,-ī	Blatt
forās *Adv.*	nach draußen, hinaus, heraus
forīs *Adv.*	draußen
fōrma,-ae	Gestalt
forsitan, fortasse *Adv.*	vielleicht
forte *Adv.*	durch Zufall, zufällig
fortis,-e	tapfer
fortitūdō,-tūdinis, *f*	Tapferkeit
fortūna,-ae	Schicksal: Glück, Unglück
Pl.: fortūnae,-ārum	Glücksgüter, Vermögen
forum,-ī	Marktplatz, Forum
fossa,-ae	Graben
frāter, frātris, *m*	Bruder
frīgidus,-a,-um	kalt
frīgus, frīgoris, *n*	Kälte, Frost
fruī,-or *m. Abl.*	genießen, sich erfreuen (an)
frūmentum,-ī	Getreide
rēs frūmentāria	Getreideversorgung
fuga,-ae	Flucht
in fugam conicere	in die Flucht schlagen
fugere,-iō, fūgī, (fugitum)	fliehen, meiden
fundere, fundō, fūdī, fūsum	ausgießen; zerstreuen
fungī, fungor, functus sum *m. Abl.*	(ein Amt) ausüben, verwalten
gaudēre, gaudeō, gāvīsus sum	sich freuen
gaudium,-ī	Freude

gēns, gentis, *f*	Geschlecht, Sippe, Stamm, Volk
genus, generis, *n*	Geschlecht, Art
gerere, gerō, gessī, gestum	ausführen, (ein Amt) ausüben
sē gerere	sich benehmen
rēs gesta	Tat
gignere, gignō, genuī, genitum	erzeugen, hervorbringen, gebären
gladiātor,-tōris, *m*	Fechter, Gladiator
gladius,-ī	Schwert
glōria,-ae	Ruhm, Ehre
Graecus,-a,-um	griechisch; Grieche
grātia,-ae	Anmut; Gunst: Beliebtheit; Gefälligkeit, Gnade; Dank, Dankbarkeit
grātiam dēbēre	Dank schulden
grātiam habēre	Dank wissen, dankbar sein
grātiam referre	Dank abstatten, eine Gefälligkeit vergelten
grātiās agere	Dank abstatten, Dank sagen
grātus,-a,-um	willkommen, angenehm; dankbar
gravis,-e	schwer (von Gewicht), drückend; schwer (von Bedeutung), würdig
graviter ferre aliquid	(schwer ertragen) über etw. ungehalten, bekümmert sein
gravitās,-tātis, *f*	Gewicht, Würde, Bedeutung; Ernst
grex, gregis, *m*	Herde, Schar
habēre,-eō,-uī, habitum	haben, halten
grātiam habēre	dankbar sein
habitāre,-ō	wohnen, bewohnen
haurīre,-iō, hausī, haustum	schöpfen, leeren, einsaugen
hic, haec, hoc	dieser (hier)
hīc *Adv.*	hier
hiems, hiemis, *f*	Winter
hodiē *Adv.*	heute
homō, hominis, *m*	Mensch
honestās,-tātis, *f*	Ehrbarkeit, anständiges Verhalten, Würde, Ansehen
honestus,-a,-um	ehrenvoll, ehrenhaft; angesehen
honor, honōris, *m*	Ehre
hōra,-ae	Stunde
horrēre,-eō,-uī	sich entsetzen, zurückschrecken
hortārī,-or, hortātus sum	(er-)mahnen, auffordern
hospes, hospitis, *m*	Gast, Gastfreund; Fremder
hostis,-is, *m*	Feind
hūmānus,-a,-um	menschlich
humilis,-e	niedrig, klein, unbedeutend, demütig
iacere,-iō, iēcī, iactum	werfen, schleudern
iacēre,-eō,-uī	liegen
iam *Adv.*	nunmehr; schon
nōn iam	nicht mehr
ibi *Adv.*	dort
īdem, eadem, idem	der-, die-, dasselbe
Idūs, Iduum, *f*	die Iden *(15. bzw. 13. Tag des Monats)*
igitur *(meist nachgestellt)*	also, daher
īgnōrāre,-ō	nicht wissen, nicht kennen
īgnōtus,-a,-um	unbekannt
ille, illa, illud	jener; jener bekannte
immānitās,-tātis, *f*	Wildheit, Rohheit, Unmenschlichkeit
immittere,-mittō,-mīsī, -missum	hineinschicken, einlassen
impedīre,-iō	hindern
impellere,-pellō,-pulī, -pulsum	antreiben, veranlassen,
imperāre,-ō	befehlen, anordnen; herrschen
imperātor,-tōris, *m*	Befehlshaber, Feldherr; Kaiser
imperium,-ī	Befehl(sgewalt), Herrschaft, Macht; Befehlsbereich, Reich
impōnere,-pōnō, -posuī,-positum	hineinlegen, auferlegen
imprīmīs *Adv.*	vor allem, besonders
improbus,-a,-um	verbrecherisch, ruchlos
in *Präp. m. Akk.*	in, an, auf, zu, gegen *(Frage: wohin?)*
m. Abl.	in, an, auf *(Frage: wo?)*
incēdere,-cēdō,-cessī, -cessum	einherschreiten, hineingehen
m.Akk. od. Dat.	jem. befallen
incipere, incipiō, coepī, coeptum (*oder* inceptum)	anfangen, beginnen
incitāre,-ō	antreiben, reizen
incola,-ae, *m*	Einwohner
incolere,-colō,-coluī	bewohnen

incrēdibilis,-e	unglaublich
induere, induō, induī, indūtum	hineinlegen, anlegen, anziehen, (ein Verhalten) annehmen
indūtiae,-ārum *(Pluralwort)*	Waffenstillstand
inermis,-e	waffenlos, unbewaffnet
inesse, īn-sum,-fuī	darin sein, enthalten sein
īnfēlīx, *Gen.Sg.:* īnfēlīc-is	unglücklich, unheilvoll
īnferre,-ferō, intulī, illātum	hineintragen, jem. etw. zufügen
bellum īnferre alicui	mit jem. Krieg anfangen, jem. angreifen
iniūriam īnferre alicui	jem. Unrecht zufügen, tun
īnfluere,-fluō,-flūxī	hineinfließen
ingenium,-ī	Begabung, Charakter
ingēns, *Gen.Sg.:* ingent-is	ungeheuer groß, gewaltig
inhūmānus,-a,-um	unmenschlich
inimīcus,-a,-um	feindlich; Feind
inīre,-eō,-iī,-itum	hineingehen, beginnen
initium,-ī	Anfang
iniūria,-ae	Ungerechtigkeit
iniūstus,-a,-um	ungerecht
innocēns, *Gen.Sg.:* -ent-is	unschuldig, uneigennützig
inopia,-ae	Mangel, Not
inquam, inquit	sagte ich, sagte er/sie
īnscius,-a,-um	unwissend, unkundig
īnsidiae,-ārum *(Pluralwort)*	Hinterhalt, Anschlag
īnsīgne,-is, *n*	Kennzeichen, Rangabzeichen
īnsīgnis,-e	kennzeichnend, auffallend, bekannt
īnstituere,-stituō,-stituī, -stitūtum	einrichten, beginnen; unterrichten
īnstitūtum,-ī	Einrichtung, Anordnung, Vorhaben
īnstruere,-struō,-strūxī, -strūctum	aufstellen, ausstatten, unterweisen
integer, integra, integrum	unversehrt, unbescholten, uneigennützig
intellegere,-legō,-lēxī, -lēctum	einsehen, verstehen
intendere,-tendō,-tendī, -tentum	anspannen, anstrengen; auf etw. richten; beabsichtigen
inter *Präp. m. Akk.*	unter, zwischen
interesse,-sum,-fuī *(m. Dat.)*	dazwischen sein, dabeisein, (an etw.) teilnehmen
interest	1. es ist ein Unterschied 2. es ist wichtig, von Interesse
interficere,-iō,-fēcī, -fectum	töten
interīre,-eō,-iī,-itum	untergehen, zugrunde gehen
interrogāre,-ō	fragen
intrāre, intrō	eintreten, betreten
intuērī,-tueor	ansehen, betrachten
invādere,-vādō,-vāsī, -vāsum	hineingehen, eindringen, befallen
invenīre,-iō,-vēnī, -ventum	finden, erfinden
invidia,-ae	Missgunst, Neid
invītāre,-ō	einladen
invītus,-a,-um	nicht willig
ipse, ipsa, ipsum	selbst
īra,-ae	Zorn
īrāscī, īrāscor	zürnen
īre, eō, iī, itum	gehen
irrumpere,-rumpō, -rūpī,-ruptum	einbrechen, eindringen
is, ea, id *anaphorisch:*	dieser, diese, dieses; der, die, das; *oblique Kasus:* er, sie, es; *Gen. (poss.):* = sein, ihr
korrelativ:	der-/die-/dasjenige
iste, ista, istud	dieser (da)
ita *Adv.*	so
itaque *Adv.*	und so, daher
item *Adv.*	ebenso, ebenfalls, auch
iter, itineris, *n*	Weg, Marsch, Reise
iubēre,-eō, iussī, iussum	auffordern, befehlen
iūcundus,-a,-um	angenehm
iūdicāre, iūdicō	urteilen, beurteilen; für etw. halten
iūdicium,-ī	Urteil, Entscheidung, Gericht
iungere, iungō, iūnxī, iūnctum	verbinden, vereinigen
Iuppiter, Iovis, *m*	Jupiter
iūrāre,-ō	schwören
iūs, iūris, *n*	Recht
iūs iūrandum	Eid
iūstitia,-ae	Gerechtigkeit
iūstus,-a,-um	gerecht, rechtmäßig
iuvāre,-ō, iūvī, iūtum *(m. Akk.)*	unterstützen, helfen; erfreuen

iuventūs,-tūtis, *f*	Jungmannschaft, Jugend
Kalendae,-ārum	die Kalenden *(der 1.Tag des Monats)*
labor, labōris, *m*	Anstrengung, Mühe, Arbeit
Lacedaemonius,-a,-um	spartanisch; Spartaner
lacessere, lacessō, lacessīvī, lacessītum	reizen, herausfordern
laetārī,-or, laetātus sum	sich freuen, fröhlich sein
laetitia,-ae	Freude, Fröhlichkeit
lārgīrī,-ior, lārgītus sum	schenken, spenden, reichlich geben
lātitūdō,-tūdinis, *f*	Breite
latrō,-ōnis, *m*	Söldner; Räuber
latus, lateris, *n*	Seite
lātus,-a,-um (1)	breit, weit
lātus,-a,-um (2):	*s.* ferre
laudāre,-ō	loben
laus, laudis, *f*	Lob, Ehre, Ruhm
lavāre,-ō, lāvī, lautus/ lavātum	waschen
lavārī,-or, lautus sum	sich waschen, baden
lēgātus,-ī	Gesandter; Legat *(stellvertr. Oberbefehlshaber)*
legere, legō, lēgī, lēctum	auflesen, sammeln; auslesen, lesen
legiō,-iōnis, *f*	Legion
leō, leōnis, *m*	Löwe
lēx, lēgis, *f*	Gesetz
liber, librī	Buch
līber, lībera, līberum	frei
līberī,-ōrum, *m*	Kinder
līberāre,-ō	befreien, auslösen
lībertās,-tātis, *f*	Freiheit
licēre, licet, licuit	erlaubt sein, möglich sein
lingua,-ae	Zunge, Sprache
littera,-ae	Buchstabe
litterae,-ārum	Buchstaben; Brief, Literatur, Wissenschaft
lītus, lītoris, *n*	Strand
locus,-ī, *m*	Ort, Platz; Rang, (sozialer) Stand
Pl.: loca,-ōrum, *n*	Orte, Plätze; Gegend
longē *Adv.*	weit; bei weitem, weitaus
longus,-a,-um	lang, weit
loquī, loquor, locūtus sum	sprechen

lūdus,-ī	Spiel; (Elementar-) Schule
lūmen,-minis, *n*	Licht
luxuria,-ae	Üppigkeit, Verschwendung, Luxus
magis *Adv.*	mehr
magister, magistrī	Lehrer, Meister
magistra,-ae	Lehrerin, Meisterin
magistrātus,-ūs, *m*	Beamter; Amt, Behörde
māgnitūdō,-tūdinis, *f*	Größe
māgnopere *Adv.*	sehr
māgnus,-a,-um	groß
māiōrēs,-um, *m*	die Vorfahren
mālle, mālō, māluī	lieber wollen
malus,-a,-um	schlecht, böse
mandāre,-ō	übergeben, anvertrauen
mandātum,-ī	Auftrag
manēre,-eō, mānsī, (mānsum)	bleiben, warten
manus,-ūs, *f*	Hand; (Handvoll =) Schar
mare,-is, *n*	Meer
māter, mātris, *f*	Mutter
maximē *Adv.*	am meisten, sehr
medius,-a,-um	der/die/das mittlere
meminisse, meminī	sich erinnern, gedenken
memoria,-ae	Gedächtnis, Erinnerung; Überlieferung
mēns, mentis, *f*	Sinn, Verstand, Gesinnung
mēnsis,-is, *m*	Monat
meridiēs,-diēī, *m*	Mittag, Süden
meritō *Adv.*	nach Verdienst, mit Recht
mētīrī, mētior, mēnsus sum	messen, bemessen, beurteilen
metuere, metuō, metuī	fürchten
metus,-ūs, *m*	Furcht
meus,-a,-um	mein
migrāre, migrō	wandern, wegziehen
mīles, mīlitis, *m*	Soldat
mīlitāris,-e	soldatisch, militärisch, Kriegs-...
rēs mīlitāris	Kriegswesen
mīlitia,-ae	Kriegsdienst
domī mīlitiaeque *(Lokativ)*	in Krieg und Frieden
mīlle *(undeklinierbar)*	tausend
Pl.: mīlia,-ium, *n*	

mīllēsimus,-a,-um	der tausendste
bis mīllēsimus	der zweitausendste
minārī,-or, minātus sum	drohen, androhen
minimē *Adv.*	keineswegs
mīrābilis,-e	bewundernswert, wunderbar
mīrārī,-or, mīrātus sum	sich wundern, bewundern
mīrus,-a,-um	wunderbar, wunderlich, seltsam
miscēre,-eō,-uī, mixtum	mischen
miser, misera, miserum	unglücklich, elend
mittere, mittō, mīsī, missum	schicken
mōbilis,-e	beweglich, unbeständig, wankelmütig
moderāre,-ō	mäßigen; lenken
moderātus,-a,-um	gemäßigt, maßvoll
modestia,-ae	Mäßigung, Bescheidenheit, Anstand
modicus,-a,-um	maßvoll, bescheiden
modo *Adv.*	nur
modus,-ī	Maß, Art und Weise
moenia,-ium, *n*	Stadtmauer(n)
mollis,-e	weich, sanft, lustvoll; verweichlicht
monēre,-eō,-uī, monitum	erinnern; ermahnen, warnen
mōns, montis, *m*	Berg
mōnstrāre,-ō	zeigen
monumentum,-ī	Denkmal
morbus,-ī	Krankheit
morī, morior, mortuus sum (*Part. Futur:* moritūrus)	sterben
mors, mortis, *f*	Tod
mortem obīre	den Tod erleiden, sterben
mortālis,-e	sterblich
mōs, mōris, *m*	Sitte; *Pl.:* Sitten, Moral; Charakter
movēre,-eō, mōvī, mōtum	bewegen, beeinflussen
castra movēre	(mit dem Heer) aufbrechen
mox *Adv.*	bald; dann
mulier, mulieris, *f*	(verheiratete) Frau
multitūdo,-tūdinis, *f*	Menge
multus,-a-um	viel
multī,-ae,-a	viele
mundus,-ī	Welt

mūnīre,-iō	befestigen, sichern, schützen
castra mūnīre	ein befestigtes Lager anlegen
mūrus,-ī	Mauer
mūtāre,-ō	(ver-)ändern, wechseln
nam *(an 1. Stelle)*	denn
nancīscī, nāncīscor, nactus/nānctus sum	(zufällig) erlangen, bekommen, finden
nāscī, nāscor, nātus sum (*Part. Futur:* nāscitūrus)	entstehen, geboren werden
nāsus,-ī	Nase
nātiō,-tiōnis, *f*	Herkunft; Volksstamm, Volk
nātūra,-ae	Beschaffenheit, Wesen, Natur
nātūrālis,-e	natürlich, naturgegeben, wesenhaft
nātus,-a,-um	geboren
nāvis,-is, *f*	Schiff
-ne *(an das erste Wort eines Fragesatzes angehängt)*	*Einleitung einer Satzfrage oder einer Doppelfrage* (-ne – an)
nē *mit Konjunktiv:*	
in Hauptsätzen:	*Verneinung eines Wunsches, Befehls oder einer Aufforderung*
in Gliedsätzen:	
in abh. Wunsch-/Aufforderungssätzen und in finalen Gliedsätzen	dass nicht, damit nicht
nach Ausdrücken des Fürchtens	dass
(nē nōn = ut	dass nicht)
nach Ausdrücken des Hinderns und Widerstrebens	dass; zu + *Inf.*
nē ... quidem *Adv.*	nicht einmal
nec (= neque)	und nicht
necāre,-ō	töten
necessārius,-a,-um	notwendig; nahestehend, verwandt
necesse est	es ist notwendig
necessitās,-tātis, *f*	Notwendigkeit, Notlage
necne (= an nōn)	oder nicht *(in der Doppelfrage)*
negāre,-ō	verneinen, bestreiten, ablehnen

neglegere,-legō,-lēxī, -lēctum	nicht beachten, missachten, vernachlässigen
negōtium,-ī	Beschäftigung, Geschäft, Aufgabe
nēmō (*Dat.* nēminī, *Akk.* nēminem), *m*	niemand
nepōs, nepōtis, *m*	Enkel, Nachkomme; Neffe
neque	und nicht
neque – neque	weder – noch
neque enim	denn nicht
nescīre,-iō,-scīvī,-scītum	nicht wissen
nihil, *n*	nichts
nīmius,-a,-um	zu groß, zu viel, übermäßig
nisi *Subj.*	wenn nicht
nītī, nītor, nīsus/nīxus sum	sich stützen, sich anstrengen, nach etw. streben
nōbilis,-e	bekannt, berühmt, edel
nōbilitās,-tātis, *f*	Adel, Berühmtheit
nocēre,-eō,-uī, (nocitum)	schaden
nōlle, nōlō, nōluī	nicht wollen
nōmen, nōminis, *n*	Name, Begriff
nōn *(Verneinung der Aussage)*	nicht
nōn iam *Adv.*	nicht mehr
nōn modo/sōlum/ tantum – sed etiam	nicht nur – sondern auch
nōn quō/quod/quia *m.Konj.*	nicht (etwa) weil, nicht als ob
nōn quō/quod/ quia nōn, nōn quīn *m.Konj.*	nicht als ob nicht
nōndum *Adv.*	noch nicht
nōnne *(am Anfang eines Fragesatzes)*	nicht wahr, ... doch? nicht ...? etwa nicht? *(positive Antwort erwartet)*
nōnnūllī,-ae,-a	einige
nōnus,-a,-um	der neunte
nōs (nostrī/nostrum, nobīs, nōs)	wir
nōscere, nōscō, nōvī, nōtum	kennenlernen, erkennen
noster, nostra, nostrum	unser
nōtus,-a,-um	bekannt
novem	neun
nōvisse (nōsse), nōvī	kennen, wissen
novus,-a,-um	neu

nox, noctis, *f*	Nacht
nūllus,-a,-um	keiner
num *(am Anfang eines Fragesatzes)*	doch wohl nicht? etwa? *(negative Antwort erwartet)*
numerāre,-ō	zählen, rechnen
numerus,-ī	Zahl
numquam *Adv.*	niemals
nunc *Adv.*	nun, jetzt
nūntiāre, nūntiō	melden
nūntius,-ī	Bote; Nachricht
ob *Präp. m. Akk.*	gegen, entgegen; wegen
obesse,-sum,-fuī	entgegenstehen, schaden
obīre,-eō,-iī,-itum	entgegengehen, hingehen, besuchen; (einer Beschäftigung) nachgehen
mortem obīre	den Tod erleiden, sterben
oblīvīscī, oblīvīscor, oblītus sum *m. Gen. (oder Akk.)*	vergessen
oboedīre,-iō	gehorchen
obses, obsidis, *m/f*	Geisel, Bürge
obstringere,-stringō, -strīnxī,-strictum	verstricken, verpflichten
obtinēre,-tineō,-tinuī, -tentum	innehaben, besitzen; erlangen
obviam *Adv.*	entgegen
occidere,-cidō, óccidī, (occāsum)	untergehen, zugrunde gehen, umkommen
occupāre,-ō	besetzen, an sich reißen; beschäftigen
occurrere,-currō,-currī, -cursum	entgegenlaufen, begegnen
octāvus,-a,-um	der achte
octō	acht
oculus,-ī	Auge
ōdisse, ōdī	hassen
odium,-ī	Hass
offerre,-ferō, obtulī, oblātum	entgegenbringen, anbieten; *Passiv:* sich bieten, erscheinen
officium,-ī	Dienstleistung, Dienst, Pflicht, Pflichtgefühl
ōmittere,-mittō,-mīsī, -missum	unterlassen, aufgeben; übergéhen
omnīnō *Adv.*	im Ganzen, überhaupt
omnis,-e	jeder, ganz; *Pl.:* alle

opera,-ae	Arbeit, Mühe
operam dare	sich Mühe geben, sich bemühen
opīniō,-iōnis, *f*	Vermutung, Meinung
oportēre, oportet, oportuit	es ist nötig, es gehört sich
oppidum,-ī	Stadt
oppōnere,-pōnō,-posuī, -positum	entgegenstellen, (einer Gefahr) aussetzen
opprimere,-primō, -pressī,-pressum	bedrücken, bedrängen, überfallen, unterdrücken
oppūgnāre,-ō	bestürmen, angreifen
ops, opis, *f*	Kraft, Stärke, Hilfe
Pl.: opēs, opum	(die Machtmittel:) Reichtum; Macht, Einfluss; Streitmacht
optimātēs,-ium, *m*	Aristokraten; Optimaten
opus,-eris, *n*	Arbeit, Werk; Belagerungswerk
ōrāre,-ō	reden; bitten, beten
ōrātiō,-tiōnis, *f*	Rede
ōrātor,-tōris, *m*	Redner
orbis,-is, *m*	Kreis
orbis terrārum	der Erdkreis
ōrdō,-inis, *m*	Ordnung, Reihenfolge, Rang, Stand
orīrī, orior, ortus sum (*Part. Futur:* oritūrus)	entstehen, sich erheben; *Perf.:* abstammen
ōrnāre,-ō	ausstatten, schmücken
ōs, ōris, *n*	Mund, Gesicht
os, ossis, *n* (*Pl.:* ossa,-ium)	Knochen, Gebein
ōtium,-ī	Muße, Freizeit, Ruhe
paenitēre, paenitet, paenituit	reuen *(unpersönlich)*
paenitet mē alicuius reī	es tut mir leid um etw., etw. reut mich, ich bereue etw.
pār, *Gen.Sg.:* par-is	gleich, ebenbürtig; angemessen
parāre,-ō	vorbereiten, bereiten, planen, sich anschicken
parātus,-a,-um	bereit
parcere, parcō, pepercī *(m. Dat.)*	Schonung gewähren, schonen, sparen
parēns, parentis, *m/f*	Vater/Mutter
parentēs, parent(i)um, *m*	die Eltern

parere,-iō, peperī, partum	hervorbringen, gebären; erwerben, (einen Sieg) erringen
pārēre,-eō,-uī	gehorchen, sich nach ... richten
pars, partis, *f*	Teil, Seite; Rolle *(eines Schauspielers)*
parum *Adv.*	wenig, zu wenig
parvus,-a,-um	klein, gering
patefacere,-faciō,-fēcī, -factum	öffnen, aufdecken
pater, patris, *m*	Vater
patēre, pateō, patuī	offenstehen; sich erstrecken
patī, patior, passus sum	leiden, dulden, zulassen
patria,-ae	Vaterland, -stadt, Heimat
patrius,-a,-um	väterlich; ererbt, herkömmlich
patrōnus,-ī	Schutzherr, Anwalt
paucī,-ae,-a	wenige
paulātim *Adv.*	allmählich
paulum *(nur Nom., Akk., Abl.Sg.)*	ein wenig
paulō ante/post	wenig früher/später
pauper, *Gen.Sg.:* pauper-is	arm
pāx, pācis, *f*	Friede
pecūnia,-ae	Geld
pecus, pecoris, *n*	Vieh; Fleisch
pedes, peditis, *m*	Fußsoldat
peditātus,-ūs, *m*	Fußvolk
pellere, pellō, pepulī, pulsum	treiben, stoßen, schlagen, vertreiben
per *Präp. m. Akk.*	durch, mittels; wegen
peragere,-agō,-ēgī, -āctum	durchführen, vollenden; (Zeit) verbringen
percipere,-iō,-cēpī, -ceptum	erfassen, wahrnehmen, entnehmen
perdere,-dō,-didī, -ditum	zugrunde richten, verderben; verlieren
perfacilis,-e	sehr leicht
perferre,-ferō,-tulī, -lātum	ertragen; überbringen
perficere,-iō,-fēcī, -fectum	vollenden, herstellen
perfidia,-ae	Treulosigkeit, Hinterhältigkeit
pergere, pergō, perrēxī,-rēctum	weitermachen, fortfahren
perīculum,-ī	Gefahr

perīre,-eō,-iī,-itum	verloren gehen, zugrunde gehen
permittere,-mittō, -mīsī, -missum	überlassen, erlauben
permovēre,-eō,-mōvī, -mōtum	(heftig) bewegen, veranlassen
perpetuō *Adv.*	beständig, dauernd, für immer
perpetuus,-a,-um	beständig, dauernd
persuādēre,-eō,-suāsī, -suāsum *(m. Dat.)*	
m. AcI	(jem.) überzeugen
m. ut/nē + *Konj.*	(jem.) überreden
pertinēre,-tineō,-tinuī	sich erstrecken, sich beziehen
perterrēre,-eō,-uī,-itum	(jem.) sehr erschrecken
pervenīre,-iō,-vēnī, -ventum	(ans Ziel) gelangen, hinkommen
pēs, pedis, *m*	Fuß
petere, petō, petīvī, petītum	erstreben, erbitten; angreifen
pietās,-tātis, *f*	Frömmigkeit, Pflichtgefühl, Ehrfurcht
placēre,-eō,-uī, (placitum)	gefallen
plēbs, plēbis, *f*	Volk *(die nichtadligen freien Bürger)*
plēnus,-a,-um *(m. Gen.)*	voll (von ...)
plērīque,-aeque,-aque	die meisten, sehr viele
plērumque *Adv.*	meistens
poena,-ae	Strafe
poēta,-ae, *m*	Dichter
pollicērī, polliceor, pollicitus sum	versprechen
pōnere, pōnō, posuī, positum	setzen, stellen, legen
pōns, pontis, *m*	Brücke
populāris,-e	zum Volk gehörig; volksfreundlich, demokratisch
populus,-ī	Volk
porta,-ae	Tor, Pforte
poscere, poscō, poposcī	fordern
posse, possum, potuī	können
possessiō,-iōnis, *f*	Besitz
possidēre,-eō,-sēdī, -sessum	besitzen
post *Adv.*	danach, später;
Präp. m. Akk.	hinter, nach
posteā *Adv.*	später
postquam *Subj. m.Ind.Perf.*	nachdem
postrēmō *Adv.*	endlich, schließlich
postulāre,-ō	fordern
potentātus,-ūs, *m*	Macht, Vormacht
potentia,-ae	Macht
potestās,-tātis, *f*	Macht, (Amts-)Gewalt, Möglichkeit
potīrī, potior, potītus sum *m. Abl.*	sich bemächtigen
rērum potīrī	sich der Herrschaft bemächtigen
potius *Adv.*	vielmehr, eher, lieber
prae *Präp. m. Abl.*	vor; infolge; im Vergleich zu
praebēre,-eō,-uī, praebitum	darreichen, gewähren, verschaffen
praeceps, *Gen.Sg.:* -cipit-is	kopfüber, abschüssig
praecipere,-iō,-cēpī, -ceptum	vorschreiben, anordnen
praeda,-ae	Beute
praeesse,-sum,-fuī *(m. Dat.)*	vorstehen, leiten
praefectus,-ī	Vorgesetzter, Befehlshaber, Gouverneur
praemium,-ī	Belohnung
praesidium,-ī	Schutz, Schutztruppe, befestigter Posten
praestāre,-stō,-stitī	voranstehen, übertreffen; (einen Dienst) leisten, erweisen
praeter *Präp. m. Akk.*	an ... vorbei; außer
praetereā *Adv.*	außerdem
praetor,-tōris, *m*	Prätor
precēs,-um, *f*	Bitten
prehendere, prehendō, prehendī, prehēnsum	fassen, ergreifen
premere, premō, pressī, pressum	drücken, bedrücken, (be-)drängen
prīmō *Adv.*	zuerst, zunächst
prīmum *Adv.*	als Erstes, zuerst, erstens
prīmus,-a,-um	erster
prīnceps,-cipis	der erste; *Subst. (m):* der Erste, der führende Mann, Häuptling, Fürst
prīncipātus,-ūs, *m*	Führung, Vorherrschaft
priusquam *Subj.*	bevor
prīvātus,-a,-um	(ohne öffentliches Amt:) privat
prō *Präp. m. Abl.*	vor (zum Schutz), für, zugunsten; anstatt

probāre,-ō	prüfen, billigen; glaubwürdig darlegen
probus,-a,-um	rechtschaffen
prōdesse, prōsum, prōfuī	nützlich sein, nützen
proelium,-ī	Kampf
profectō *Adv.*	in der Tat, wirklich, sicherlich
proficīscī, proficīscor, profectus sum	aufbrechen, (ab)reisen; von etw. ausgehen
prōgredī,-gredior, -gressus sum	weitergehen, vorrücken, Fortschritte machen
prohibēre,-eō,-uī, -hibitum	fernhalten, hindern
prōicere,-iciō,-iēcī, -iectum	hinwerfen, wegwerfen, preisgeben
prōmere, prōmō, prōmpsī, prōmptum	hervorholen
prōmittere,-mittō,-mīsī, -missum	versprechen
prope *Adv.*	beinahe, fast
Präp. m. Akk.	nahe bei
properāre,-ō	eilen, sich beeilen
propinquus,-a,-um	nahe, verwandt; Verwandter
propior, propius	näher
propter *Präp. m. Akk.*	wegen, um ... willen
proptereā *Adv.*	deswegen
prōripere,-iō,-uī, -reptum	hervorreißen, hervorzerren
sē prōripere	hervorlaufen, hinausstürzen
prōverbium,-ī	Sprichwort
prōvidēre,-eō,-vīdī, -vīsum *m. Akk.:*	vorher-, voraussehen; besorgen
m. Dat.:	Vorsorge treffen (für)
prōvincia,-ae	Provinz
proximus,-a,-um	nächste(r), nächststehend; letzte(r) *(in der Vergangenheit)*
prūdēns, *Gen.Sg.:* prūdent-is	umsichtig, klug
pūbēs, *Gen.Sg.:* pūber-is	geschlechtsreif, mannbar, erwachsen
pūblicus,-a,-um	staatlich, öffentlich
rēs pūblica	Staat, ‚Republik'
puella,-ae	Mädchen
puer, puerī	Knabe, Junge
pūgna,-ae	Kampf, Schlacht
pūgnāre,-ō	kämpfen

pulcher, pulchra,-um	schön
pulsāre,-ō	stoßen, klopfen, schlagen
putāre,-ō	rechnen; meinen, für etw. halten
quā *Adv.*	wo, wie
quaerere, quaerō, quaesīvī, quaesītum	suchen, nach (jem./etw.) fragen
quaerere ab/ex *(m.Abl.)*	jemanden fragen
quaestor,-tōris, *m*	Quaestor
quālis,-e	wie (beschaffen)
quam *Vergleichsadv.*	wie
beim Komparativ:	als
beim Superlativ:	möglichst
quamdiū *Subj.*	solange (wie/als)
quamquam	obwohl
quantus,-a,-um	wie groß
quartus,-a,-um	der vierte
quasi *Adv.*	gleichsam
Subj. m. Konj.	wie wenn, als ob
quater *Adv.*	viermal
quattuor	vier
-que *(an ein Wort angeh.)*	und
querī, queror, questus sum	klagen, sich beklagen
quī, quae, quod	
adjektivisches Fragepron.:	welcher, welche, welches?
Relativpronomen:	der, die, das; welcher, welche, welches
quia *Subj. m. Ind.*	weil
nōn quia *m.Konj.*	nicht (etwa) weil, nicht als ob
quī-, quae-, quodcumque	welcher auch immer; jeder, der
quīdam, quiddam / quī-, quae-, quoddam	ein gewisser, bestimmter; *Pl. auch:* einige
quidem *Adv.* *(nachgestellt)*	wenigstens, jedenfalls, zwar
nē ... quidem	nicht einmal
quiēs, quiētis, *f*	Ruhe, Erholung
quīn *Fragewort*	warum nicht?
quīn etiam	ja sogar
Subj. m. Konj.:	
nach verneinten Ausdrücken	
a) des Zweifelns	dass
b) des Hinderns und Widerstrebens	dass; zu + *Inf.*
c) nōn multum abest, quīn	es fehlt nicht viel, dass

d) nach sonstigen verneinten Ausdrücken	dass nicht, ohne dass, ohne zu ...
facere nōn possum quīn	ich muss unbedingt (+ *Inf.*)
fierī nōn potest, quīn	es ist unumgänglich, dass
e) nōn quīn	nicht als ob nicht
quīnque	fünf
quīntus,-a,-um	der fünfte
quis? quid?	wer? was?
quid? *Frageadv.*	warum?
quispiam, quidpiam	(irgend-)jemand, -etwas
quis-, quae-, quodpiam	(irgend-)ein(e)
quisquam, quid-/quicquam *(nur in negativen Sätzen)*	irgendjemand, irgendetwas
quisque, quidque quis-, quae-, quodque	jeder
quisquis	wer auch immer; jeder, der
quidquid	was auch immer; alles, was
quō *Adv.*	wohin
quō *(beim Komparativ od. Superl.)*	je
quō – eō	je – desto
nōn quō *m. Konj.*	*s.* nōn quod (nōn)
quoad *Subj.*	
m. Ind. (Zeit wie im übergeordneten Satz)	solange (wie/als)
m. Ind. Perf./Futur II	(solange,) bis
quod *Subj.*	
m. Ind.: faktisch:	(die Tatsache), dass; was (die Tatsache) anbetrifft, dass = insofern; wenn
kausal:	weil
m. Konj.: nōn quod (quō)	nicht (etwa) weil, nicht als ob
quod sī (quodsī)	und wenn, wenn aber, wenn also
quōminus *Subj. m. Konj.*	dass; zu + *Inf.*
quoniam *Subj. m. Ind.*	da ja, weil bekanntlich
quoque *(nachgestellt)*	auch
quot *(undeklinierbar)*	wie viele
quotiēns *Adv.*	wie vielmal, wie oft
rapere,-iō,-uī, raptum	fortreißen, rauben
rārus,-a,-um	rar, selten

ratiō,-tiōnis, *f*	Rechnung, Überlegung, Methode, Art und Weise; Vernunft
recēns, *Gen. Sg.:* recent-is	frisch, neu
rēctus,-a,-um	gerade, richtig
recumbere,-cumbō, -cubuī,-cubitum	sich niederlegen
recūsāre,-ō	ablehnen, sich weigern
reddere,-dō,-didī, -ditum	zurückgeben, übergeben; zu etw. machen
redigere,-igō,-ēgī, -āctum	zurücktreiben; in einen Zustand versetzen
redīre,-eō,-iī,-itum	zurückgehen, zurückkehren
referre,-ferō, rettulī, relātum	zurückbringen, erstatten; berichten, melden
grātiam referre	Dank abstatten, eine Gefälligkeit vergelten
reficere,-iō,-fēcī, -fectum	wiederherstellen
regere, regō, rēxī, rēctum	lenken, leiten, regieren
rēgīna,-ae	Königin
regiō,-iōnis, *f*	Richtung, Gegend
rēgius,-a,-um	königlich, monarchisch
rēgnum,-ī	Königsherrschaft, Königreich
relinquere,-linquō, -līquī,-lictum	zurücklassen, hinterlassen, verlassen
reliquus,-a,-um	übrig
repellere,-pellō, reppulī, repulsum	zurückstoßen, -schlagen
repente *Adv.*	plötzlich
reperīre,-periō, repperī, repertum	finden
repetere,-petō,-petīvī, -petītum	zurückfordern; wiederholen
reprehendere,-prehendō,-prehendī, -prehēnsum	festhalten; tadeln
reprimere,-primō, -pressī,-pressum	zurückdrängen, unterdrücken
requīrere,-quīrō, -quīsīvī,-quīsītum	aufsuchen, nach ... fragen, verlangen

rēs, reī, *f*	Sache, Angelegenheit
rēs familiāris	(Familien-)Vermögen
rēs frūmentāria	Getreideversorgung, Verpflegung
rēs gesta	ausgeführte Sache, Tat
rēs mīlitāris	Kriegswesen
rēs pūblica	Staat, ‚Republik'
rēs adversae	ungünstige Umstände, Unglück
rēs secundae	günstige Umstände, Glück
resistere,-sistō,-stitī	stehen bleiben, innehalten; Widerstand leisten
respicere,-iō,-spexī, -spectum	zurückblicken, betrachten, berücksichtigen
respondēre,-eō, -spondī,-spōnsum	antworten
retinēre,-eō,-uī,-tentum	zurückhalten, festhalten; behalten
revertī,-vertor,-vertī, reversus (-a,-um)	zurückkehren
revocāre,-ō	zurückrufen
rēx, rēgis, *m*	König
rogāre,-ō	fragen, bitten
Rōmānus,-a,-um	römisch; Römer
rūmor,-ōris, *m*	Gerücht
rumpere, rumpō, rūpī, ruptum	brechen, zerreißen, sprengen
rūrsus *Adv.*	wiederum
sacer, sacra, sacrum	heilig; verflucht, fluchbringend
saepe *Adv.*	oft
sāl, salis, *m*	Salz, Würze; geistreicher Witz
salūs, salūtis, *f*	Heil, Wohlergehen, Rettung
salūtāre,-ō	grüßen, begrüßen
sānctus,-a,-um	heilig, ehrwürdig
sanguis, sanguinis, *m*	Blut
sapiēns, *Gen.Sg.:* sapient-is	weise, klug; der Weise
sapientia,-ae	Weisheit
satis *Adv.*	genügend
scelestus,-a,-um	verbrecherisch
scelus, sceleris, *n*	Verbrechen
scientia,-ae	Wissen, Kenntnis, Wissenschaft
scīre, sciō, scīvī, scītum	wissen, kennen
scrībere, scrībō, scrīpsī, scrīptum	schreiben
sē (suī, sibi)	sich *(Reflexivpronom.)*

secāre,-ō, secuī, sectum	(ab-)schneiden
secundus,-a,-um	der zweite; günstig
rēs secundae	günstige Umstände, Glück
sēcūrus,-a,-um	sorgenfrei, sicher
sed	aber, sondern
sedēre,-eō, sēdī, sessum	sitzen
sēdēs,-is *(Gen.Pl.:*-um*)*, *f*	Sitz, Niederlassung
semel *Adv.*	einmal
sēmen,-minis, *n*	Same
semper *Adv.*	immer
senātus,-ūs, *m*	(Ältestenrat,) Senat
senex, senis, *m*	alter Mann, Greis
sēnsus,-ūs, *m*	Wahrnehmung, Empfindung, Sinn
sententia,-ae	Meinung, Sinn, Satz
sentīre,-iō, sēnsī, sēnsum	fühlen, denken, wahrnehmen
sēparāre,-ō	abtrennen, absondern
sēparātus,-a,-um	getrennt, abgesondert
septem	sieben
septimus,-a,-um	der siebente
sequī, sequor, secūtus sum *(m. Akk.)*	folgen
serere, serō, sēvī, satum	säen, pflanzen
sermō,-ōnis, *m*	Gespräch, Rede, Sprache
servāre,-ō	retten, bewahren
servīre,-iō	Diener sein, dienen
servitūs,-tūtis, *f*	Sklaverei, Knechtschaft
servus,-ī	Sklave
seu – seu	sei es, dass – sei es, dass
sevērus,-a,um	ernst, streng
sex	sechs
sextus,-a,-um	der sechste
sī *Subj.*	wenn (*engl.* if; *frz.* si)
nach ‚erwarten, versuchen' (m. Konj.)	ob
sīc *Adv.*	so
sīgnāre,-ō	kennzeichnen, siegeln
sīgnum,-ī	(Kenn-)Zeichen, Feldzeichen, Signal; Bildwerk, Figur
similis,-e	ähnlich
similitūdō,-tūdinis, *f*	Ähnlichkeit
simul *Adv.*	zugleich
simulāre,-ō	vortäuschen, vorgeben
simulātiō,-tiōnis, *f*	Vortäuschung, Heuchelei
simulatque *Subj.*	sobald
sīn *Subj.*	wenn aber
sine *Präp. m. Abl.*	ohne

sinere, sinō, sīvī, situm	lassen, zulassen
singulī,-ae,-a	einzeln(e), je ein (einer nach dem andern)
sinister, sinistra, sinistrum	links, linke(r); ungeschickt
sistere, sistō, stetī/stitī, stātum	sich stellen, stehen bleiben; zum Stehen bringen, anhalten
situs,-a,-um	gelegen, befindlich
sīve – sīve	sei es, dass – sei es, dass
societās,-tātis, *f*	Gemeinschaft, Gesellschaft
socius,-ī	Gefährte, Bundesgenosse
sōl, sōlis, *m*	Sonne
solēre, soleō, solitus sum	gewohnt sein, pflegen
sōlitūdō,-tūdinis, *f*	Einsamkeit, Einöde
sōlus,-a,-um	allein
nōn sōlum – sed etiam	nicht nur – sondern auch
solvere, solvō, solvī, solūtum	lösen, befreien; zahlen
spatium,-ī	Raum, Zeitraum
spectāculum,-ī	Schauspiel, Anblick
spectāre,-ō	(an-)schauen, blicken
spērāre,-ō	hoffen, erwarten
spernere, spernō, sprēvī, sprētum	verachten
spēs, speī, *f*	Hoffnung, Erwartung
spoliāre,-ō	berauben
spondēre,-eō, spopondī, spōnsum	geloben, versprechen
sponte (meā, tuā, suā *usw.*)	aus eigenem Antrieb
stāre, stō, stetī, (stātum)	stehen
statim *Adv.*	sofort, sogleich
statuere, statuō, statuī, statūtum	aufstellen, feststellen, beschließen
status,-ūs, *m*	Zustand, Verfassung
stēlla,-ae	Stern
sternere, sternō, strāvī, strātum	hinbreiten, hinwerfen, niederwerfen; glätten; pflastern
stringere, stringō, strīnxī, strictum	streifen, abstreifen, (eine Waffe) ziehen; zusammenziehen
studēre,-eō,-uī *(m. Dat.)*	(etw.) eifrig betreiben, sich (um etw.) bemühen, (etw.) erstreben
studium,-ī	Eifer, Interesse, Studium, Übung
suādēre,-eō, suāsī, suāsum	(jem. etw.) raten
suāvis,-e	süß, lieblich, angenehm
suāvitās,-tātis, *f*	Süße, Lieblichkeit, Annehmlichkeit
sub *Präp. m. Akk.*	unter *(Frage: wohin?)*; unmittelbar vor/nach
m. Abl.	unter *(Frage: wo?)*, unterhalb; während
subicere,-iō,-iēcī, -iectum	darunterlegen, unterschieben; unterwerfen
subīre,-eō,-iī,-itum	unter etw. gehen, auf sich nehmen, erdulden; (ein Haus) betreten
subitō *Adv.*	plötzlich
sublātus,-a,-um	1. *s.* tollere 2. erhaben
subtīlis,-e	fein, scharfsinnig, genau; sachlich, schlicht
succēdere,-cēdō,-cessī, -cessum	nachrücken, nachfolgen; gelingen
sūmere, sūmō, sūmpsī, sūmptum	nehmen
summa,-ae	Hauptsache, Gesamtzahl, Summe; oberste Leitung
summus,-a,-um	oberster, höchster
super *Präp. m.Akk. (selten m. Abl.)*	über, auf
superāre,-ō	überragen, überwinden; überleben
superbia,-ae	Übermut, Hochmut, Stolz
superesse,-sum,-fuī	übrig sein
superior *(m/f)*, superius *(n)*, *Gen.Sg.:* -iōris	oberer: oberhalb befindlich; überlegen
supplex, *Gen.Sg.:* -plic-is	demütig bittend, flehend
supplicium,-ī	demütiges Bitten; Todesstrafe, Hinrichtung
suppliciō afficere	hinrichten
suprā *Adv.*	oberhalb, oben
sustinēre,-eō,-uī	aushalten, ertragen
sustulī:	*s.* tollere
suus,-a,-um	sein, ihr
tacēre,-eō,-uī, (tacitum)	(ver-)schweigen

tālis,-e	so beschaffen
tam *Adv. des Grades (bei Adjektiven und Adverbien)*	so
tamen *Adv.*	dennoch, trotzdem
tamquam *Adv.*	(gleich)wie, gleichsam
tamquam (sī) *Subj. m. Konj.*	wie wenn, als ob
tandem *Adv.*	endlich, schließlich; *in Fragen:* ... denn eigentlich?
tangere, tangō, tetigī, tāctum	berühren
tantum *Adv.*	nur
nōn tantum – sed etiam	nicht nur – sondern auch
tantus,-a,-um	so groß
tegere, tegō, tēxī, tēctum	(be-, ver-)decken, schützen
tellūs, tellūris, *f*	Erde, Erdboden
tēlum,-ī	Geschoss, (Angriffs-) Waffe
temperāre,-ō *m. Dat.*	mäßigen, schonen
m. Akk.	ordnen, leiten
temptāre,-ō	betasten, versuchen; angreifen
tempus,-oris, *n*	Zeit
tendere, tendō, tetendī, tentum	spannen, strecken; (nach etw.) zielen, streben
tenēre,-eō,-uī	(fest-)halten
ter *Adv.*	dreimal
terra,-ae	Erde, Land
terrēre,-eō,-uī,-itum	(jem.) erschrecken
tertius,-a,-um	der dritte
Tiberis,-is, *m*	der Tiber
timēre,-eō,-uī	(sich) fürchten
timor, timōris, *m*	Furcht
tolerābilis,-e	erträglich
tollere, tollō, sustulī, sublātum	emporheben, erheben; aufheben; beseitigen
tot *(undeklinierbar)*	so viele
tōtus,-a,-um	ganz
tractāre,-ō	behandeln
trādere,-dō,-didī, -ditum	übergeben, überliefern
trādūcere,-dūcō,-dūxī, -ductum	hinüberführen, übersetzen
trahere, trahō, trāxī, tractum	ziehen, schleppen
trāns *Präp. m. Akk.*	über ... hinüber, jenseits

trānsferre,-ferō,-tulī, -lātum	hinübertragen, übertragen
trānsīre,-eō,-iī,-itum	hinübergehen, überschreiten
trepidāre,-ō	ängstlich hin und her laufen
trēs, tria	drei
tribuere, tribuō, tribuī, tribūtum	zuteilen, zuweisen, zuschreiben
trīcēsimus,-a,-um	der dreißigste
trīgintā	dreißig
trīstitia,-ae	Traurigkeit, Niedergeschlagenheit
triumphus,-ī	Triumph, Triumphzug
triumphum agere	einen Triumph feiern
tū (tuī, tibi, tē)	du
tuērī, tueor	betrachten; schützen, für ... sorgen
tulī:	*s.* ferre
tum *Adv.*	damals, dann, darauf
turba,-ae	Verwirrung; Menschenmenge
turris,-is, *f*	Turm
tūtus,-a,-um	geschützt, sicher
tuus,-a,-um	dein
ubi *Adv.*	wo
ubi (prīmum) *Subj. m. Ind.Perf./Futur II*	sobald
ubique *Adv.*	überall
ūllus,-a,-um *(nur in negativen Sätzen)*	irgendein(-er,-e)
unda,-ae	Welle, Woge
undique *Adv.*	von allen Seiten
ūniversus,-a,-um	gesamt, sämtlich
ūnus,-a,-um	einer *(Zahlwort)*
urbs, urbis, *f*	(Groß-)Stadt; die Stadt Rom
ūsque ad *m. Akk.*	bis zu
ūsus,-ūs, *m*	Gebrauch, Nutzen
ut *Vergleichsadverb*	wie
Subj. m. Ind. Perf./Futur II (ut prīmum)	sobald
mit Konjunktiv: final:	dass, damit
konsekutiv:	sodass
konzessiv:	wenn auch, obwohl
uter, utra, utrum	welcher von beiden?
uterque, útraque, utrumque	jeder von beiden
uti:	*s.* ut
ūtī, ūtor, ūsus sum *m. Abl.*	(be-)nutzen, gebrauchen
ūtilis,-e	nützlich

ūtilitās,-tātis, *f*	Nützlichkeit, Nutzen
utinam	*Einleitung eines Wunschsatzes*
utrum (– an)	*Einleitung einer Doppelfrage: bleibt in der direkten Frage unübersetzt; in der indirekten Doppelfrage* = ob
vacāre,-ō *(m. Abl.)*	frei sein (von etw.)
vacuus,-a,-um *(m. Abl.)*	frei (von)
vādere, vādō *(kein Perf.!)*	gehen, schreiten
vadum,-ī	seichte Stelle, Furt
valēre,-eō,-uī	gesund sein; gelten, Einfluss haben
vānitās,-tātis, *f*	Nichtigkeit, Vergeblichkeit; Eitelkeit, Prahlerei
vehemēns, *Gen.Sg.:* -ment-is	heftig, leidenschaftlich
vehere, vehō, vēxī, vectum	fortbewegen, ziehen, fahren
vehī, vehor, vectus sum	sich fortbewegen, fahren
vel	oder; *steigernd:* sogar
vel – vel	entweder – oder
velle, volō, voluī	wollen
velut	wie, zum Beispiel
velutsī *Subj. m. Konj.*	wie wenn, als ob
vēndere,-dō,-didī,-ditum *Pass.:* vēnīre,-eō,-iī	verkaufen
venīre,-iō, vēnī, ventum	kommen
ventus,-ī	Wind
vēr, vēris, *n*	Frühling
verbum,-ī	Wort
vērē *Adv.*	wahrhaftig, wahrlich, wirklich
verērī, vereor, veritus sum	sich scheuen, fürchten, verehren
vēritās,-tātis, *f*	Wahrheit
vērō *Adv.*	wahrhaftig, freilich; aber, jedoch
versārī, versor, versātus sum	sich aufhalten, verweilen
versus,-ūs, *m*	Zeile, Vers
vertere, vertō, vertī, versum	wenden, drehen
vērē *Adv.*	wahrhaftig, wahrlich, wirklich

vērō *Adv.*	wahrlich, freilich; aber, jedoch
vērus,-a,-um	wahr, echt
vester, vestra, vestrum	euer
vestītus,-ūs, *m*	Kleidung
vetāre,-ō, vetuī, vetitum	verbieten
vetus, *Gen.Sg.:* veter-is	alt
via,-ae	Weg
vīcēsimus,-a,-um	der zwanzigste
victor,-tōris	Sieger; *adjektivisch:* siegreich
victōria,-ae	Sieg
vidēre, videō, vīdī, vīsum	sehen
vidēre, ut *m. Konj.*	sehen, wie *(Ind. Fragesatz)*
vidēre, ut/nē *m. Konj.*	darauf sehen, achten, dass (nicht)
vidērī, videor, vīsus sum	scheinen, erscheinen
vigilia,-ae	Wache, Nachtwache
vīgintī	zwanzig
vīlla,-ae	Landhaus, Villa
vincere, vincō, vīcī, victum	siegen, besiegen
vincīre, vinciō vinxī, vinctum	binden, fesseln
vinculum,-ī	Band, Fessel
vīnum,-ī	Wein
vir, virī	Mann
virgō, virginis, *f*	Jungfrau
virtūs,-tūtis, *f*	Tüchtigkeit, Tapferkeit, Tugend
vīs, vim, vī; *Pl.* vīrēs,-ium, *f*	Kraft, Macht, Gewalt
vīta,-ae	Leben
vītāre,-ō	meiden, vermeiden
vitium,-ī	Fehler, Laster
vituperāre,-ō	tadeln, kritisieren
vīvere, vīvō, vīxī, vīctum	leben
vix *Adv.*	kaum
vocāre,-ō	rufen
voluntās,-tātis, *f*	Wille
vōs (vestrī/-um, vōbīs, vōs)	ihr
vōx, vōcis, *f*	Stimme; Wort
vulgus,-ī, *n*	Volksmenge
vultus,-ūs, *m*	Miene, Gesichtsausdruck

Daten zur politischen Geschichte und zur Literaturgeschichte

Griechenland / Osten		Italien / Rom / Westen		Römische Literatur	
ca. 2000- 1500 v.C.	Minoische Kultur				
ca. 1600 - 1200	Mykenische Kultur	ca. 1800 - 1000	Einwanderung indogermanischer Stämme		
um 1200	Legendäre Zeit des Trojanischen Krieges				
um 1000	Griechisches Alphabet	ab 900	Etruskische Stadtstaaten		
800 - 700	Homerische Epen (Ilias, Odyssee)	753	Legendäre Gründung Roms		
680 - 640	Archilochos von Paros				
um 600	Sappho und Alkaios	um 600	Gründung von Massalia (Marseille) als griechische Kolonie		
nach 600	Beginn der griechischen Philosophie (Ionien)				
um 550	Fabeln des Äsop				
525-456	Aischylos				
522-446	Pindar				
510	Sturz der Tyrannenherrschaft in Athen	510	Legendärer Sturz der Königsherrschaft in Rom	seit ca. 500	Älteste römische Inschriften
497-406	Sophokles				
490-449	Perserkriege				
490	Schlacht bei Marathon				
480	Schlacht bei den Thermopylen Seeschlacht bei Salamis				
490-429	Perikles				
480-406	Euripides				
470-399	Sokrates				
449/448	Beginn des Baus des Parthenontempels in Athen				
431-404	Peloponnesischer Krieg zwischen Athen und Sparta				
427-347	Platon				
		396	Zerstörung von Veji durch die Römer		
		387	Eroberung und Zerstörung Roms durch die Gallier		
384-322	Aristoteles				
354-323	Alexander d.Gr.				
341-270	Epikur	340-338	Unterwerfung Latiums		
		326-304	2. Samnitenkrieg		
		298-290	3. Samnitenkrieg		
		290-280	Unterwerfung Mittelitaliens und der etruskischen Städte		
319-272	König Pyrrhos von Epirus	280-272	Krieg gegen die Samniten und König Pyrrhos		
		264-241	1. Punischer Krieg		Scipioneninschriften
				275-201	Cn. *Naevius*
				nach 250	*Livius Andronicus*
				250-184	T. Maccius *Plautus*
				239-169	Q. *Ennius*
		225-222	Unterwerfung Oberitaliens (Gallia Cisalpina)	234-149	M. Porcius *Cato* d. Ältere
		218-201	2. Punischer Krieg (Hannibal und Scipio Africanus Maior)		
215-205	1. Makedonischer Krieg der Römer	216 202	Schlacht bei Cannae Schlacht bei Zama		
200-197	2. Makedonischer Krieg			195-159	P. *Terentius* Afer
191-188	Krieg der Römer gegen Antiochos v. Syrien				

Griechenland / Osten		Italien / Rom / Westen		Römische Literatur	
171-168	3. Makedonischer Krieg				
168	Schlacht bei Pydna				
		156-86	C. Marius		
		153-133	Kämpfe in Spanien		
		149-146	3. Punischer Krieg		
146	Zerstörung Korinths durch die Römer	146	Zerstörung Karthagos durch Scipio Africanus Minor		
		138-78	L. Cornelius *Sulla*		
		133	Zerstörung Numantias durch Scipio Ermordung des Tiberius Gracchus		
		122	Ermordung des C. Gracchus		
		121	Gallia Narbonensis (Transalpina) wird römische Provinz		
		112-105	Krieg gegen Iugurtha von Numidien		
		106-48	Cn. Pompeius		
		106-43	M. Tullius *Cicero*		
		102/101	Sieg des Marius über die Kimbern und Teutonen		
		100-44	C. Iulius *Caesar*		
		91-89	Bundesgenossenkrieg in Italien	95-55 86-34	T. *Lucretius* Carus C. *Sallustius* Crispus
		82-79	Diktatur Sullas	84-54	C. Valerius *Catullus*
73- 4	Herodes d. Gr. König v. Judäa (seit 37)	73-71	Sklavenaufstand des Spartacus	70	Cicero: Reden gegen Verres
				70-19	P. *Vergilius* Maro
69-30	Kleopatra von Ägypten	63	Konsulat Ciceros Verschwörung des Catilina	65-8	Q. *Horatius* Flaccus Cicero: Reden gegen Catilina
		63-14 n.C.	Octavianus (Augustus)		
		60	sog. 1. Triumvirat (Caesar, Pompeius, Crassus)		
		58/57	Verbannung Ciceros	59-14 n.C.	Titus *Livius*
53	Niederlage der Römer bei Karrhae gegen die Parther (Tod des Crassus)	58-51	Caesars Krieg in Gallien	51	Cicero, De re publica
				50-19	Albius *Tibullus*
		49-45	Bürgerkrieg (Caesar gegen Pompeius)		
		48	Schlacht bei Pharsalus	47-2(?)	Sextus *Propertius*
		46 45	Schlacht bei Thapsus Schlacht bei Munda		Caesar: De bello Gallico, De bello civili
		15.3.44	Ermordung Caesars		Cicero: Philippische Reden De officiis
		43	2. Triumvirat (Antonius; Octavian, Lepidus)		
		7.12.43	Ermordung Ciceros		
		43-42	Bürgerkrieg gegen die Caesarmörder	43-18 n.C.	P. *Ovidius* Naso
		42	Schlacht bei Philippi		
		38-9	Drusus		
		33-37 n.C.	Tiberius		
		33-30	Bürgerkrieg (Octavian gegen Antonius)		
		31	Schlacht bei Actium		
		27	Prinzipat des Augustus		

Regierungszeiten der Kaiser		Ereignisse		Römische Literatur	
27 v. -14. n. C.	Augustus				Augusteische Klassik Fabeln des *Phaedrus*
		7/6(?) v.-ca. 30 n. C.	Jesus v. Nazareth		
		9 n. Chr.	Niederlage des Varus im Teutoburger Wald		
				4 v.-65 n.C.	L. Annaeus *Seneca*
14-37	Tiberius			23/24-79	C. *Plinius* d. Ältere
37-41	Gaius (Caligula)			39-65	M. Annaeus *Lucanus*
				40-104	M. Valerius *Martialis*
41-54	Claudius				
54-68	Nero	64	Christenverfolgung	55/56-120	P. Cornelius *Tacitus*
68/69	Galba, Otho, Vitellius			55-135	Epiktet (griech. Stoiker)
		67-70	Jüdischer Krieg	62- ca. 114	C. *Plinius* d.Jüngere
69-79	Vespasian	70	Zerstörung Jerusalems	70-140	C. *Suetonius* Tranquillus
79-81	Titus	79	Vesuvausbruch		
81-96	Domitian		Bau des germanischen Limes		
96-98	Nerva				
98-117	Trajan				
117-138	Hadrian	127	Hadrianswall in England		
		132-135	Jüdischer Aufstand		
138-161	Antoninus Pius				
161-180	Mark Aurel				
180-192	Commodus				
192-235	Severische Dynastie	233/234	Überschreitung des Donaulimes durch Germanen	205-270	Plotin (Neuplatoniker)
235-284	Soldatenkaiser	249-251	Christenverfolgung (Decius)		
		um 260	Überschreitung des obergermanischen Limes		
284-305	Diokletian	299-311	Christenverfolgung		
306-337	Konstantin d. Gr.	312	Sieg Konstantins vor Rom	310-394	D. Magnus *Ausonius*
		313	Toleranzedikt von Mailand		
		324	Gründung von Konstantinopel (vorher: Byzantion)	330-395	*Ammianus Marcellinus*
				339-397	*Ambrosius*
				348-410	*Prudentius*
				354-430	Aurelius *Augustinus*
		395	Reichsteilung		
		410	Eroberung Roms durch die Westgoten Aufgabe Britanniens durch die Römer		
		429	Besetzung der Provinz Africa durch die Vandalen		
		451	Sieg des Aëtius über die Hunnen auf den Katalaunischen Feldern		
		476	Ende des Weströmischen Reiches		
453-526	Theoderich d.Gr., König der Ostgoten (seit 474)			480-524	*Boethius*
527-565	Justinian, Kaiser von Ostrom	529	Schließung der Akademie in Athen		
		534	Codex Iuris des Kaisers Justinian		
		1453	Eroberung Konstantinopels durch die Türken, Ende des Oströmischen Reiches		

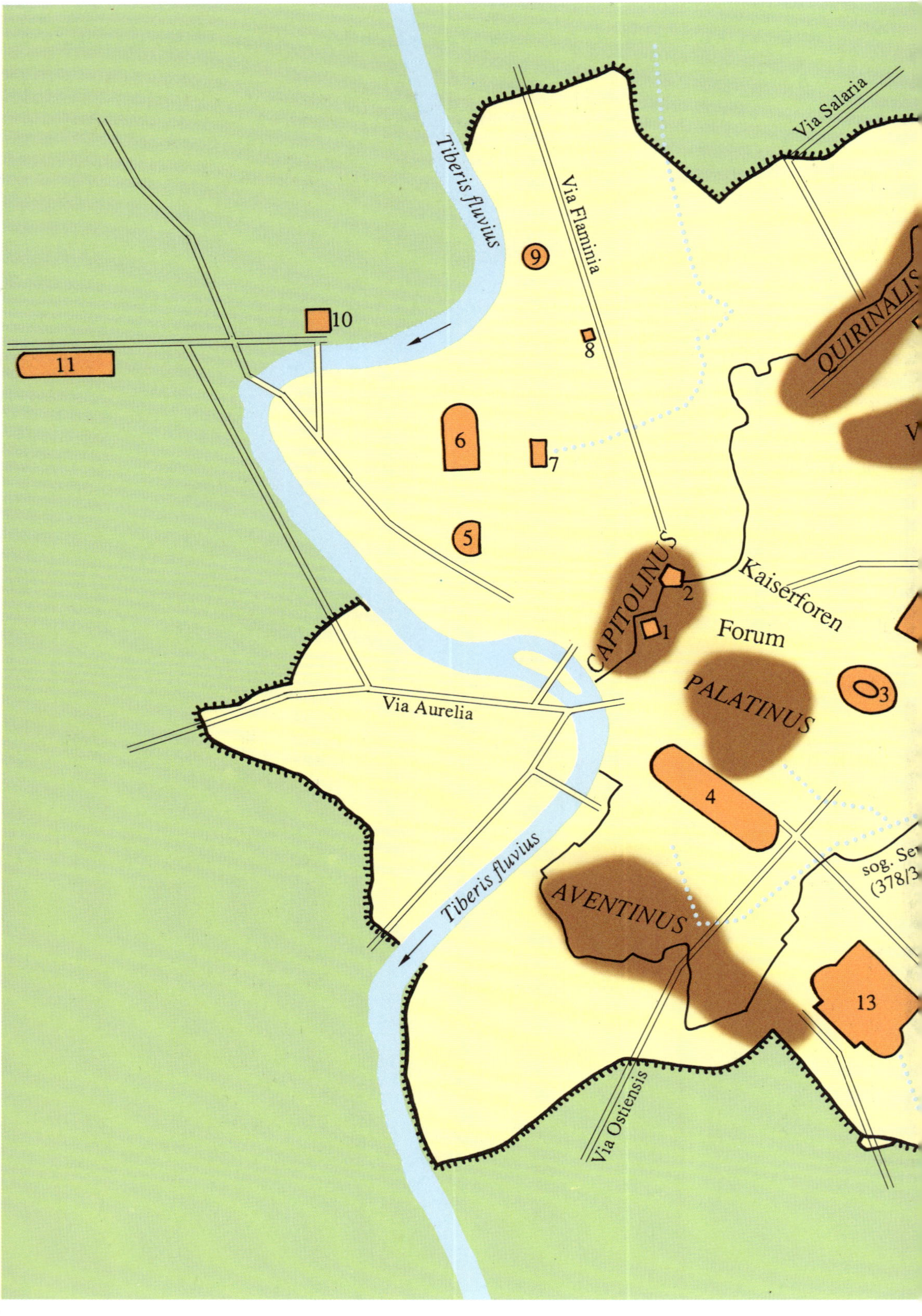

Via Salaria
Tiberis fluvius
Via Flaminia
QUIRINALIS
9
10
8
11
6
7
5
CAPITOLINUS
2
1
Kaiserforen
Forum
PALATINUS
3
Via Aurelia
4
sog. Se
(378/3
Tiberis fluvius
AVENTINUS
13
Via Ostiensis